AF546172

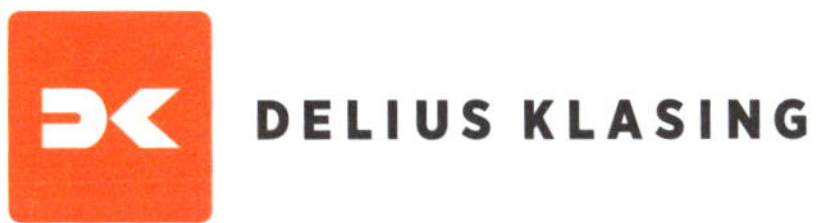
DELIUS KLASING

PRAXISWISSEN

Michael Sachweh

WETTERKUNDE FÜR WASSERSPORTLER

Delius Klasing Verlag

hafte Wettergeschehen auf der Erde. So nennt man die Troposphäre auch die Wettersphäre unseres Planeten.

Das nächsthöhere Atmosphärenstockwerk wird *Stratosphäre* genannt. Sie ist durch eine zunehmende Temperatur mit der Höhe gekennzeichnet. Dafür ist die hohe Konzentration von Ozon, vor allem in 25–50 km Höhe, verantwortlich. Das Ozon schützt uns vor dem lebensgefährlichen Anteil der UV-Strahlung, indem es diese Strahlung absorbiert und sich dadurch erwärmt. Gemäß der Nomenklatur wird die Obergrenze der Stratosphäre Stratopause genannt.

Oberhalb der Stratopause befindet sich die *Mesosphäre*. Mit zunehmender Entfernung von der aufgeheizten Ozonschicht nimmt die Temperatur in diesen Höhen wieder ab.

Die äußerste Schicht unserer Atmosphäre ist die *Thermosphäre*. Dort steigt die Temperatur wieder an, auf über 100 °C, in ihrem obersten Bereich sogar über 1000 °C. Verursacht wird die starke Aufheizung durch die Röntgenstrahlung und die ungefilterte, extreme UV-Strahlung der Sonne. In dieser größtenteils ionisierten Luftschicht findet die Reflexion der Rundfunkwellen statt, was Ausstrahlungen über große Distanzen hinweg möglich macht. Meteore beginnen in diesen Höhen ihre Leuchtspur. Elektrisch geladene solare Teilchen kollidieren in großer Zahl und Intensität über den Polarregionen mit den irdischen Stickstoff- und Sauerstoffatomen und lösen Polarlichter aus.

Der Luftdruck in Meereshöhe

Die Masse der Atmosphäre ist gegeben durch die Summe ihrer Moleküle. Sie übt einen Druck aus, der von der Molekülmasse und der Temperatur abhängt. In Meereshöhe beträgt der Luftdruck 1013 hPa (Hektopascal). Dieser Wert gilt für eine Standardatmosphäre mit 15 °C in Erdbodennähe und ist raumzeitlich gemittelt über die ganze Erde. Das Auf und Ab des Luftdrucks, wie wir es tagtäglich erleben, und auch die regionalen Luftdruckunterschiede, wie sie in den Wetterkarten zum Ausdruck kommen, sind das Ergebnis unterschiedlicher Temperatur- und Windverhältnisse in der Atmosphäre. Diese verdichten die Molekülmassen oder dünnen sie aus – was sich in den wechselhaften Luftdruckbedingungen äußert (S. 56).

Der Luftdruck ist für den Wassersportler das Schlüsselelement in der Atmosphäre. Luftdruckunterschiede bringen die Luft in Bewegung, sie erzeugen den Wind und lassen über ihn je nach Temperatur- und Feuchtebedingungen Wolken entstehen und vergehen.

Die konventionelle Messung des Luftdrucks erfolgt mit dem *Barometer*. Es gibt verschiedene Verfahren. Ihr Messprinzip basiert auf dem Vergleich Vakuum vs. Normaldruck. Die Differenz lässt sich anhand von Flüssigkeitssäulen oder einer Verformung von Druckdosen, die auf ein Zeigerwerk übertragen wird, auf Skalen anzeigen.

Die Einheit der Druckmessung ist das Pascal. Gemäß der typischen Druckwerte wird der Luftdruck im 100-fachen der Einheit, in Hektopasacal (hPa), angegeben.

Barografen sind Barometer, die den Luftdruck auf einem mit einer Skala versehenen Registrierungsstreifen, der sich auf einer rotierenden Trommel befindet, auftragen. Die kontinuierliche Aufzeichnung des Drucks führt zu einer Linie

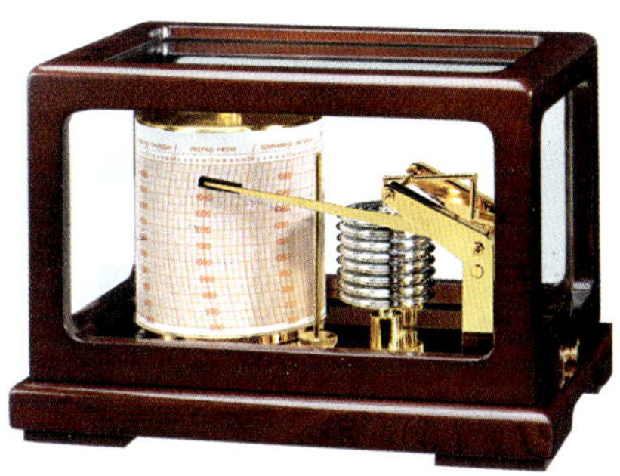

Barograf.

auf dem Registrierungsstreifen, dem sogenannten Barogramm. Da für die Beurteilung der Wetterentwicklung die zeitliche Änderung des Luftdrucks, die Luftdrucktendenz, weitaus wichtiger ist als der einzelne am Barometer abgelesene Wert, sind Barografen für den Wassersportler das Mittel der Wahl, um die künftige Wetterentwicklung einschätzen zu können (S. 135, 139).

An den amtlichen Wetterstationen zählt der Luftdruck zu den Standardmessgrößen. Aus dem räumlichen Muster der Luftdruckwerte erstellen die Wetterdienste die *Wetterkarten* zu bestimmten Messterminen (meist 0, 6, 12 und 18 Uhr Weltzeit). Im einfachsten Fall (automatisch erstellte Luftdruckkarten) enthalten diese als Overlay über eine geografische Karte subkontinentalen Maßstabs (zum Beispiel Europa mit angrenzendem Nordatlantik) Linien gleichen Luftdrucks (Isobaren), reduziert auf die Meereshöhe und im 5- oder 4-hPa-Abstand, sowie Markierungen des regional höchsten („H") und tiefsten Luftdrucks („T").

Es gibt Wetterkarten-Varianten, die nur halbautomatisch erstellt und dann durch einen Meteorologen vollendet werden. Diese „Bodenanalysekarten" zeigen durch spezielle Signaturen die Lage von Luftmassengrenzen, die als

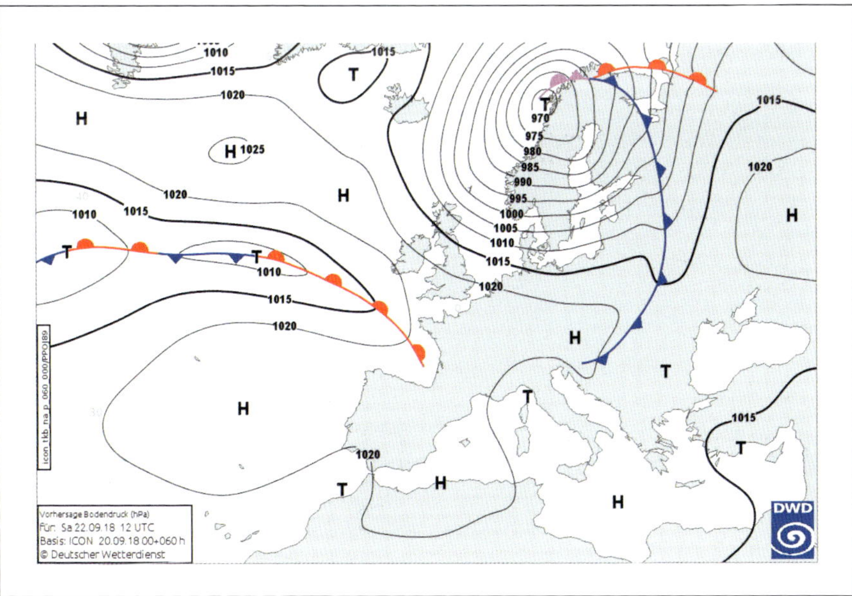

Bodenwetterkarte.

Tiefausläufer (Fronten) meist mit ausgedehnten Wolkensystemen und Schlechtwetter verbunden sind.

Die professionellste Version dieser Analysekarten zeigt zusätzlich zur Frontenanalyse alle Mess- und Beobachtungswerte der amtlichen Wetterstationen in codierter Form (Luftdruck und seine zeitliche Veränderung, Wetterereignisse wie zum Beispiel Regen, Temperatur, Wind, Luftfeuchte und Bewölkung). Diese bilden für den Meteorologen zusammen mit Fernerkundungsdaten (Satelliten- und Niederschlagsradarbilder) ein wesentliches Fundament seiner Wetteranalyse.
Aufgrund dieser Analysen und sogenannter numerischer Computermodelle werden Wetterprognosen erstellt. Ein wichtiges Produkt dieser Prognosen sind für bestimmte Termine prognostizierte Bodenwetterkarten. Es sind Isobarenkarten mit Markierungen der Hoch- und Tiefzentren, oft zeigen sie auch die voraussichtliche Lage der Fronten. Manche von ihnen kommen dem Medieninteresse entgegen und verleihen den für das Wetter in Mitteleuropa maßgeblichen Druckgebilden Vornamen.
So wie man an den Isolinien einer Wanderkarte die Verteilung von Berg und Tal ablesen kann, lassen die Wetterkarten auf einen Blick die sogenannte Großwetterlage, also die Verteilung von Hochdruckgebieten (kurz Hochs; Fachbegriff: Antizyklonen) und Tiefdruckgebieten (kurz Tiefs; Fachbegriff: Zyklonen) erkennen. In Hochdruckgebieten sinkt die Luft ab, erwärmt sich und trocknet aus – deshalb sind Hochs für gewöhnlich mit Schönwetter verbunden. In Tiefdruckgebieten und an ihren Fronten kühlt sich die aufsteigende Luft ab, reichert sich mit Feuchtigkeit an und neigt zur Wolkenbildung – aus diesem Grund herrscht oft Schlechtwetter, wo sich Tiefs und ihre Ausläufer befinden. Über den Wind, seine Stärke und Richtung geben die Isobaren Aufschluss.
Mit Erfahrung und gegebenenfalls unter Hinzuziehung weiterer Wetterkarten zu anderen Analyseterminen sowie Fernerkundungsdaten lassen sich aus Wetterkarten viele Informationen über großräumige Luftmassentransporte, Wetter und Winde sowie die Bewegung von Hochs und Tiefs samt ihrer Fronten entnehmen. Zum Verständnis der Wetterentwicklung im eigenen Revier wurde dem Wassersportler früher oft das Zeichnen von Wetterkarten auf der Grundlage von Seewetterberichten und Bodenwetterkartenvordrucken (S. 159) empfohlen. Heutzutage ist diese Prozedur nicht mehr nötig. Seglern, Surfern und Motorbootfahrern stehen via Internet, Apps und Software eine Fülle von aktuellen Revierwetterprognosen zur Verfügung, deren praktischer Wert weit über dem der reinen Wetterkarteninterpretation liegt (S. 176-183).

1.2 Sonnenstrahlung und Temperatur

Wie beschrieben ist die Atmosphäre das Medium, in dem sich das Wettergeschehen abspielt. Die Antriebskraft dafür kommt aus einer externen Quelle. Es ist die Sonne, die der Erdatmosphäre sowie den Land- und Wassermassen Energie in Form *elektromagnetischer Strahlung* zuführt. Die irdische Lufthülle mit ihren Wolken ist nur in sehr geringem Maße in der Lage,

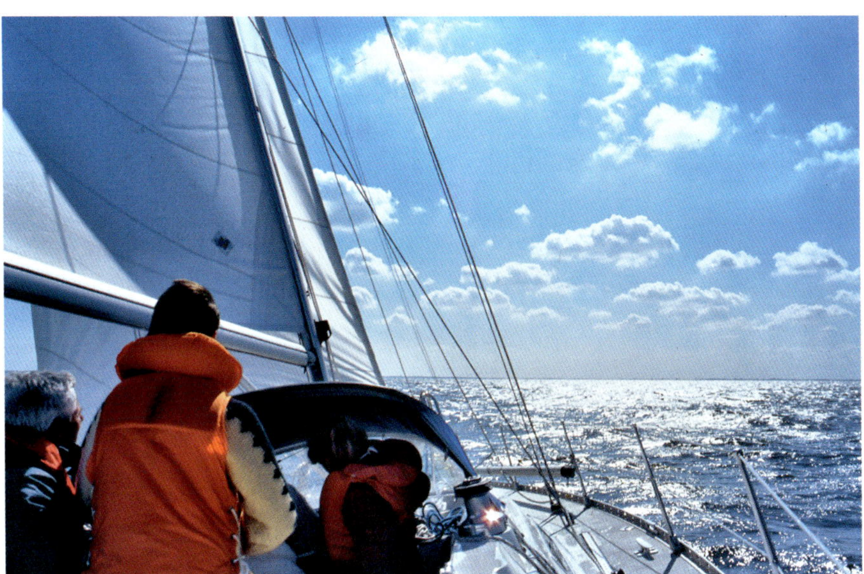

Bei kaum einer anderen Freizeitaktivität ist der Mensch durch die von Segeln, Bootskörper und Wasseroberfläche ausgehende Strahlungsreflexion einer solch intensiven Sonneneinstrahlung ausgesetzt wie beim Wassersport.

solare Energie in Wärme umzuwandeln. Die wesentliche Umwandlung in Wärmeenergie findet erst am Grund der Atmosphäre statt – dort, wo die Strahlung auf die Erdoberfläche trifft (Land, Wasser). Damit wird auch klar, warum die Atmosphäre in Meereshöhe in der Regel am wärmsten ist und die Temperatur mit zunehmender Höhe abnimmt.

Auf die Temperatur wird später noch näher eingegangen. Abgesehen von der potenziellen Wärmeenergie, die der Sonnenstrahlung innewohnt, ist der ultraviolette Anteil der Strahlung von Bedeutung. Bei kaum einer Freizeitaktivität ist der Mensch in solchem Maße der *UV-Strahlung* ausgesetzt wie beim Wassersport. Er betreibt seine Aktivität besonders in der Jahreszeit, in der die größte Strahlungsbelastung herrscht. Für das Segeln, Surfen und Motorbootfahren bevorzugen wir ohnehin sonnenscheinreiche Wetterlagen. Und durch die Reflexion des Sonnenlichts auf der Wasseroberfläche und den Segeln bekommt der Wassersportler eine UV-Dosis verpasst, die mehr als das Doppelte der normalen Sonnenstrahlung betragen kann. Auf hinreichenden Sonnenschutz ist deshalb unbedingt zu achten. Dabei sei daran erinnert, dass besonders hohe Temperaturen keinesfalls mit einer besonders hohen UV-Belastung einhergehen. Das Gegenteil ist der Fall: In den klaren Luftmassen polaren Ursprungs existiert weniger Wasserdampf (der einen Teil der Strahlung herausfiltert). Das heißt, gerade wenn der Wassersportler die Wärme der Sonne sucht, weil eine unangenehm kühle Brise weht, ist er einer besonders hohen UV-Belastung ausgesetzt.

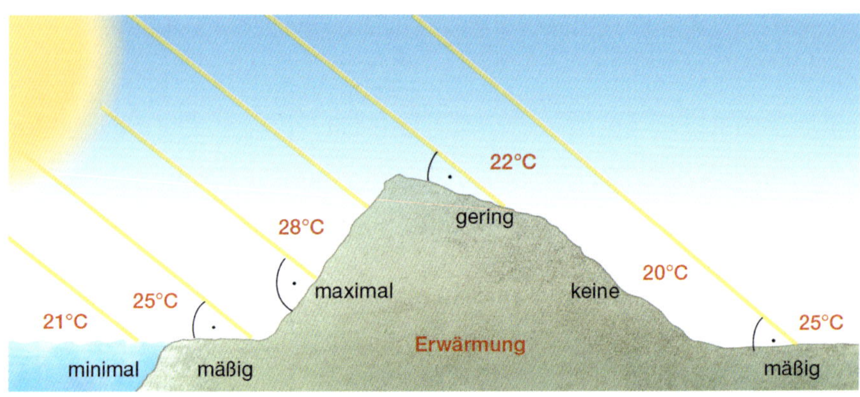

Der Einfallswinkel der Strahlen und die Oberflächenart (Erdboden, Wasser) bestimmen ganz wesentlich die Erwärmungskraft der Sonne.

Die Sonnenenergie wird an der Erdoberfläche nicht in gleichem Maße in Wärme umgewandelt. Der Winkel, in dem die Sonnenstrahlen auf die Erdoberflache treffen, und die Beschaffenheit der Erdoberfläche beeinflussen ganz wesentlich die Erwärmungskraft der Sonne.
Die Höhe der Sonne über dem Horizont bestimmt den Einfallswinkel der Strahlen. Hier gilt das physikalische *Gesetz nach Lambert*: Die Erwärmungsleistung der Sonne ist umso stärker, je steiler der Winkel zwischen Sonnenstrahlen und Oberfläche ist.
Dieses Gesetz zählt zu den wichtigsten in der Meteorologie überhaupt. Mit ihm lässt sich beispielsweise erklären, warum

- sich die Luft an Südhängen wie auch am Fuße bergreicher Südküsten besonders stark aufheizt (französisch-italienische und türkische Riviera)
- die Thermik, und damit die Bildung von Quellwolken bis hin zu lokalen Schauern und Wärmegewittern, über Bergregionen früher einsetzt bzw. intensiver ist als über dem flachen Vorland (erhöhte Gewittergefahr alpiner Seen!)
- die Tropen (die sich durch hohe Sonnenstände auszeichnen) das wärmste Klima und die Polargebiete (trotz der langen Sonnenscheindauer im Sommer) das kälteste Klima auf der Erde haben.

Unabhängig vom Einfallswinkel der Sonnenstrahlen am Boden entscheidet der Erdboden durch seine physikalische Beschaffenheit, wie viel Wärme er produziert. Maßgeblich sind die Eigenschaften *„spezifische Wärmekapazität"*, *„Wärmeleitfähigkeit"* und *„Albedo"* (das Vermögen eines Körpers, die auftreffende Sonnenstrahlung durch Reflexion wieder zurückzuschicken, bevor sie in Wärme umgewandelt werden kann – sie ist bei hellen Körpern größer als bei dunklen). Körper mit einer geringen Wärmekapazität erwärmen sich rasch und kühlen ebenso rasch wieder ab (wenn die Sonne untergeht). Besitzt ein Körper eine geringe Wärmeleitfähigkeit, wie viele lufthaltige Substanzen, und darüber hinaus auch noch eine geringe Albedo, vermag er sich in der Sonne

besonders stark zu erwärmen (zum Beispiel dunkler vulkanischer Sand).
Wasser hat eine große Wärmekapazität. Es verteilt die solare Wärme auf einen größeren Raum. Seine Oberfläche nimmt an Erwärmung und Abkühlung nur in sehr geringem Umfang und zudem verzögert teil. Der Meteorologe spricht von der „thermischen Trägheit" des Wassers. Wir alle haben das schon vielfach erfahren, etwa wenn wir in der Frühsommerhitze in der Ostsee baden wollten – und vor der unerwarteten Kälte zurückschreckten. Oder im Hochsommer, wenn eine Westwetterlage atlantische Luftmassen ins Revier führt, die uns auch bei längerem Sonnenschein frösteln lassen. Demselben physikalischen Mechanismus verdanken wir im Gegenzug angenehm laue Spätsommer- und Herbstabende auf See oder im Hafen an der Küste, während es auf den Binnenrevieren schon ziemlich frisch wird.
Die spezifische Wärme eines Felsens, vor allem aus Granit oder Kalkgestein, ist dagegen gering. Er erwärmt sich rasch und auch stark unter den Strahlen der Sonne, besonders wenn die schützende Vegetation fehlt und er wie im Falle von Kalkgestein eine geringe Wärmeleitfähigkeit besitzt. Ein Paradebeispiel ist der Karst in Istrien. Wer im Früh- oder Hochsommer von der (verhältnismäßig) kühlen Adria kommend bei wenig Wind auf einem der Kanäle wie dem Limskifjord ins Binnenland vorstößt, erlebt diesen Törn als schweißtreibendes Unterfangen. Die Sonne brennt vom Himmel, die Luft steht förmlich, und schon nach wenigen Windungen des Fjords sind Skipper und Mannschaft kaum mehr empfänglich für die Reize der unberührten Karstlandschaft. Denn hier über dem trockenen Karst liegen die Temperaturen an einem sonnigen Tag oft 5-8 Grad über denen der freien See.
Auf der anderen Seite darf man die großen Temperaturgegensätze zwischen Land und Meer bei Schönwetterlagen nicht hoch genug schätzen. Sie sind der Motor der Land-Seewind-Zirkulation (S. 93-97) – eines regionalen Windsystems, das seine Energie aus genau diesem thermischen Kontrast bezieht und das Segeln und Surfen in den Küstengewässern ermöglicht – während auf See fernab der Küste der Flautenschieber benötigt wird und Windsurfer erst gar nicht aufs Brett steigen.
Das Rückstreuvermögen für Sonnenstrahlung, die Albedo, wurde oben als ein weiterer Einflussfaktor der Erwärmungskraft der Sonne genannt. Dunkles Gestein erwärmt sich viel stärker als helles. So braucht man sich zum Beispiel nicht zu wundern, wenn man beim Wandern in vulkanischen Bergregionen wie denen der kanarischen Inseln auch in 2000 m noch ins Schwitzen kommt. Auf hellem Sand lässt sich auch bei hoch stehender Sonne barfuß laufen, während dies auf Vulkansand zur Tortur wird. Wer in den Tropen mit einem dunklen Teakholzdeck unterwegs ist, wird Schuhe brauchen, um auf dem heißen Deck laufen zu können.
Die Temperatur wird im angelsächsischen Sprachraum meist in Grad Fahrenheit (°F) angegeben, sonst in Grad Celsius (°C).
Ihre Messung erfolgt nach der konventionellen Methode mittels *Flüssigkeitsthermometern* (früher Quecksilber, heutzutage oft Ethanol). Die Längen-

änderung der sich bei Erwärmung ausdehnenden Flüssigkeit wird an einer Skala abgelesen. In neuerer Zeit setzt man zunehmend auch elektronische Sensoren ein. Wichtig bei allen Messungen ist, die wahre Luftwärme zu erfassen. Um eine Verfälschung der Messung durch Wärmeflüsse seitens des Messgeräts selbst und des Bodens auszuschließen, wird im Wetterdienst nach internationaler Vorschrift stets im Schatten und an einem gut belüfteten Standort in 2 m Höhe über Grund gemessen. Das Messgerät darf sich nur minimal erwärmen, was man durch einen weißen Anstrich des Thermometers erreicht.

Konventionelles Thermometer.

Winde und Wetter werden ganz wesentlich durch die Temperaturen mitgestaltet. Sich abkühlende, hinreichend feuchte Luftmassen neigen zu Nebel- und Wolkenbildung. Die großen atmosphärischen Strömungen, die als Transportbänder für Hochs, Tiefs und die unterschiedlichen Luftmassen fungieren, werden durch Temperaturgegensätze angetrieben (S. 49-57). Ein anderes Beispiel ist das angesprochene thermische Windsystem der Land-See-wind-Zirkulation an den Küsten.

Auch vertikale Temperaturgegensätze in der Atmosphäre generieren Winde und Wetter: Nimmt die Temperatur besonders stark mit der Höhe ab, begünstigt diese sogenannte *labile Schichtung* starke Böen, Schauer und Gewitter. Ausdruck der dabei starken vertikalen Durchmischung der Atmosphäre ist eine exzellente Sicht. Eine geringe Temperaturzunahme mit der Höhe oder gar mildere Luft über kühlerer bodennaher Luft oder über kühlem Wasser (*stabile Luftschichtung* bzw. Inversions-Wetterlage), schwächt die Luftbewegung und begünstigt bei hinreichender Luftfeuchtigkeit die Bildung von schichtförmigen Wolken sowie Dunst und Nebel.

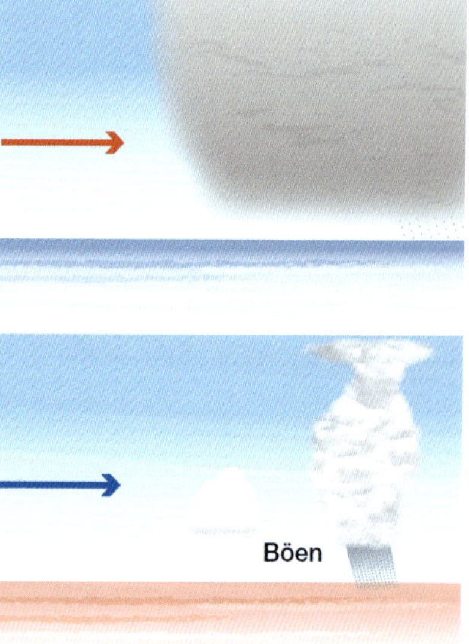

Typen der thermischen Luftschichtung über See. Strömt wärmere Luft über kühles Wasser (oben), weht der Wind ruhiger, und es wird diesig, evtl. entstehen Schichtwolken oder Nebel.
Kältere Luftmassen über relativ warmem Wasser (unten) machen den Wind böig, und es bilden sich Quellwolken, evtl. auch Schauer.

Wie kalt oder warm wir die Luft empfinden, hängt nicht nur von der Temperatur selbst ab. Ihr Zusammenwirken mit anderen Wetterelementen wie Sonne

Windstärke	Bezeichnung	Temperatur ►	16	17	18	19	20	21	22	23	24	25	26	27	28	29	30
1	Leiser Zug		15	16	17	18	19	20	21	22	23	24	25	27	28	29	30
3	Schwache Brise		12	13	15	16	17	18	19	21	22	23	24	26	27	28	29
5	Frische Brise		8	10	12	13	15	16	17	19	20	21	23	25	26	27	29
7	Steifer Wind		7	8	10	11	13	14	16	17	18	20	22	24	25	26	28
9	Sturm		6	7	9	10	12	13	15	16	17	19	21	23	24	26	28

Gefühlte Temperatur in Abhängigkeit von Wind und Lufttemperatur (Wind in Bft., Temperaturen in °C).

und Wind bestimmt ganz wesentlich unser *Temperaturempfinden*.
Die menschliche Haut hat für gewöhnlich eine Temperatur von 33 °C, sie ist unser Temperatursensor. Dabei gilt: Bei Lufttemperaturen unter der Hauttemperatur wirkt der Wind abkühlend (Windchill-Effekt).

Schieben sich Wolken vor die Sonne, treffen also keine Sonnenstrahlen auf die Haut, um sie zu erwärmen, empfinden wir das als Abkühlung. Bei Starkwind oder Sturm kommt uns die Luft eisig vor, was bei längerer Andauer auch zermürbend auf die Psyche wirkt. Eine kräftige Sonne bei schwül-warmer Luft und wenig Wind treibt uns dagegen die Schweißperlen auf die Stirn.
So spüren wir auf See schon bald: Die gemessenen Temperaturen sind unter manchen Witterungsbedingungen kein rechtes Maß dafür, wie wir die Wärme der Luft subjektiv wahrnehmen. Aus diesem Grunde haben Experten die sogenannte gefühlte Temperatur, die sich aus dem Zusammenspiel von Lufttemperatur, Luftfeuchtigkeit, Sonneneinstrahlung und Wind ergibt, berechenbar gemacht.
Bei sommerlichen Hochdrucklagen mit wenig Wind und hoher Luftfeuchtigkeit kann die gefühlte Temperatur 40 Grad und mehr erreichen, obwohl die gemessene Temperatur nur 28 Grad beträgt. In der Ägäis dagegen empfindet der Segler sie bei gleichen Temperatur- und Sonnenscheinbedingungen, aber starken Winden als gerade mal 20 Grad oder noch kälter. Beim Gegenankreuzen sorgen die auf der Haut verdunstenden Gischtspritzer für weitere Abkühlung (Verdunstungskälte). Die gefühlte Kälte und das ausgesprochen sportliche Ölzeug-Segeln unter der Fuchtel des starken Meltemi (S. 80-82) tragen zum Ruf der Ägäis als einem rauen Revier bei.
Zur Ermittlung der gefühlten Temperatur existieren in der Fachwelt mehr oder weniger hochentwickelte Gleichungen. Die einfachste Formel berechnet die Windchilltemperatur. Anspruchsvollere integrieren neben Lufttemperatur und Wind auch die Sonnenscheinbedingungen (abgeleitet aus der Bewölkung) sowie die Luftfeuchtigkeit in die Gleichung.

1.3 Wind

Entstehung und Erscheinungsformen des Windes

Schon der griechische Philosoph Anaximander (611-546 v. Chr.) erkannte die Natur des Windes: „Wind ist bewegte Luft". Was aber setzt die Luft in Bewegung? Es sind letztendlich die *Temperaturunterschiede* auf der Erde. Sie sind deswegen für die Bewegung der Luft verantwortlich, weil aus ihnen *Luftdruckunterschiede* resultieren. Diese wiederum treiben die Luftbewegung an. Warme Luft hat ein geringeres spezifisches Gewicht und übt somit am Erdboden einen geringeren Druck aus als kalte. Das Nebeneinander von Kalt- und Warmluft äußert sich in Luftdruckunterschieden (S. 54). Diese setzen die Luft in Bewegung, und zwar vom höheren zum niedrigeren Luftdruck. Durch den Wind versucht die Atmosphäre, diese Unterschiede auszugleichen. Paradebeispiel für diesen thermisch induzierten Wind ist das Land-Seewind-System (S. 93-97, S. 135-136).

Neben diesen rein thermisch ausgelösten, eher kleinräumigen Winden existieren auf der Erde auch noch sehr ausgedehnte Windsysteme. Sie sind letztendlich ebenfalls das Resultat von Temperaturunterschieden, nur vollzieht sich hier alles im großen Maßstab und auf Umwegen. Die Nachbarschaft unterschiedlich temperierter Luftmassen, zum Beispiel zwischen Polar- und Subtropikluft, führt zu einem mit der Höhe zunehmenden (horizontalen) Luftdruckgefälle. Dadurch nimmt der Wind mit der Höhe an solchen Luftmassengrenzen besonders stark zu. In der oberen Troposphäre herrscht dort oft Starkwind oder Sturm, mitunter sogar Orkan. Besonders starke Windzonen ziehen sich als mäandrierende Bänder in mittleren und höheren Breiten über die ganze Erde. Sie heißen Jet-Streams, deutsch *Jetstream*. In ihrem Bereich vollziehen sich beträchtliche Änderung des Windes in Richtung und Stärke. Diese wirken sich wiederum in der unteren Atmosphäre bis hinunter zum Meeresniveau aus, indem hier je nach Art der Änderung Hochs oder Tiefs entstehen. Zugleich steuern diese Starkwindbänder in der höheren Atmosphäre die Bewegung von Hochs und Tiefs. Näheres zu solchen sogenannten *dynamischen Hoch- und Tiefdruckgebieten* (zu denen auch „Azorenhoch" und „Islandtief" gehören) ab Seite 54.
Ob die Windentstehung nun rein thermisch wie beim Land-Seewind-System oder thermisch-dynamisch wie bei den großen Hochs und Tiefs ausgelöst wird: Auf jeden Fall ist die Ursache für die horizontale Luftbewegung ein *Luftdruckgefälle* auf diesem Niveau. Eine solche Ebene ist zum Beispiel das Meeresniveau. In der Wetterkarte für das Meeresniveau, der Bodenwetterkarte, lässt sich dieses Druckgefälle, auch Druckgradient genannt, anhand der Isobaren auf einen Blick erkennen. Wo die Isolinien nahe beieinander zusammen verlaufen – man spricht in dem Fall von einer engen Isobaren-Scharung – ist der Wind stärker als in Gebieten mit einer weiten Scharung, wo ein geringes Druckgefälle herrscht.
Wer aber glaubt, bequem aus der Bodenkarte die Windstärke ableiten zu können, täuscht sich. Zwar bestimmt das Gefälle die Windstärke, doch über die genaue Umrechnung entscheidet die geografische Breitenlage. Generell gilt: Das gleiche Luftdruckgefälle erzeugt einen umso stärkeren Wind, je niedriger die geografische Breite ist. So mancher Segler, der seinen ersten Blauwasser-Törn in den Subtropen oder Tropen unternahm und glaubte, allein mithilfe von Prognosebodenwetterkarten zurecht zu

Ein Druckunterschied von 1 hPa auf 111 km (60 Seemeilen, 1 Breitengrad)		
ergibt eine Windgeschwindigkeit von		
11 kn	......	in 60° Breite
12 kn	......	in 50° Breite
15 kn	......	in 40° Breite
19 kn	......	in 30° Breite
28 kn	......	in 20° Breite
55 kn	......	in 10° Breite

Windstärke in Knoten in Abhängigkeit von Luftdruckgefälle und geografischer Breite (Meeresniveau, geradlinige Isobaren).

kommen, ist aufgrund seiner Unkenntnis in Starkwindzonen hineingeraten.

Als Vektor besitzt der Wind eine zweite Eigenschaft, und zwar seine Richtung. Während Meeresströmungen nach ihrer stromabwärtigen Richtung bezeichnet werden, orientiert sich die Windrichtungsangabe nach der Richtung, *aus* der der Wind weht. Das ist historisch bedingt und auch sinnvoll - schließlich wollte der Seefahrer früherer Zeiten bei einer Meeresströmung vor allem wissen, in welche Richtung sie sein Schiff trägt. Bei der Luftströmung hingegen interessiert ihre Herkunft und der Weg, den die Luft genommen hat, denn diese beiden Faktoren prägen Temperaturen wie auch Wettercharakter der Luftströmung.

Der Wind weht vom Luftdrucküberschussgebiet (Hoch) zum Luftdruckdefizitgebiet (Tief), angetrieben durch die Kraft des Luftdruckgradienten, der sogenannten *Gradientkraft*. Mit zunehmendem Gefälle, das heißt je enger die Isobaren in der Wetterkarte zusammenrücken, desto stärker ist der Wind (Gradientwind). Die Bewegung der Luft vollzieht sich nur zu Beginn der Bewegung quer zu den Isobaren, also auf direktem Weg von Hoch zu Tief (ähnlich wie ein Bach am Hang quer zu den Höhenlinien fließt). Schon bald, nach einer bestimmten von der geografischen Breite abhängigen Distanz, wird das Luftteilchen nicht mehr weiter beschleunigt und unterliegt zugleich einer Rechtsablenkung (Nordhalbkugel) bzw. Linksablenkung (Südhalbkugel). Diese ablenkende Kraft beruht auf der Erdrotation und wird *Corioliskraft* genannt. Sie ist am Äquator gleich null

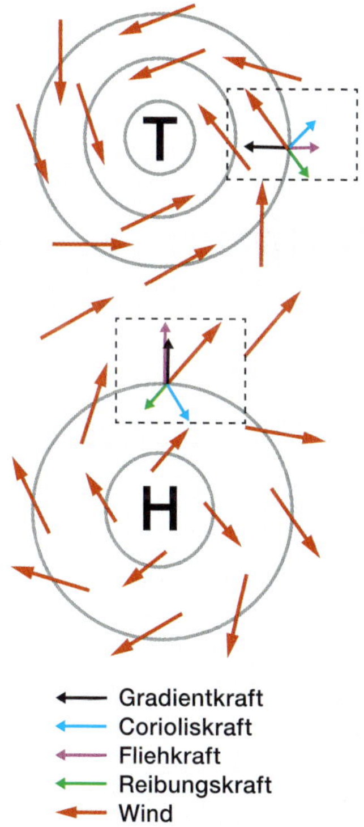

Die Luftbewegung im Meeresniveau ergibt sich aus dem Zusammenwirken verschiedener Kräfte. Im Hoch ziehen Gradient- und Fliehkraft „an einem Strang." Deshalb ist hier der Wind, gleiches Luftdruckgefälle vorausgesetzt, stärker als im Tief.

und wächst polwärts an. Zudem zwingt sie eine Luftströmung früher oder später auf eine isobarenparallele Bahn. Das führt dazu, dass Druckunterschiede zwischen Hoch und Tief durch den Wind nicht so rasch ausgeglichen werden können und ist gleichzeitig der Grund für die Langlebigkeit vieler Hochs und Tiefs. In der Nähe von Hoch- und Tiefdruckzentren ist der Weg des Windes bogenförmig, entsprechend dem Verlauf der Isobaren. Die großen, in Satellitenaufnahmen erkennbaren Wolkenspiralen der Tiefs zeichnen diese Bewegung nach. Im Falle bogen- bis kreisförmig verlaufender Isobaren, wie sie typisch sind für das Luftdruckmuster in der Nähe der Hoch- und Tiefzentren, wirkt eine weitere Kraft auf den Gradientwind. Das ist die *Fliehkraft* (Zentrifugalkraft). Diese wirkt in Tiefdruckgebieten der Druckgradientkraft entgegen, in Hochdruckgebieten hingegen zieht sie mit ihr quasi an einem Strang. Folge ist, dass bei gleichem Druckgefälle der Wind in Hochs stärker weht als in Tiefs. Aus diesem Grunde gelten die Windstärkeangaben auf Seite 17 strenggenommen nur für geradlinige Isobarenverläufe. Jeder Ostseesegler weiß, welche stramme Brise sich bei einer sonnigen Ostwind-Wetterlage am Rande des Skandinavien-Hochs entwickeln kann, die man der Wetterkarte so gar nicht hat ansehen können.

In den bodennahen Luftschichten, und damit in der Sphäre, in der sich die Segel ihren Wind holen, weht der Wind schwächer als in der höheren Atmosphäre, und er weht hier auch nicht mehr isobarenparallel, sondern mit einem gewissen Winkel aus dem Hoch heraus und in das Tief hinein. Das wird durch die sogenannte *Reibungskraft* der Erdoberfläche bewirkt. In dieser bodennahen Reibungsschicht, Grundschicht oder auch Grenzschicht der Atmosphäre genannt, findet im Wesentlichen der Luftmassentransport von Hoch zu Tief statt. Das führt dazu, dass Hochs und Tiefs nicht unendlich lang existieren, sondern sich nach einer gewissen Zeit auflösen.

Unter dem Einfluss all dieser Kräfte entsteht die für die unteren Luftschichten typische Luftbewegung: in einer langen spiralförmigen Bahn im Uhrzeigersinn

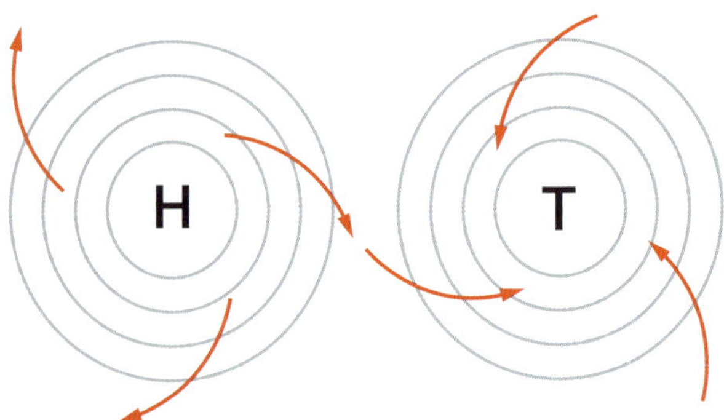

In der untersten Schicht der Troposphäre, der Reibungsschicht, sorgt die Reibungskraft für einen Luftmassentransport von Hoch zu Tief in spiralförmigen Bahnen.

(Nordhemisphäre) aus dem Hoch heraus und gegen den Uhrzeigersinn (Nordhemisphäre) in das Tief hinein.
Auf der Gesetzmäßigkeit dieser Luftbewegung fußt das sogenannte *barische Windgesetz*. Es lautet in seiner Formulierung für die Nordhalbkugel: „Man drehe den Rücken zum Wind, dann hat man den tiefen Luftdruck links und etwas hinter sich, den hohen Luftdruck rechts und etwas vor sich."
Da die Reibungskraft über See naturgemäß geringer ist als über (reliefiertem) Land, ist den Druckgebilden, besonders starken Tiefs, über dem Meer eine längere Lebenszeit vergönnt als über Land, wo sie sich relativ rasch abschwächen („auffüllen").
Der Unterschied in der Reibungskraft zwischen Land und Meer ist auch jedem Segler und Surfer vertraut: Ablandige Winde sind in der Regel schwächer, aber böiger, weht es von See her, ist der Wind stärker, aber stetiger und damit berechenbarer.

Die Reibungskraft lässt mit zunehmender Höhe, also zunehmender Entfernung vom Erdboden, nach. Das bedeutet, dass der Wind mit zunehmendem Abstand vom Boden stärker wird, seine Böigkeit nachlässt und er nach rechts dreht. Jetzt wird klar, warum der Zug der niedrigsten Wolken stets ein wenig nach rechts von dem Wind abweicht, der die Segel füllt.
Dieses typische *Vertikalprofil des Windes* ist exponentiell, also nichtlinear: Die Änderung des Windes mit der Höhe ist in den untersten 20–30 Metern viel markanter als weiter oben.
Bei Schwachwindlagen haben Segler und Windsurfer das Nachsehen. Kitesurfer können mit ihrem Drachen hingegen den Höhenwind anzapfen. Je nach Windrichtung und Wetterlage stehen ihnen dort oben 120–200 % des Windes an der Wasseroberfläche zur Verfügung. So spielt sich vor den Augen des verdutzten Beobachters im Hafen oder am Strand, der ungeduldig auf den Wind wartet, mitunter eine fast gespenstisch wirkende Szenerie ab: Da draußen flitzt ein Kitesurfer über die Wellen, dass es die wahre Freude ist!

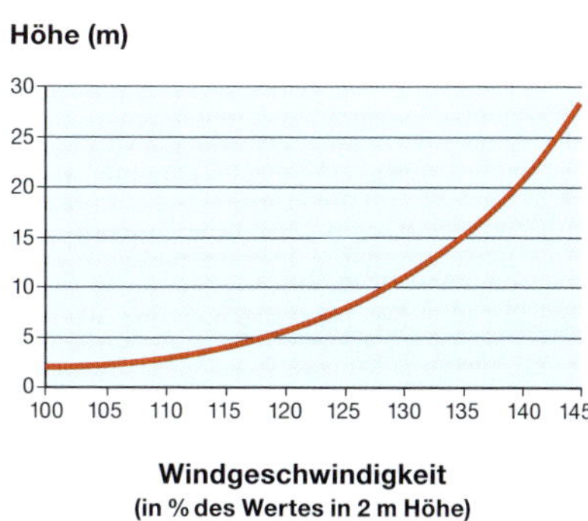

Höhenprofil des Windes im unteren Bereich der Reibungschicht.

Die alten Großsegler profitierten in noch viel stärkerem Maße von diesem Windprofil, und zwar durch die Höhe ihrer

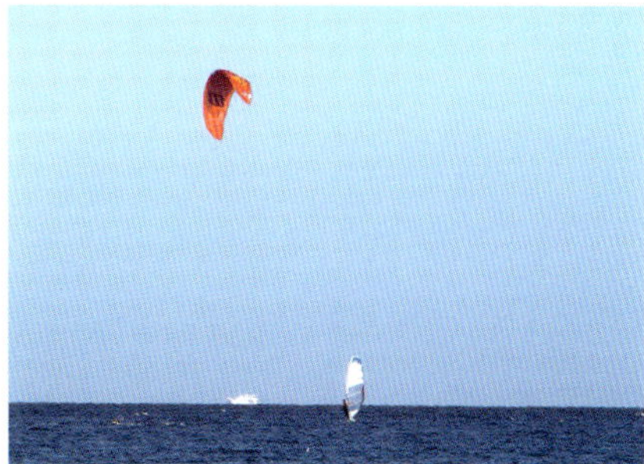

Der Wind nimmt in der untersten Luftschicht exponentiell zu. Davon profitierten besonders Kite-Surfer bei wenig Wind.

Segel. Einige Rahsegel fingen den Wind zum Teil über 50 Meter hoch über dem Wasser ein. Bei so mancher Flaute bewegte sich das Schiff wie von Geisterhand geschoben durch das Wasser, weil ihre obersten „Moonraker"- und „Skyscraper"-Segel an den Höhenwind ankoppeln konnten.

Messung und Darstellung des Windes

Zur Windmessung existieren Messgeräte, mechanisch oder elektronisch, in verschiedenster Art. In der Segelpraxis durchgesetzt haben sich *Schalenkreuzanemometer* im Masttopp. Sie sollten wartungsfrei sein und keine korrosionsanfälligen Materialien enthalten. Üblicherweise zeigen sie auf einem Schiff in Fahrt nur den sogenannten scheinbaren Wind an, der sich aus der Addition des wahren Windes (außerhalb des Schiffs) und dem Fahrtwind ergibt. Aufwendigere, sogenannte Systemgeräte errechnen gleich den wahren Wind. Ein *Handwindmesser* (Schalenkreuz oder Ventimeter) bildet eine sinnvolle Alternative für Surfer und Motorbootfahrer – oder für Segler, die den wahren Wind ermitteln wollen.

Die Windgeschwindigkeit lässt sich in Meter pro Sekunde, Kilometer pro Stunde oder Knoten (Seemeilen pro Stunde) beziffern. Im angelsächsischem Raum ist auch die Angabe in Landmeilen pro Stunde üblich.

Speziell für die Seefahrt wurde der Begriff der *Windstärke* eingeführt: Anhand des Aussehens der Windsee wird die Windgeschwindigkeit eingeschätzt. Dazu dient eine 13-teilige Skala von Windgeschwindigkeitsintervallen (Beaufortskala). Wer sich die Windgeschwindigkeiten der Stufen genauer anschaut, wird feststellen, dass die Intervalle zu den höheren Stufen immer größer werden. So nimmt die Geschwindigkeit von 1 auf 2 Bft. um 3 Knoten, von 5 auf 6 Bft. um doppelt so viel, nämlich 6 Knoten, zu. Die Präzision der Skala ist also im oberen Bereich geringer als auf den unteren Stufen. Die Erklärung liegt im Aussehen der Meeresoberfläche. Denn die See folgt ihren eigenen Gesetzen. Kleine Windzunahmen haben große Auswirkungen, solange der Wind nicht stark ist: Das Wasser ist erst glatt, dann gekräuselt, später kommen Wellen hinzu. Noch mehr Wind produziert Schaumköpfe, die ihrerseits als nächste Steigerungsform Schaumstreifen erzeugen. Wird dann aber aus der Brise Sturm, modelliert die Natur mit

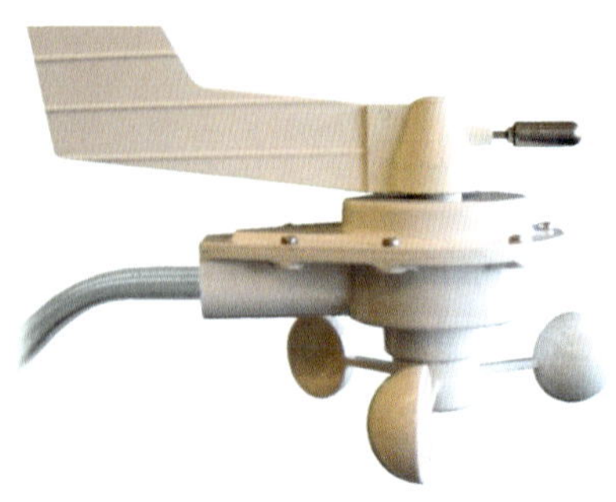

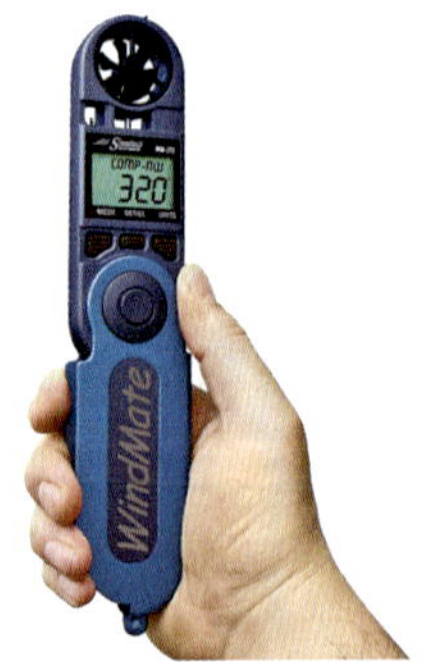

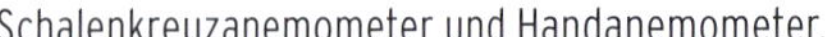
Schalenkreuzanemometer und Handanemometer.

Windstärke	Bezeichnung (in Seewetterberichten)	Aussehen der Windsee	Windgeschwindingkeit		
			Knoten (sm/h)	km/h	m/s
0	Windstille	spiegelglatte See	<1	<1	0-0,2
1		kleine, schuppenförmige Kräuselwellen	1-3	1-5	0,3-1,5
2	schwacher Wind	kurze, kleine Wellen	4-6	6-11	1,6-3,3
3		kurze, kleine Wellen; einzelne Kämme brechen	7-10	12-19	3,4-5,4
4	mäßiger Wind	Wellen mit einzelnen Schaumköpfen	11-16	20-28	5,5-7,9
5	frischer Wind	Wellen mit zahlreichen Schaumköpfen	17-21	29-38	8,0-10,7
6	starker Wind	Wellen mit verbreiteten Schaumköpfen und brechenden Kämmen	22-27	39-49	10,8-13,8
7		große Wellen mit vereinzelten Schaumstreifen	28-33	50-61	13,9-17,9
8	Sturm	große Wellen mit zahlreichen Schaumstreifen	34-40	62-74	17,2-20,7
9		große Wellen mit Schaumstreifen, Gischt hebt vereinzelt ab	41-47	75-88	20,8-24,4
10	schwerer Sturm	große Wellen mit Schaumstreifen, vielfach fliegende Gischt	48-55	89-102	24,5-28,4
11	orkanartiger Sturm	Teppich aus fliegender Gischt überdeckt Wellen und reduziert Sicht	56-63	103-117	28,5-32,6
12	Orkan	Luft ist mit Gischt angefüllt, extreme Sichtreduktion	>63	>117	>32,6

Beaufortskala.

gröberem Werkzeug: Der Schaum überdeckt mehr und mehr die gesamte Wasseroberfläche, die Wellen wachsen an. Und warum endet die Skala bei Stärke 12, schließlich gibt es ja auch noch höhere Windgeschwindigkeiten? Die Erklärung ist simpel: Das würde einfach keinen Sinn ergeben, denn die fehlende Sicht wird bei Orkan zum limitierenden Faktor. Windkraft und Sogeffekte verlei-

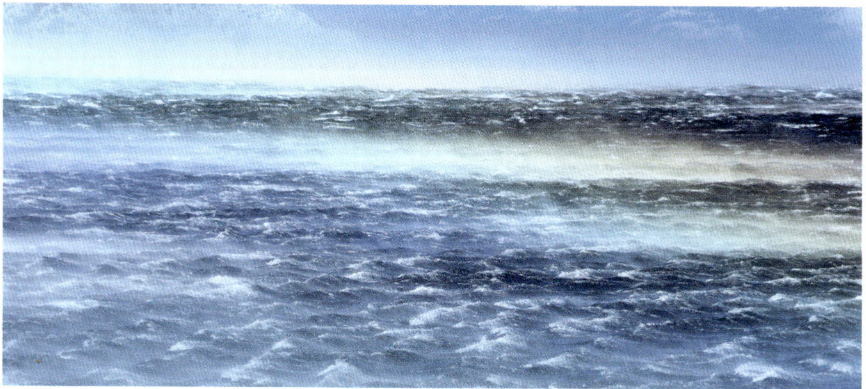

Bei schwerem Sturm oder Orkan geht die Sicht durch fliegende Gischt stark zurück.

1.4 Luftfeuchtigkeit

Wasser ist das einzige Element, das den Wassersportler in all seinen drei Aggregatzuständen umgibt. In der flüssigen Form trägt es Schiff und Board und fördert oder behindert in Gestalt von Strömungen und Seegang die Fortbewegung; ebenso ist es ein Wetterelement – von der harmlosen Schönwetterwolke bis hin zur Gewitterwolke mit ihrem Platzregen. In gefrorenem Zustand leuchtet es hoch oben am Himmel als zarte weiße Schleierwolke in 10 Kilometer Höhe und malträtiert den Wassersportler mitunter als Graupel- oder Hagelschauer.

Ganz wesentlich beeinflusst es aber Wind- und Wettergeschehen in seiner unsichtbaren Form: als Bestanteil des atmosphärischen Gasgemischs. Im Unterschied zur populären Anschauung bezeichnet die Fachwelt das Wassergas in der Atmosphäre als *Wasserdampf*.

Es liegt in wechselnden Anteilen am Gasgemisch vor: von nahezu 0 Volumenprozent in eisigen Sphären der höheren Atmosphäre und der Polargebiete bis hin zu 4 Prozent in den feuchten Tropen. Es stammt von Meeren, Flüssen, Seen, aber auch vom Land. Dort geht die sichtbare in die unsichtbare Feuchtigkeit über: Der Prozess der Phasenumwandlung heißt Verdunstung. Sonneneinstrahlung, hohe Temperaturen und Wind fördern diesen Prozess. Bei diesem Vorgang wird der Luft aus physikalischen Gründen Wärme entzogen (Verdunstungsabkühlung). Diesen Effekt kennt auch der Wassersportler: Auch in warmer Luft und über warmem Wasser bekommt man eine Gänsehaut, wenn man Gischtspritzer auf Beine und Arme oder ins Gesicht abbekommt und der lebhafte Wind die Verdunstung der angefeuchteten Haut anregt. Erst wenn die Haut wieder trocken ist, ist das Frösteln vorbei.

Die Wärme, die bei der Verdunstung verloren geht, wird der Atmosphäre bei den anderen Phasenübergängen, der Kondensation des Wassergases zu Wasser (gasförmig --> flüssig: Nebel und Wolken) und bei der Sublimation (fest --> gasförmig: Eisverdunstung) oder dem Gefrieren zu Eiskristallen (flüssig --> fest) wieder zurückgegeben. Dabei spielt besonders die bei der Kondensation frei werdende Wärme (*Kondensationswärme*) eine wichtige Rolle. Findet die Wolkenbildung in der unteren Troposphäre in warmen Luftmassen statt, wird eine beträchtliche Menge an Wärmeenergie freigesetzt, und die Wolken erhalten dadurch weiteren Auftrieb. Ist die höhere Troposphäre gleichzeitig relativ kalt, begünstigen die Kondensationsvorgänge Schauer und Gewitter bis hin zu Unwettern. In den Tropen ist die freiwerdende Kondensationswärme die Hauptenergiequelle für tropische Störungen, die sich ihrerseits zu Wirbelstürmen (Hurrikans, Taifune etc.) weiterentwickeln können.

Besonders die mittleren Breiten sind ein Tummelplatz unterschiedlichster Luftmassen – warmer und kalter, trockener und feuchter –, je nach der Herkunftsregion der Luft und dem Weg, den sie nach Mitteleuropa genommen hat. So ist der Wasserdampfgehalt der Luft in unserer Klimazone neben der Temperatur ein wichtiges Merkmal zur Charakterisierung der Luftmasse und ihres Witterungscharakters. Nordatlantische Luftmassen verfügen über viel Wasserdampf, wenn sie aus niederen Breiten stammen. Kontinentale Luft aus Russland dagegen ist trocken und neigt deshalb außerhalb von Tiefs und ihren Fronten zu freundlicher Witterung.

In der Praxis kommt dem reinen Wasserdampfgehalt der Luft (absolute Feuchte), ausgedrückt in g Wasser pro Kilogramm oder Kubikmeter Luft, eine geringere Bedeutung zu als der relativen Feuchte (ausgedrückt in Prozent).

In diesem Zusammenhang kommt dem physikalischen *Gesetz nach Magnus*, das die Abhängigkeit des Wasserdampfgehalts in der Luft von ihrer Temperatur beschreibt, eine große Rolle zu. Es gilt: Je wärmer eine Luftmasse ist, desto mehr Wasserdampf kann sie enthalten. Diese Beziehung zwischen der Temperatur und der Feuchtekapazität einer Luftmasse ist exponentiell: Bei höheren Temperaturen verschafft eine leichte Temperaturerhöhung der Luft ein weitaus größeres Speichervermögen für Wasserdampf als bei tiefen Temperaturen. Der Grad der Feuchteanreicherung relativ zum maximal möglichen Feuchtegehalt wird durch die sogenannte *relative Feuchte* ausgedrückt. Zum Beispiel kann eine 26 Grad warme Luft maximal rund 20 g Wasser pro Kilogramm Luft enthalten, das entspräche einer relativen Feuchte von 100 %. Enthält sie nur 12 g, beträgt ihre relative Feuchte 50 %. Steigt die relative Feuchte auf 100 % (entweder durch Feuchtezufuhr oder durch Abkühlung), hat die Luft also die maximal mögliche Kapazität für Wasserdampf erreicht, ist sie mit Wasserdampf gesättigt (Sättigungspunkt). Die entsprechende Temperatur nennt man Sättigungstemperatur oder auch *Taupunktstemperatur* (Taupunkt), die entsprechende Feuchtigkeit heißt *Sättigungsfeuchte*. Einer Übersättigung im Falle weiterer Anfeuchtung oder weiterer Abkühlung der Luftmasse beugt die Natur vor, indem sie den überschüssigen Teil des Wasserdampfs zu Wolken, Nebel oder Tau kondensieren lässt. Bei weiterer Feuchteanreicherung im Wolkenniveau kann es zu Niederschlägen kommen. So schließt sich der Kreislauf des Wassers in der Atmosphäre, der mit der Verdunstung beginnt.

Erwärmt sich hingegen gesättigte Luft oder verliert sie einen Teil ihrer Feuchtigkeit, setzt der umgekehrte Prozess ein: Dem atmosphärischen Kondensationsprodukt geht es an die Substanz – die Wolke löst sich auf, der Nebel lichtet sich.

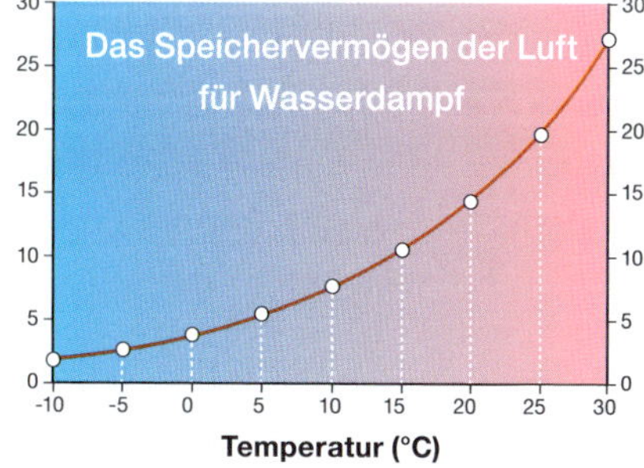

Zusammenhang zwischen Temperatur und maximal möglichem Wasserdampfgehalt einer Luftmasse.

Das Magnus-Gesetz hilft, viele Wettervorgänge zu verstehen. Da sich aufsteigende Luft (wie großräumig in Tiefdruckgebieten oder lokale durch Thermik) abkühlt, ihren Wasserdampfgehalt aber beibehält, muss der über-

schüssige Wasserdampf ab einer bestimmten Höhe kondensieren: Wolken entstehen. Umgekehrt sinkt die Luft in Hochdruckgebieten großräumig ab, was aus physikalischen Gründen zur Erwärmung führt. Dadurch steigt die Aufnahmefähigkeit der Luft für Wasserdampf, die relative Feuchte sinkt, und etwaige Wolken lösen sich auf.
Unter klarem Himmel und bei wenig Wind sinken die Temperaturen im Laufe der Nacht oft deutlich ab, und am Ende der Abkühlungszeit, zum frühen Morgen hin, kondensiert die Feuchtigkeit der Luft in der Nähe des besonders stark ausgekühlten Bodens oder auf dem Deck und der Persenning zu Tau – bei hinreichender Sättigung der untersten Luftschicht auch zu Nebel.
Aus den vorigen Ausführungen wird ersichtlich, warum ergiebiger Platzregen eher in subtropischen oder tropischen als in kühlen Luftmassen auftritt: In warmen Luftmassen, die viel mehr Wasserdampf enthalten können als kalte, sind auch die Regenmengen entsprechend groß.
Frachtschifffahrt und Blauwassersegler kennen das Problem des Schimmelbefalls durch Kondenswasserbildung in Laderaum oder Kajüte beim Übergang von einer wärmeren in eine kältere Klimazone. Speziell in der Seefahrt sind Erkenntnisse der Fachdisziplin der Laderaummeteorologie gefragt. Hier stehen die richtige Belüftung und Steuerung der Temperaturen, die maßgeblich die Gefahr der Kondenswasser- und Schimmelbildung in der Nähe des Ladeguts beeinflusst, im Vordergrund der Analysen und Gutachten.
Der relativen Luftfeuchtigkeit und der Taupunkstemperatur kommt auch eine Schlüsselstellung bei der Ermittlung der menschlichen Wärmeempfindung zu. Die Schwülebelastung wächst bei hohen Lufttemperaturen mit dem Wasserdampfgehalt der Luft. In Gleichungen der Medizinmeteorologen zur Berechnung der physiologischen Wärmebelastung ist deshalb die Taupunktstemperatur eine wichtige Größe.

Der Wasserdampfgehalt der Luft und alle anderen oben genannten Größen lassen sich berechnen, wenn man Temperatur und relative Feuchtigkeit misst. *Hygrometer* heißen die Feuchtemessgeräte. Es gibt zahlreiche Hygrometer mit unterschiedlichen Messverfahren.
Das gebräuchlichste ist das Haarhygrometer: Das Messprinzip macht sich die Eigenschaft von Haaren (menschliche, oder Kunstfasern) zunutze. Ihre Längenänderung hängt von der relativen Feuchte ab und ist berechenbar.
Haare sind hygroskopisch und dehnen sich mit zunehmender relativer Feuchte aus. Die Länge eines menschlichen Haars nimmt von 0 % bis 100 % relativer Feuchte um 2,5 % zu. Das präparierte Haarbüschel im Gerät wird über einen Hebelmechanismus auf einen Zeiger übertragen. Auf einer geeichten Skala lässt sich damit direkt die relative Feuchte ablesen.
Analog zum Barometer und Barografen gibt es auch registrierende Hygrometer, die die zeitliche Änderung der relativen Luftfeuchte auf einem Registrierstreifen auftragen, der sich auf einer rotierenden Trommel befindet. Solche Geräte sieht man zum Beispiel in Kunstmuseen.
In professionellen Wetterkarten lässt sich die an den amtlichen Wetterstationen gemessene Luftfeuchtigkeit ablesen. Sie wird in Gestalt der Taupunkstempe-

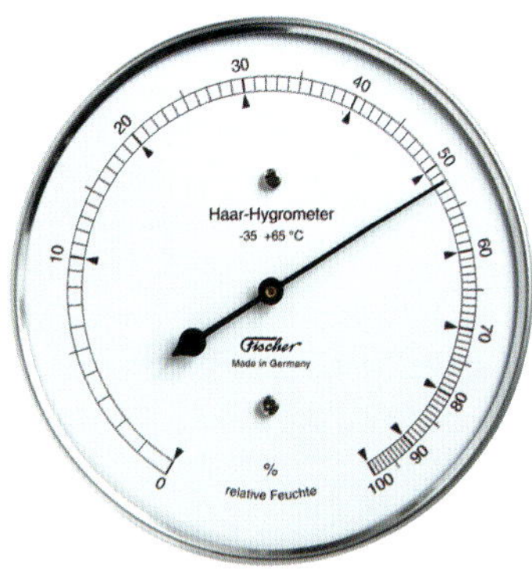

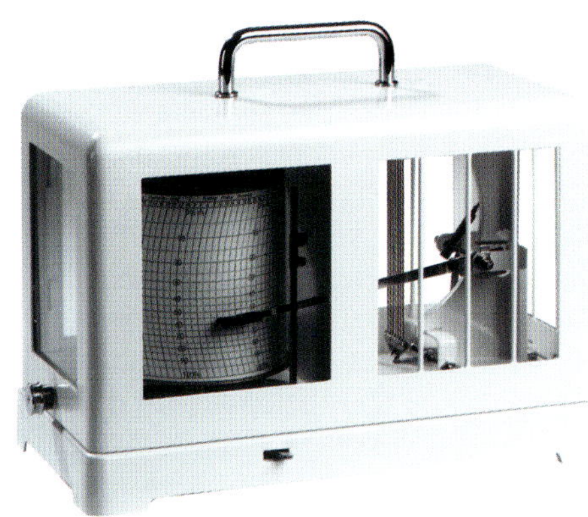

Haarhygrometer und Hygrograf.

ratur angegeben. Mit dem Taupunkt und dem Wert der gemessenen Lufttemperatur geht man in einschlägige Tabellen und liest dort die relative Feuchte und andere Feuchtegrößen ab.

1.5 Dunst und Nebel

Die Luftfeuchtigkeit ist ein Schlüsselelement im Wettergeschehen. Bereits bevor die Umwandlung des gasförmigen Wasserdampfs in Form von Nebel oder Wolken sichtbar wird, machen sich sehr hohe Werte der relativen Feuchte bemerkbar: Die Sichtweite nimmt ab. Die Annäherung des Wasserdampfvorrats einer Luftmasse an ihre Kapazitätsgrenze lässt die (für das menschliche Auge unsichtbaren) Keimzellen für die Tröpfchenbildung in der Luft, die sogenannten Kondensationskerne, aufquellen. An ihnen kondensiert die Luftfeuchtigkeit bereits unterhalb der Sättigungsgrenze, also unterhalb 100 % relativer Feuchte, zu winzigsten Tröpfchen, die in der Regel einen Durchmesser unter 0,1 mm haben. Dieses Stadium nennt man *Vorkondensation*. Die Vielzahl der Tröpfchen und ihre Lichtstreuung reduzieren die Sichtweite, weshalb es dunstig wird. Geschieht diese Feuchteanreicherung der Luft über See, wird man die Kimm nur noch verschwommen sehen, unterhalb einer Sichtweite von 2 Seemeilen gar nicht mehr. Es ist sehr dunstig geworden, der Fachbegriff lautet *diesig*.

Das Stadium der Vorkondensation lässt sich auch in der Wolkensphäre beobachten. Im Bereich aufgelockerter Wolkenfelder wirft die Sonne manchmal den Schatten von Wolkenrändern auf eine untere fast feuchtegesättigte Luftschicht, die auf diese Weise sichtbar wird.

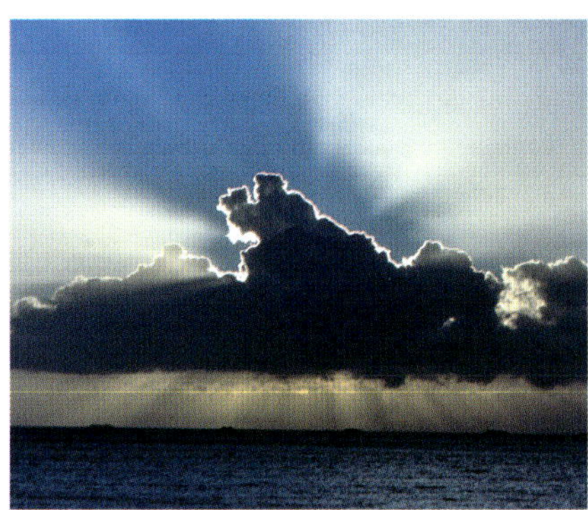

Die Sonnenstrahlen projizieren den Schatten der Wolkenränder auf eine Dunstschicht.

Bei weiterer Wasserdampfanreicherung oder Abkühlung der (bodennahen oder wassernahen) Luft wird schließlich der Taupunkt (S. 25) unterschritten, und der überschüssige Anteil der Luftfeuchtigkeit kondensiert zu *Nebel*. Ein Beispiel aus dem Alltag: Wasser wird auf dem Herd erhitzt, und es verdunstet viel Wasserdampf in die warme Luft unmittelbar über dem erhitzten Wasser. Weiter oberhalb des Wassertopfs aber ist die Luft viel kühler und damit weniger aufnahmefähig für Wasserdampf – sofort kondensiert ein Teil des H_2O-Gases zu echtem Wasserdampf: Der Topf „dampft".

0–200 m	Starker Nebel
200–500 m	Mäßig dichter Nebel
500–1.000 m	Leichter Nebel
1/2–1 sm	Stark diesig (schlechte Sicht)
1–5 sm	Diesig
5–10 sm	Mittlere Sicht
10–25 sm	Gute Sicht
ab 25 sm	Außergewöhnlich gute Sicht

Sichtweitestufen und ihre Bezeichnung in Seewetterberichten.

Definitionsgemäß beträgt die *meteorologische Sichtweite* (maximale Entfernung, bis zu der ein dunkles Objekt wie zum Beispiel ein Leuchtturm vor hellem Hintergrund gerade noch zu erkennen ist) nun weniger als 1000 m bzw. weniger als etwa eine halbe Seemeile. Millionen winzigster Wassertröpfchen und die dadurch bewirkte starke Lichtstreuung sind für die starke Sichtreduktion verantwortlich. Bei Sichtweiten unter 200 m spricht man von *starkem Nebel*.

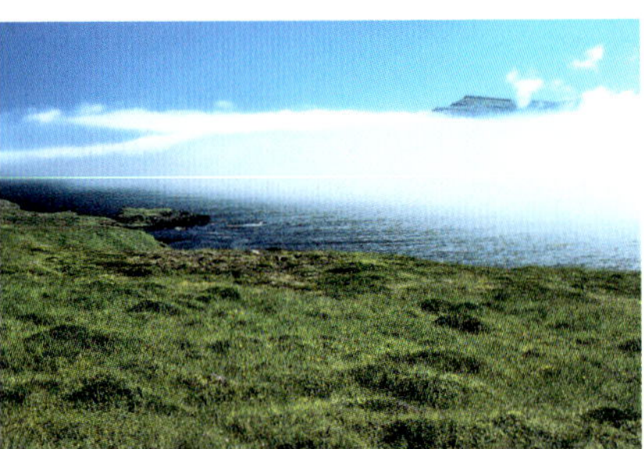

Nebel auf See.

Nach der Entstehungsweise unterscheidet man unterschiedliche Arten des Nebels. Der *Seenebel* bildet sich, wenn südwestliche Winde feuchtwarme Luft über kalte Gewässer (zum Beispiel Nord- und Ostsee im Frühjahr) führen. Ein berüchtigtes Nebelloch sind die Gewässer der Neufundlandbank, wo immer wieder mit südlichen Winden Golfstromluft über das kalte Wasser des Labradorstroms gelangt.

Treibt ein starker ablandiger Wind das Wasser von der Küste weg, was im Küstenbereich zur Bildung kalten Auftriebswassers führt (zum Beispiel südfranzösische Küste bei Mistral, slovenisch-kroatische Adria bei Bora, deutsche Ostseeküste bei Südwind), und strömt dann nach einer Wetterumstellung feucht-milde Meeresluft heran, kann es zu plötzlichen Seenebeleinbrüchen kommen. Mithilfe der thermischen Seewindzirkulation (S. 93-97) kann der Nebel über die Küstengewässer hinweg landeinwärts vordringen.

Der Seenebel bevorzugt die Frühjahrsmonate und den Frühsommer. Er kann das Revier am Tage wie auch in der Nacht heimsuchen, bei schwachen wie bei lebhaften Winden, und mitunter 24 Stunden oder länger andauern.

Landnebel hingegen nennt man den Nebel, der seinen Ursprung im Binnenland hat, wo sich die Luft, wenn sie hinreichend feucht und der Himmel klar ist, während der Nacht durch Ausstrahlung des Bodens stark abkühlt. Dabei kann die Temperatur so weit absinken, dass sie den Taupunkt erreicht und zu Nebel kondensiert (Strahlungsnebel). Die nebelerfüllte Landluft driftet dann in den Morgenstunden mithilfe der thermischen Landbrise (S. 94) auf das Meer hinaus bzw. vom Uferbereich auf den See. Häufig verhüllt der von Land kommende Nebel Hafeneinfahrten, Peilobjekte, Kaps oder auch andere Schiffe und gefährdet damit ganz erheblich die Navigation in den Küstengewässern und Uferbereichen.

Landnebel sind an Nord- und Ostsee wie auch auf den Binnenseen eine typische Begleiterscheinung spätsommerlicher und herbstlicher Hochdruckwetterlagen, wenn die Nächte länger werden und relativ viel Feuchtigkeit in der Luft ist. An der Küste sind Buchten besonders nebelanfällig. Dieser Nebeltypus ist nicht so „robust" wie der Seenebel, sondern eher ein zartes Pflänzlein unter den Nebeltypen: Erwärmung durch zunehmende Sonneneinstrahlung und auch ein auflebender Wind lösen ihn rasch auf.

Landnebel treten besonders in den Morgenstunden auf und lösen sich in der Regel bis zum Mittag auf.

Es gibt allerdings auch noch einen Sonderfall, den *Mischungsnebel*: Während eines Wetterwechsels mischt sich eine neue feucht-milde Luftmasse vorübergehend mit der alten feucht-kühlen Luftmasse. Jede der Luftmassen für sich allein vermag keinen Nebel zu bilden, dafür ist deren relative Feuchte nicht hoch genug. Vermischen sich diese Luftmassen aber, kann in diesem neuen Luftmassengemisch durchaus Feuchtesättigung eintreten, und es entsteht plötzlich Nebel. Im Unterschied zu See- und Landnebeln, die auf die Küstengewässer hinausziehen, ist bei diesem Nebeltyp das Küstenrevier selbst die bevorzugte Bildungsstätte. Für gewöhnlich ist der Nebelspuk nach wenigen Stunden vorbei, wenn sich die neue Luftmasse im Revier durchgesetzt hat.

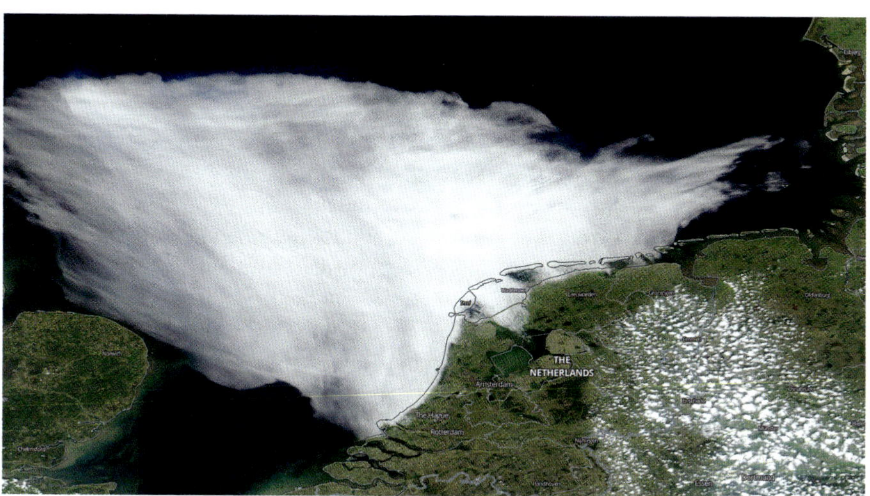

Seenebelfeld über der Nordsee aus der Satellitenperspektive.

Sichtweitencode Landstation	Sichtweite (km)	Sichtweitencode Schiff	Sichtweite (km)
00	unter 0,1	90	unter 0,05
01 ... 50	0,1 ... 5,0	91	0,05
56	6	92	0,2
57 ... 80	7 ... 30	93	0,5
81 ... 88	35 ... 70	94	1
89	über 70	95	2
		96	4
		97	10
		98	20
		99	50 und mehr

Sichtweite-Informationen in professionellen Wetterkarten.

Sehr dichter Nebel mit Sichtweiten unter 200 m stellt eine Gefahrensituation für jeden Wassersportler dar. Er nimmt ihm die Orientierung, und es besteht eine erhöhte Gefahr von Kollisionen, auf Grund zu laufen oder zu stranden. Neben dem Verlust der visuellen Orientierung beeinträchtigt der Nebel oft auch die akustische Orientierung. Die Schallausbreitung wird durch die Nebeltröpfchen und auch durch den thermischen Aufbau der Nebelluft (in der Regel unten kälter als oben, sogenannte „Inversionswetterlage") beeinflusst. Oft wähnt man akustische Signale wie das Nebelhorn viel näher als sie tatsächlich sind. Der Grund liegt in der Reflexion der Schallwellen an der höher gelegenen Temperaturumkehrschicht (Inversion). Ein Verstärkereffekt, der den Wassersportler gelinde gesagt irritiert und zusammen mit dem visuellen Orientierungsverlust zu navigatorischen Fehlentscheidungen verleitet. Näheres zur Navigation bei Nebelwetterlagen auf den Seiten 127-131 und 148-150.

Professionelle Wetterkarten enthalten detaillierte Informationen zu den Beobachtungen von Sichtweite, Dunst und Nebel an den amtlichen Wetterstationen. Die Sichtweite wird über einen Zahlencode angegeben, der sich auf Intervalle von Entfernungen bezieht.
Im Falle von Dunst oder Nebel informieren Symbole über verschiedene Erscheinungsformen dieser Phänomene.

1.6 Wolken und Niederschläge

Wolken

Entstehung von Wolken

Kühlt sich mit Wasserdampf gesättigte Luft ab oder reichert sich mit weiterer Feuchtigkeit an, kondensiert die Luft: Sie beginnt den überschüssigen Wasserdampfanteil sichtbar als Wolke (oder Nebel) auszuscheiden. Die entstehenden Wassertröpfchen sind winzig und ihr Gewicht entsprechend gering. So kommt es, dass sowohl Nebel- als auch Wolkentröpfchen, die in ihrer Gesamtheit viele Tonnen von Wasser auf die Waage bringen können, in der Luft schweben.

Während für den Nebel ein stationärer Vorgang (Auskühlung, Feuchteanreicherung) einer dem Erdboden oder einer Wasseroberfläche nahen dünnen Luftschicht verantwortlich ist, entstehen Wolken durch Hebung von Luft. Aufsteigende Luftpakete kommen unter den niedrigeren Höhenluftdruck, und dehnen sich dadurch aufgrund physikalischer Gründe aus. Diese Volumenänderung fordert ihren Tribut: Auf 100 Höhenmeter sinkt die Temperatur, solange noch keine Wolke gebildet wurde, um 1 Grad ab (*trockenadiabatische Abkühlung*). Bei genügender Länge des Aufstiegs ist das große „Rien ne vas plus" irgendwann erreicht, und der überschüssige Wasserdampf beginnt als Wolke zu kondensieren. Der weitere Aufstieg der Luft lässt die Wolken nach oben anwachsen. Die Höhe, in der die Kondensation beginnt, ist das sogenannte *Kondensationsniveau* und ist als Wolkenbasis sichtbar. Die weitere Abkühlung findet nun innerhalb der Wolke statt und ist weniger stark, da auf der Abkühlungsrate die bei der Tröpfchenbildung frei werdende Kondensationswärme (S. 24) quasi draufsattelt. Diese sogenannte *feuchtadiabatische Abkühlung* im Wolkenbereich hängt von der Temperatur ab, im Durchschnitt liegt sie bei 0,6 Grad pro 100 Höhenmeter. Die permanent während des Ausstiegs freiwerdende Kondensationswärme wirkt oft als Impuls für einen weiteren Aufstieg.

Doch welche Vorgänge in der Atmosphäre lassen Luftmassen überhaupt aufsteigen? Es gibt prinzipiell zwei unterschiedliche Situationen, die Hebung, Abkühlung und anschließende Wolkenbildung zur Folge haben: Zum einen kann es sich um eine Hebung handeln, die im Fachjargon *erzwungene Hebung* heißt. Das geschieht durch eine Zusammendrängung der Luftpartikel, auch Konvergenz genannt, die daraufhin nach oben ausweichen und so ihren Aufstieg beginnen. Regional lässt sich das auf der dem Wind zugewandten Seite hoch reichender Berge beobachten (Staueffekt). Oder großräumig an Grenzen unterschiedlicher Luftmassen (Tiefdruckfronten, Tiefausläufer) sowie generell in Tiefdrucknähe, wo Luftmassen zusammenströmen. So erklärt sich, warum die Luvseiten von Gebirgen und Tiefdruckgebiete meist Schlechtwetterbereiche sind. Die zugehörigen Wolken zählen in der Regel zum Typus der *Schichtwolken*. Bei diesen Wolken ist die Aufstiegsgeschwindigkeit sehr langsam – in der Größenordnung von Zentimeter pro Sekunde –, und sie bilden sich auch nur sehr langsam. Ihr Aussehen ist so gleichförmig wie ein Bettlaken, also vergleichsweise unspektakulär. Dafür erstrecken sie sich über Hunderte, manchmal Tausende von Kilometern hinweg.

Die zweite Situation, bei der Luft so weit aufsteigt, dass es zur Wolkenbildung kommen kann, ist der sogenannte *freie Auftrieb*. Warme Luft hat ein geringeres spezifisches Gewicht als kalte. Ist warme Luft von kälterer Luft umgeben, steigt sie ab einem bestimmten Temperaturunterschied von allein auf und beendet ihren Aufstieg erst dann, wenn sie ein Niveau mit ähnlichen Temperaturen gefunden hat. Ein klassisches Beispiel für freien Auftrieb sind die Thermikblasen an warmen sonnigen Tagen. Der Boden erwärmt sich stark und gibt seine Wärme an die unterste Luftschicht ab, die überwärmt zur Umgebung in Gestalt einzelner Luftpakete allmählich aufzusteigen beginnt (Thermikschlauch, Thermikblase). Vögel oder auch Segelflieger nutzen den Thermikschlauch gern, um sich ohne großen Eigenaufwand nach oben schrauben zu können. Der Vorgang heißt (thermische) *Konvektion*, die dafür nötige thermische Luftschichtung (relativ starke Abnahme der Temperatur in der Umgebungsluft der Thermikblase) nennt man labil.

Irgendwann tritt in der warmen Luftblase durch die fortgesetzte Aufstiegsabkühlung Feuchtesättigung ein. Dieses Niveau ist die Kondensationsbasis. Es ist zugleich die Basis der nun nach oben anwachsenden *Haufenwolke (Cumulus)*. Man nennt sie auch *Quellwolke*, weil das teils turbulente Wachstum nach oben etwas von einem Emporquellen hat - so wie die Abluftwolke eines Kühlturms, die bei wenig Wind nach oben quillt. Größere Quellwolkenexemplare ähneln, wenn man sie von der besonnten Seite sieht, einem riesigen Blumenkohl *(Blumenkohlwolke)*. Deren Basis ist oft scharf geschnitten wie mit dem Lineal gezogen. Im Unterschied zu den ausgedehnten Schichtwolken treten Haufenwolken als Einzelexemplare auf - entweder ganz vereinzelt oder aggregiert in Gestalt lockerer Wolkenfelder oder Linien, wo sie wie an einer Perlenschnur aufgereiht sind. Im Unterschied zu den Schichtwolken ist die Aufstiegsgeschwindigkeit bei Haufenwolken ausgesprochen flott - in der Größenordnung von Metern pro Sekunde -, und so bilden sie sich auch recht schnell.

Quellwolken entstehen aber nur, wenn die Luftmasse feucht genug ist und der Aufstieg innerhalb der Atmosphäre über das Kondensationsniveau hinaus ungebremst stattfinden kann. Reichen sie hoch in die Atmosphäre hinauf, fällt aus ihnen Niederschlag in Form von Schauern und Gewittern.

Ist die Luftmasse sehr trocken oder die labile Luftschicht nur geringmächtig, reicht die aufstiegsbedingte Abkühlung mit Zunahme der relativen Feuchte nicht für eine Wolkenbildung aus - in diesem Fall spricht man von *Blauthermik*. Ein wolkenloser oder wol-

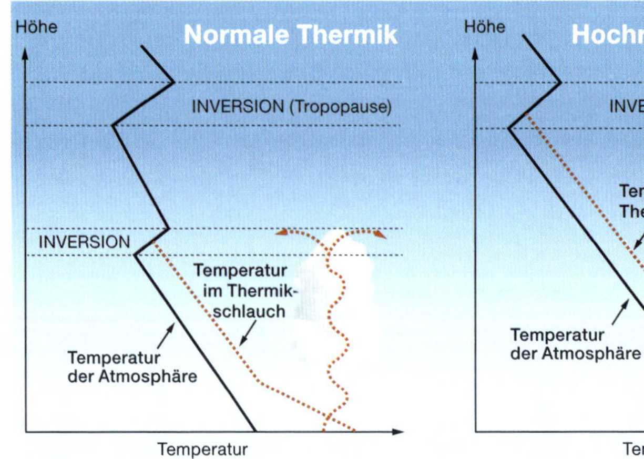

Typen von Thermikwolken.

kenarmer Schönwetterhimmel ist typisch für trockene, kontinentale Luftmassen oder für den Alpenföhn (S. 89) oder wenn trockene und warme Luft über kühles Wasser streicht - wie zum Beispiel im Frühjahr über die Ostsee, die in keiner anderen Jahreszeit so wolkenarm ist. Auch im Kernbereich kräftiger Hochdruckgebiete entwickeln sich kaum Thermikwolken, weil die Luftmasse hier außerordentlich trocken ist und zudem in der höheren Atmosphäre eine Schicht wärmerer Luft existiert. An dieser Temperaturumkehrschicht, der *Inversion*, endet der Aufstieg abrupt, weil die Umgebungsluft der Thermikblase mit einem Mal nicht mehr kälter ist - wodurch sie ihre Auftriebskraft verliert.

Klassifikation von Wolken

Es gibt verschiedene Wolkensystematiken. Manche sind sehr einfach. Die einfachste unterscheidet anhand der Form Schichtwolken von Haufenwolken. Eine andere orientiert sich an der Höhe der Wolkenbasis und differenziert nach Stockwerken: Es gibt Wolken des unteren, mittleren und hohen Stockwerks. Eine weitere unterscheidet anhand des Aggregatzustands der Wolken. Wasserwolken bilden sich bei relativ hohen Temperaturen. Sie werden auch bei Frost angetroffen: Bei bis zu -20 °C können solche unterkühlte Wasserwolken entstehen. Zwischen -20 und -30 °C vereisen einige, andere sind noch flüssig - das ist der Typus der Mischwolken. Erst bei Temperaturen von deutlich unter -30 °C verwandeln sich die Wolkentröpfchen allesamt in Eiskristalle (Eiswolken).

Dem Beobachter erscheinen Wasserwolken sehr kompakt, und unter ihnen kann es recht dunkel werden. Kein Wunder, denn die Tröpfchen sind dicht gelagert (bis zu 6 Mio. pro m^2) und lassen kaum noch Sonnenlicht hindurch. In reinen Eiswolken hingegen sind die Partikel großzügiger verteilt (nur wenige 100 Eiskristalle pro m^2). Sie wirken dünn, haben unscharfe Ränder, und das Sonnenlicht flutet durch sie hindurch. Diese Wolken erscheinen deshalb weiß. Im Jahre 1803 entwarf der englische

Gattung	Abkürzung	Bezeichnung	Klassifikation nach Wolkenbasis
Cirrus	Ci	hohe Federwolke	hoch
Cirrostratus	Cs	hohe Schleierwolke	
Cirrocumulus	Cc	hohe Schäfchenwolke	
Altocumulus	Ac	grobe Schäfchenwolke	mittelhoch
Altostratus	As	mittelhohe Schichtwolke	
Nimbostratus	Ns	Regenschichtwolke	
Stratus	St	niedrige Schichtwolke	niedrig
Stratocumulus	Sc	Schichthaufenwolke	
Cumulus	Cu	Haufenwolke	
Cumulonimbus	Cb	Schauer- und Gewitterwolke	

Wolkengattungen.

Stratus (St).

Stratus (Abk.: St). Trüb und trostlos grau sieht es unter dieser tiefen, strukturlosen Schichtwolke aus. Es sei denn, es gelingt der Sonne, ein Loch in der Stratusdecke zu finden. Im allgemeinen Sprachgebrauch heißt diese regenlose Wasserwolke „Hochnebel". Sie tritt auf See besonders vom Spätwinter bis zum Frühsommer und im Binnenland vor allem im Winterhalbjahr bei ruhigem Hochdruckwetter auf, wenn die unteren Luftschichten sehr feucht sind.

Altocumulus (Aussprache: Altokumulus, Abk.: Ac). Wolkenballen sind wie beim Stratocumulus zu einer größeren Schicht vereinigt, nur sind die einzelnen Wolkenelemente kleiner. Ihrem Zusammenschluss und der weiß-grauen Tönung in mitunter flauschig-flockiger Struktur verdanken sie ihre volkstümliche Bezeichnung: „Schäfchenwolken". Altocumuli bestehen aus Wassertröpfchen und entstehen durch geringe Thermik in dünnen Luftschichten in einer Höhe zwischen 3000 und 6000 m.
In Lee von Gebirgen löst der Föhnwind diese Schicht auf und modelliert sie zu einzelnen dünnen, texturlosen Wolken um, die die Form von Fischen oder Linsen haben (Altocumulus lenticularis). Im Volksmund heißen Föhnwolken deshalb auch „Föhnfische" oder „Linsenwolken" (S. 88-89).

Altostratus (Abk.: As). Eine hellgraue, mittelhohe Wolkenschicht von gleichförmigem Aussehen überzieht den Himmel. Sie besteht als klassische Mischwolke unten aus einer dichten Tröpfchenmasse, im oberen Bereich aus locker verteilten Eis-

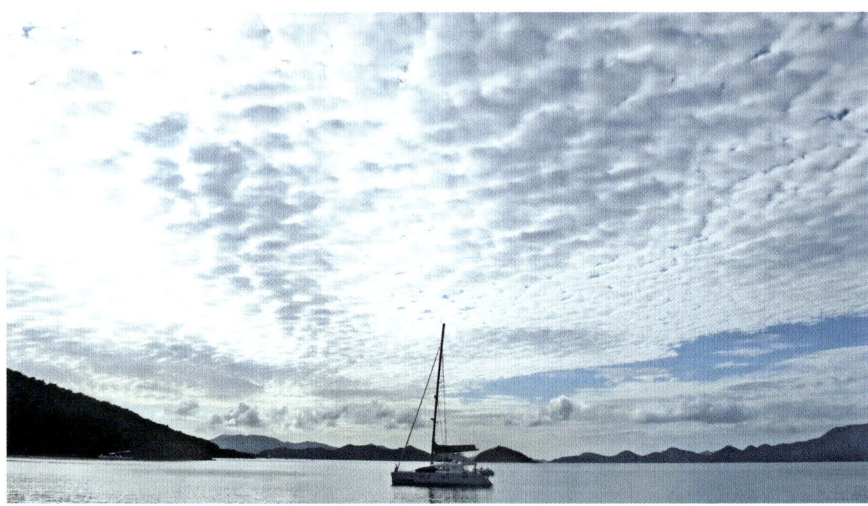
Altocumulus (Ac).

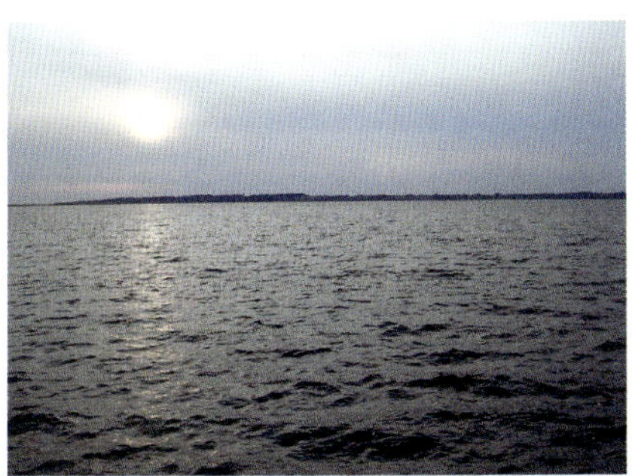
Altostratus (As).

kristallen. Wenn sie nicht allzu kompakt ist, kann man die Sonnenscheibe noch schwach wie durch ein Milchglas hindurch erkennen (Altostratus translucidus). Diese Wolkengattung zählt zu den klassischen Schichtwolken. Sie erscheint in der Nähe von Tiefdruckgebieten. Verdichtet sie sich und gewinnt in der Vertikalen an Größe, wird sie zur Regenwolke Nimbostratus.

Nimbostratus (Abk.: Ns). Diese dunkelgraue Schichtwolke ohne scharfe Konturen beginnt in etwa 2000 m Höhe und erstreckt sich zunächst als Wasserwolke, weiter oben als Mischwolke bis in Höhen von 7000 m und mehr. Sie entsteht durch ausgedehnte Hebung im Bereich von Tiefdruckgebieten und gilt als die klassische Dauerregenwolke. Im Winter bringt sie auch anhaltende Schneefälle.

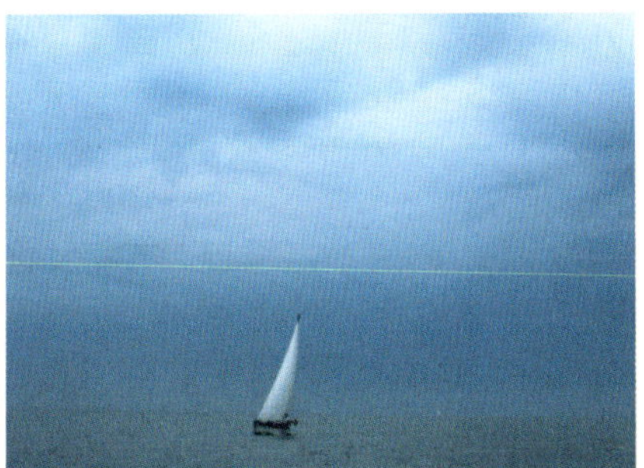
Nimbostratus (Ns).

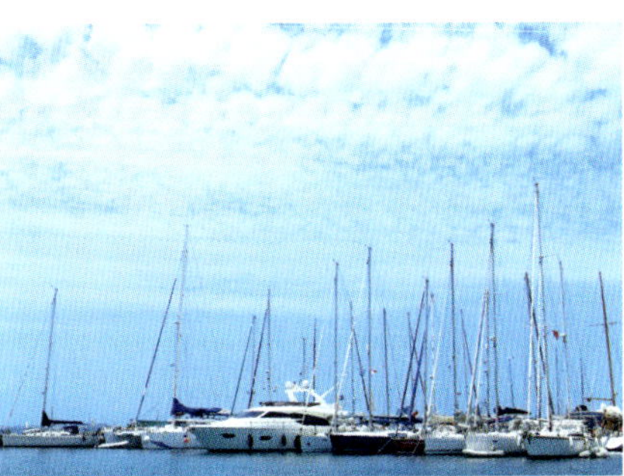
Cirrocumulus (Cc).

Cirrocumulus (Aussprache: Zirrokumulus, Abk.: Cc). Wie winzige Schäfchenwolken sehen die hohen, kleinen Wolken aus, und wie jene treten sie oft zusammenhängend in Feldern oder Bänken auf. Im Unterschied zu den Altocumuli bestehen diese aber aus feinsten Eiskristallen. So kann das Sonnenlicht voll durch sie hindurchfluten, was den Cirrocumuli ein helles, weißliches Leuchten verleiht.

Cirrus (Aussprache: Zirrus, Abk.: Ci). Weiße, schleierartige Wolken von filigraner Struktur ziehen in großer Höhe über den Himmel. Sie bestehen aus kleinsten Eiskristallen, die der Höhenwind manchmal zu Fäden formt (Cirrus fibratus). Manchmal lassen sie Strukturen erkennen, die Vogelfedern gleichen. Im Volksmund werden sie deshalb auch „Federwolken" genannt.

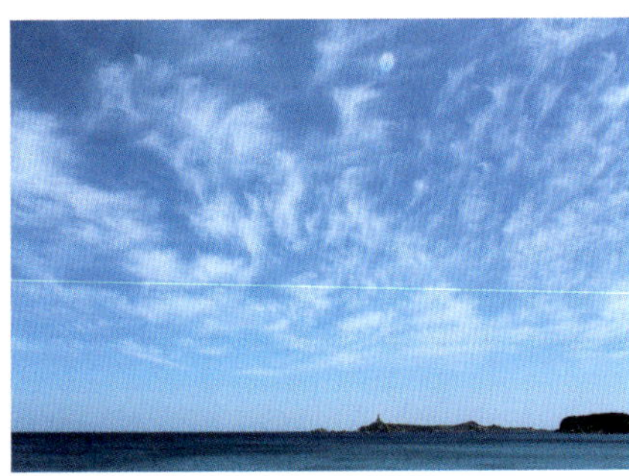
Cirrus (Ci).

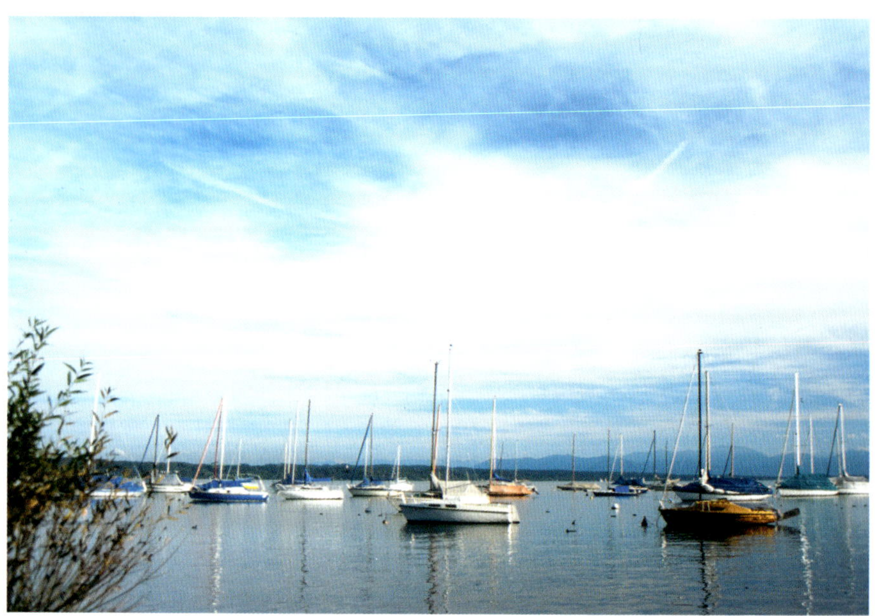

Cirrostratus (Cs).

Cirren ziehen auf, wenn Winde in der höheren Atmosphäre feuchtere Luft heran transportieren. Aufmerksamkeit ist gefragt, denn sollten sie sich zu Cirrostratus verdichten, ist mit Wetterverschlechterung zu rechnen.

Cirrostratus (Aussprache: Zirrostratus, Abk.: Cs). In Höhen von 8.000 bis teils über 10.000 m erstreckt sich diese dünne Schicht aus Eiskristallen. Sie erscheint als ausgedehnte weiße Wolkenfelder und besteht aus verdichtetem Cirrus. Im Vorfeld eines Tiefausläufers produzieren die Felder farbige Lichterscheinungen, Halo genannt (S. 43).

Die Bestimmung des Bewölkungsgrades und der Wolkenart erfolgt an den amtlichen Wetterstationen durch Beobachtung. In professionellen Wetterkarten lassen sich die Wolkenbeobachtungen in codierter Form ablesen. Das Ausmaß der Bedeckung des Himmels mit Wolken wird mittels Symbol in Achteln angegeben, von 0 Achtel (wolkenlos) bis 8 Achtel (bedeckt). Des Weiteren wird für die Wolken des unteren Stockwerks die Höhe der Wolkenbasis über Grund angegeben (zahlencodierte Höhenintervalle). Die Wolkengattung wird mithilfe von Symbolen angezeigt.

Einen guten Überblick über die großräumige Verteilung der Bewölkung geben Satellitenaufnahmen, wie man sie zum Beispiel im Internet findet (S. 182). Oft erlauben diese Quellen auch die Aneinanderreihung der Aufnahmen in Gestalt von Animationen, sodass man Einblicke in die Bewegung der Wolken erhält und auf dieser Grundlage auch eine kurzfristige Wetterprognose für das eigene Revier erstellen kann.

Symbol	Wolken-bedeckungs-grad (in Achteln)	Bezeichnung
○	0	wolkenlos
⦶	1	heiter
◔	2	
◔	3	leicht bewölkt
◑	4	wolkig
◑	5	
◕	6	stark bewölkt
●	7	fast bedeckt
●	8	bedeckt
⊗	9	fraglich (z. B. bei Nebel)

Symbole zum Grad der Bedeckung des Himmels mit Wolken in professionellen Wetterkarten.

Niederschläge

Erreicht eine Wolke Mächtigkeiten von 3–5 km und mehr, wandeln sich die Tröpfchen im oberen Bereich mehr und mehr in Eiskristalle um. Aus physikalischen Gründen ist die Luft über Eis rascher feuchtegesättigt als über Wassertröpfchen. Folglich lagert sich immer mehr Feuchtigkeit am Eiskristall ab. Zudem sammelt das Eis auf seinem Weg durch die Wolke etliche Wassertröpfchen ein, begünstigt durch die Luftbewegung. Beide Vorgänge führen zum Wachstum der Eispartikel auf Kosten der Tröpfchen. Durch das Größenwachstum nimmt auch das Gewicht der Eiskristalle zu. Sie beginnen abzusinken und sind nun keine Wolke mehr, sondern Niederschlag. Die Eiskristalle aggregieren sich zu *Schneeflocken* oder zu Eiskörnern (*Graupel, Hagel*) und fallen schließlich aus der Wolke zur Erde.

In der wärmeren Jahreszeit bzw. in warmen Klimaten schmelzen sie auf der Fallstrecke zu *Regen*. Bei heftigen *Schauern* und *Gewittern* reicht für manche Eiskörner die Fallstrecke durch wärmere Luft für vollständiges Abschmelzen nicht aus: Es graupelt oder hagelt. Hoch reichende Quellwolken (Cumulonimbus) produzieren in der Regel kurze, aber ergiebige Schauerniederschläge – je nach Jahreszeit in Form von Regen-, Schnee- oder Graupelschauern. Auch Gewitter zählen zu diesem Niederschlagstyp.

Dagegen fällt aus Nimbostratus-Bewölkung sogenannter *Landregen*: Niederschlag von nur leichter bis mäßiger Intensität, der dafür aber stundenlang anhalten kann.

Für gewöhnlich verläuft die Bildung von Niederschlag wie beschrieben über die Eisphase. Es gibt aber auch Ausnahmen: Wenn die Luft sehr feucht und die Tröpfchendichte groß ist, reicht der Zusammenprall der Tröpfchen und ihr Verschmelzen zu größeren Tropfen (Koagulation) aus, um Niederschlag zu bilden. Das ist in unserer Klimazone der Niederschlag, der manchmal aus Stratus fällt, wenn dieser sehr kompakt und hoch reichend ist. Es handelt sich um Niesel- oder Sprühregen, auch als Nebelnässen bezeichnet.

In tropischen Klimaten sind auch kräftige Schauer aus hoch reichenden, noch

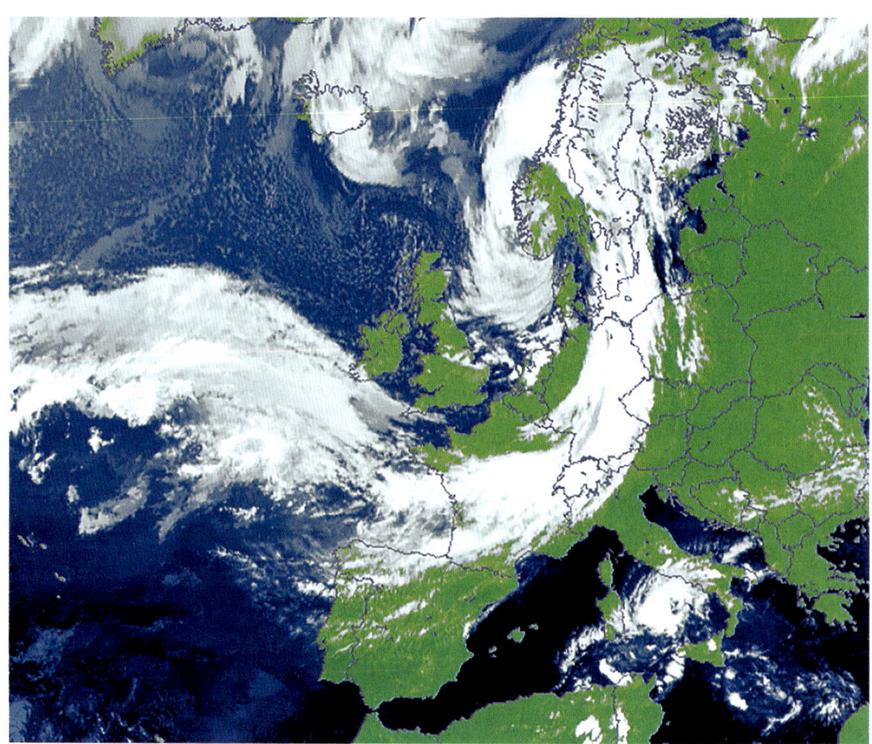

Wettersatelliten wie hier der europäische METEOSAT zeigen nicht nur die Bewölkung, sondern lassen auch die Niederschlagsgebiete erahnen, in dieser Aufnahme z. B. in Gestalt der langen, geschwungenen Wolkenbänder.

nicht vereisten Cumuli (Cumulus-congestus-Wolken) möglich.

Die Bestimmung des Niederschlags vom Boden aus erfolgt in der gebräuchlichsten Variante in Gestalt von Auffanggefäßen. Die geeichten *Messgefäße* sammeln den Niederschlag und werden zu festgelegten Zeiten geleert. Die Skala des Niederschlagsmessers ist in Millimetern angegeben. Dieser Wert wird dann in Liter pro Quadratmeter, im angelsächsischen Sprachraum in inch pro Quadratmeter, umgerechnet. Typische Niederschlagsmengen sind 0,1–1 L/m² bei Sprühregen und 2–5 L/m² bei kurzen und rasch ziehenden Schauern. 6–30 L/m² und mehr fällt bei heftigen oder langsam ziehenden Schauern und Gewittern oder bei länger anhaltendem Landregen.
Es gibt auch automatische Regenmesser, die den Verlauf des Niederschlags fortlaufend registrieren.

Professionelle Wetterkarten zeigen für die amtlichen Wetterstationen Niederschlagsereignisse an. Unterschiedliche Symbole informieren über Art, Intensität und Andauer der Niederschläge – vom unergiebigen gelegentlichen Sprühregen bis hin zum heftigen Hagelgewitter.

Symbol	Bezeichnung
	Sprühregen, leicht, mit Unterbrechungen
	Sprühregen, leicht, ohne Unterbrechungen
	Sprühregen, mäßig, mit Unterbrechungen
	Sprühregen, mäßig, ohne Unterbrechungen
	Sprühregen, stark, mit Unterbrechungen
	Sprühregen, stark, ohne Unterbrechungen
	Sprühregen mit Regen, leicht
	Sprühregen mit Regen, mäßig oder stark
	Regen, leicht, mit Unterbrechungen
	Regen, leicht, ohne Unterbrechungen
	Regen, mäßig, mit Unterbrechungen
	Regen, mäßig, ohne Unterbrechungen

Symbol	Bezeichnung
	Regen, stark, mit Unterbrechungen
	Regen, stark, ohne Unterbrechungen
	Regenschauer, leicht
	Regenschauer, mäßig oder stark
	Graupelschauer, leicht
	Graupelschauer, mäßig oder stark
	Hagelschauer, leicht
	Hagelschauer, mäßig oder stark
	Gewitter, leicht oder mäßig mit Regen
	Gewitter, leicht oder mäßig mit Hagel/Graupel
	Gewitter, stark mit Regen
	Gewitter, stark mit Hagel/Graupel

Symbole zum Niederschlag in professionellen Wetterkarten (ohne winterliche Niederschläge).

Eine flächenhafte Erfassung des Niederschlags in der Wolke und auch unterhalb der Wolkenbasis bis zum Erdboden erfolgt durch Fernerkundungsverfahren. International gebräuchlich ist das *Niederschlagsradar*, das mittels des Radarstrahls Art und Intensität des Niederschlags misst. Die Messwerte lassen sich auf Karten plotten. Durch die Animation der alle 5-10 Minuten aktualisierten Niederschlagskarten ergeben sich Einblicke in zeitliche Intensitätsveränderungen und auch die Verlagerung von Niederschlagszonen (S. 152, 182).

Als animierte „Regenradar"-Karten finden diese Messungen sowohl Eingang in meteorologische Internetportale als auch in Apps. Aus ihnen kann der Wassersportler wertvolle Informationen über zu erwartende Niederschlagsereignisse gewinnen.

Auch in Aufnahmen der *Wettersatelliten* lässt sich Niederschlag erkennen. Mit viel Erfahrung in der Satellitenbildinterpretation kann man den Wolkenstrukturen Informationen über Art, Intensität und Verlagerung der Niederschlagsgebiete entnehmen.

1.7 Optische Erscheinungen

Das Himmelsblau

Ohne die Atmosphäre würde die Sonne tagsüber von einem schwarzen Sternenhimmel umgeben sein. Die Moleküle der irdischen Gashülle aber streuen das weiße Sonnenlicht. Dass der Himmel nicht weiß, sondern blau leuchtet, liegt daran, dass sich die solare elektromagnetische Strahlung aus unterschiedlichen (farbigen) Wellenlängen zusammensetzt, die nur in ihrer Gesamtheit weiß scheint. Dabei gilt: Je kürzer die Wellenlänge, desto stärker die Streuung. Der (kurzwellige) blaue Farbanteil der Strahlung nimmt deshalb in viel stärkerem Maße am Streuungsprozess teil als die (längerwelligen) grünen, gelben oder roten Anteile. Eigentlich besitzt Violett eine noch kleinere Wellenlänge und müsste stärker gestreut werden als das Blau. Doch viel von dem violetten Spektrum des Lichts wird in der höheren Atmosphäre weggefiltert. Außerdem ist die menschliche Netzhaut weniger sensitiv für Violett.

So kommt es, dass der Himmel über dem Revier blau leuchtet. Je trockener die Luftmasse und je labiler ihre thermische Schichtung, desto intensiver ist das Blau. Dunstige, stabil geschichtete Luftmassen hingegen verpassen dem Himmel eine weißliche Trübung, und in der Überlagerung mit seinem natürlichen Tiefblau ergibt das einen blassblauen Himmel.

Dämmerungsfarben

In Zeiten der Dämmerung legen die Sonnenstrahlen einen langen Weg durch die Atmosphäre zurück, bevor sie auf die Erdoberfläche treffen. Er beträgt ein Vielfaches von dem der Mittagssonne. Je länger der Weg, desto mehr Blauanteil am Licht wird durch die Luftmoleküle herausgefiltert. Gleichzeitig werden

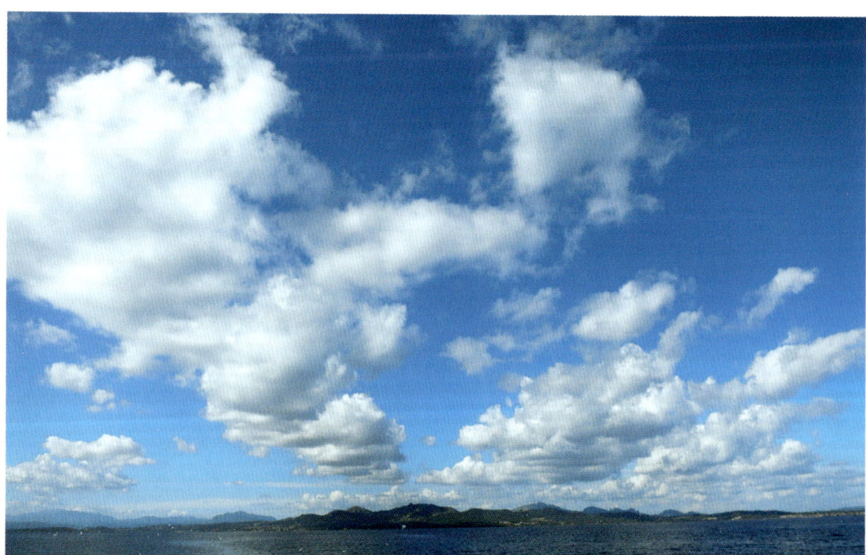

Das Himmelsblau.

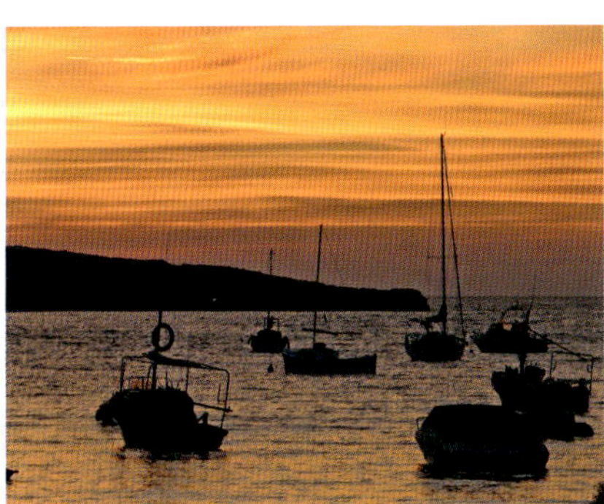
Dämmerungsfarben.

die anderen Farbanteile weniger stark gestreut, sodass sie immer mehr über das Blau dominieren, je näher sich die Sonne dem Horizont befindet. So wird aus der tagsüber weißen Sonne in den Abend- und Morgenstunden eine gelb-orangefarbene Sonne. Ist die Sonnenscheibe unmittelbar über dem Horizont, leuchtet sie sogar rot.
Diese Abend- und Morgensonne ist wie ein überdimensionaler Scheinwerfer, der nicht nur selbst leuchtet, sondern auch Wolken und Dunstschichten anstrahlt und entsprechend einfärbt. Bereits Dunst und hohe Eiswolken wirken wie Multiplikatoren, durch die sich die Leuchtkraft der Dämmerungsfarben intensiviert. Dann vermag sich der gesamte Himmelsquadrant in Richtung der Sonne in ein wahres Flammenmeer zu verwandeln - und dies auch wenn die Sonne selbst bereits unter- oder noch nicht aufgegangen ist.

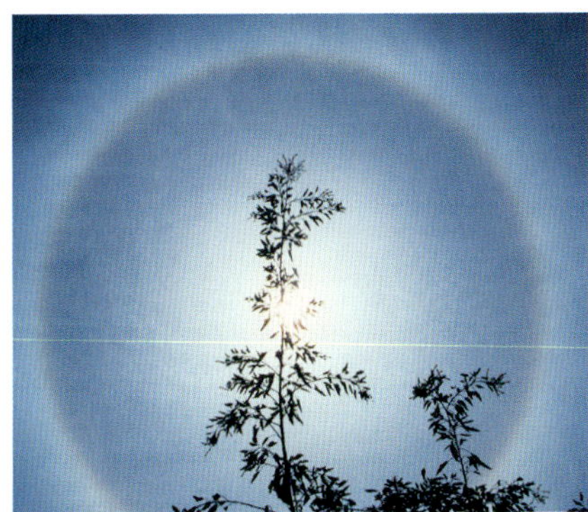
Halo.

Ist die Atmosphäre sehr klar und wolkenfrei, ist das Farbspektakel nicht so ausgeprägt.
Intensive Dämmerungsfarben gelten im Volksmund als Wetterzeichen. Einem Morgenrot soll schlechtes Wetter folgen, während Abendrot als Schönwetterzeichen gilt. Mehr dazu auf Seite 134.

Halo, Hof und Sonnenkranz
Seltener als die farbigen Dämmerungserscheinungen sind die Leuchterscheinungen, die in der Nähe der Sonnenscheibe beobachtet werden.
Bekanntester Vertreter sind die *Halo*-Phänomene: Ringe oder Ringsegmente, die konzentrisch die Sonne umschließen oder farbige Lichtkleckse mit großer Leuchtkraft, jeweils rechts und links von der Sonne - die sogenannten Nebensonnen.

Ursache ist die Konzentration des Sonnenlichts an bestimmten Stellen am Himmel durch Lichtbrechung nach den Gesetzen der Strahlengeometrie. Diese Brechung findet im Innern der kleinen Eiskristalle hoher Wolken statt. Ausgedehnte Eiswolken-Felder machen das Phänomen möglich. Aber nicht jeder Cirrostratus produziert Halo-Erscheinungen. Man beobachtet sie nur, wenn die Eisteilchen sehr regelmäßig angeordnet sind, wie es bei hohen Windgeschwindigkeiten in der Nähe von Tiefdruckgebieten der Fall ist. Halos werden deshalb als Wetterzeichen angesehen (S. 133).

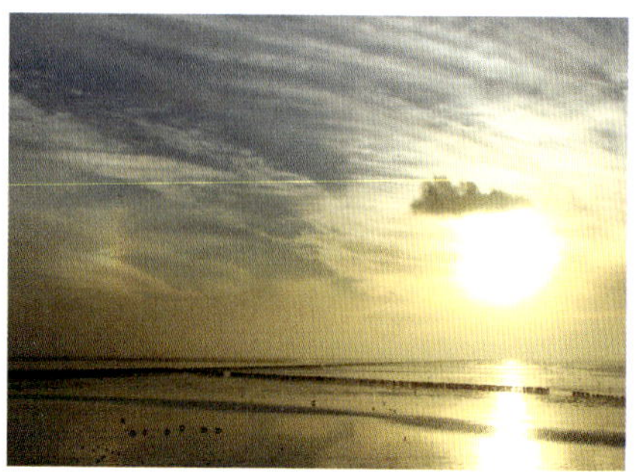

Hof.

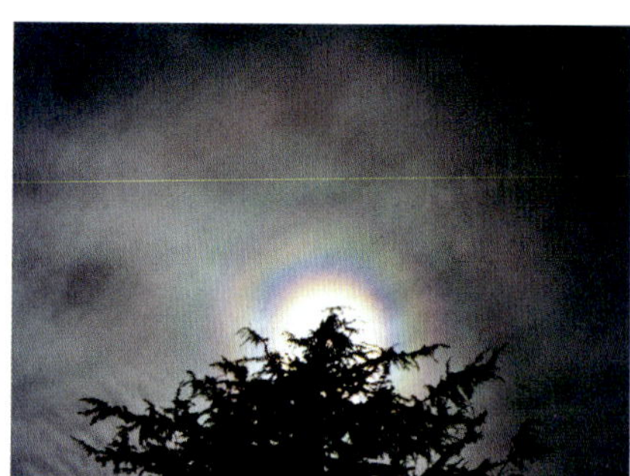

Sonnenkranz.

In einem fortgeschrittenen Stadium der Wetterverschlechterung verdichtet sich die Eiswolkenschicht zu einer kompakten Schichtwolke, dem Altostratus. Sie besteht oben aus Eisteilchen und unten aus kleinsten Wassertröpfchen. Die Sonne sieht man nun, infolge der starken Streuung der Strahlen durch dieses Eis-Wasser-Gemisch hindurch, wie hinter einem Milchglas: Die Sonnenscheibe verliert ihre scharfe Begrenzung und ist durch Lichtstreuung und -brechung stark verbreitert. Man sagt, die Sonne (oder auch der Mond) hat einen *Hof*. Wie der Halo spielt auch der Hof in Wetterregeln eine Rolle.

Ein anderes Farbphänomen tritt manchmal am äußeren Rand eines Sonnenhofs oder an dünnen Wolkenkanten in der Nähe der Sonne auf. Es besteht aus mehreren aufeinanderfolgenden verschiedenfarbigen Zonen und verleiht dem Himmel an dieser Stelle einen perlmuttfarbenen Glanz. Irisieren heißt das Phänomen. Im Falle irisierender Ringe um die Sonne spricht man vom *Sonnenkranz (Korona)*. Die verursachende Wolke ist eine dünne Wasserwolke, meist eine niedrige Schichtwolke (Stratocumulus) oder eine mittelhohe Schäfchenwolke (Altocumulus). Die Farben bilden sich durch Beugung des Sonnenlichts an den Wolkentröpfchen. Voraussetzung ist eine sehr gleichmäßige Größenverteilung im Tropfenspektrum der Wolke der Wolkenschicht, wie sie nur bei starken Höhenwinden vorkommt.

Wasserziehen der Sonne

Eine als sehr romantisch empfundene Wolkenstimmung entsteht, wenn das Licht der Sonne durch Wolkenlöcher hindurchfällt. Solche Wolkenlöcher beobachtet man besonders, wenn viele mehr oder weniger hoch reichende Haufenwolken das Himmelsbild prägen (Cumulus congestus). Unterhalb der Wolkenbasis werden die Sonnenstrahlen von einer Dunstschicht stark gestreut. Von Weitem sieht es so aus, als ob von einem scheinbaren Punkt weit oberhalb der Wolkenbasis Strahlenbündel ausgehen, die nach unten auffächern. Durch den massigen Charakter der umgebenden Wolkenmauern mit ihrem prägnanten Schattenwurf sind diese Bündel nach außen scharf begrenzt.

Ursache ist eine sehr feuchte Luftschicht unterhalb der Basis der hoch reichenden Quellwolken. Sie ist fast gesättigt mit

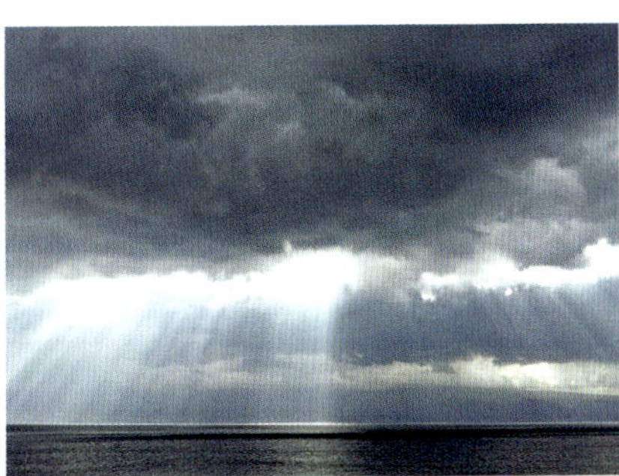
Wasserziehen der Sonne.

Wasserdampf. Der Meteorologe spricht vom Stadium der Vorkondensation (S. 27). Die Strahlenbündel innerhalb dieser Dunstpakete sind also ein Zeichen wasserdampfgeschwängerter Luftmassen. Der Volksmund sagt zu dieser Erscheinung, dass die Sonne das Wasser anziehe und sieht es als Schlechtwetterzeichen.

Regenbogen

Die unbestritten schönste optische Erscheinung am Himmel ist der Regenbogen: Ein Bündel aus verschiedenen Farben überspannt bogenförmig den der Sonne gegenüberliegenden Horizont. Die Farben entstehen in einem Regenvorhang eines Schauers durch die Aufspaltung des weißen Sonnenlichts in seine Spektralfarben. Die Lichtzerlegung geschieht in den Regentropfen. Analog zur Farbzerlegung eines Lichts durch ein Prisma werden die einzelnen Farbanteile des weißen Sonnenlichts in unterschiedlichen Winkeln innerhalb des Tropfens gebrochen und zudem reflektiert. Dadurch baut sich im Regenvorhang vor dem Beobachter ein mehrfarbiger Lichtbogen auf: der Regenbogen. Der Regenvorhang muss also von der Sonne beschienen werden, damit ein

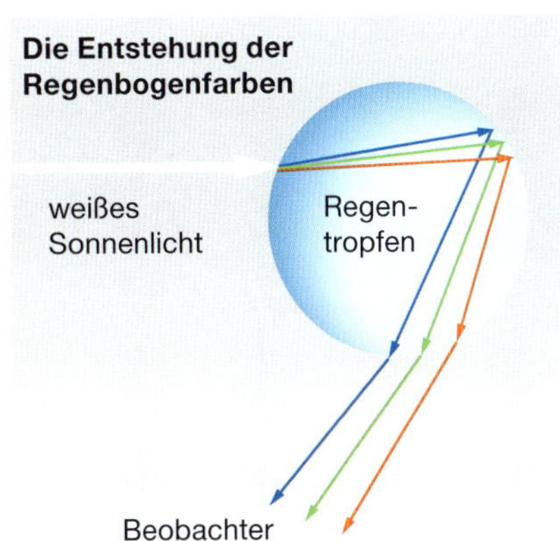

Entstehung eines Regenbogens.

Regenbogen entsteht. Und der Beobachter muss die Sonne im Rücken haben, um das Phänomen zu sehen.

In sehr klarer Luft und bei großtropfigem Regen mit einer sehr einheitlichen Tropfengröße lässt sich bei genauerem Hinsehen ein zweiter Regenbogen erkennen. Er heißt *Nebenregenbogen* und befindet sich einige Grad über dem *Hauptregenbogen*, er leuchtet mit schwächerer Intensität, und seine Farbabfolge ist umgekehrt zum Hauptregenbogen.

Je höher die Sonne am Himmel steht, desto flacher ist der Bogen. Die schönsten Regenbögen sieht man, wenn sich die Sonne in der Nähe des Horizonts befindet, dann nehmen sie nahezu die gesamte Himmelshälfte ein.
Meteorologische Voraussetzung ist ein Aufklaren des Himmels am Rande des Schauers. Dieser Wettertypus ist charakteristisch für die Wetterphase hinter einer Kaltfront, wo sich Schauer mit sonnigen Abschnitten abwechseln (Rückseitenwetter, S. 61).

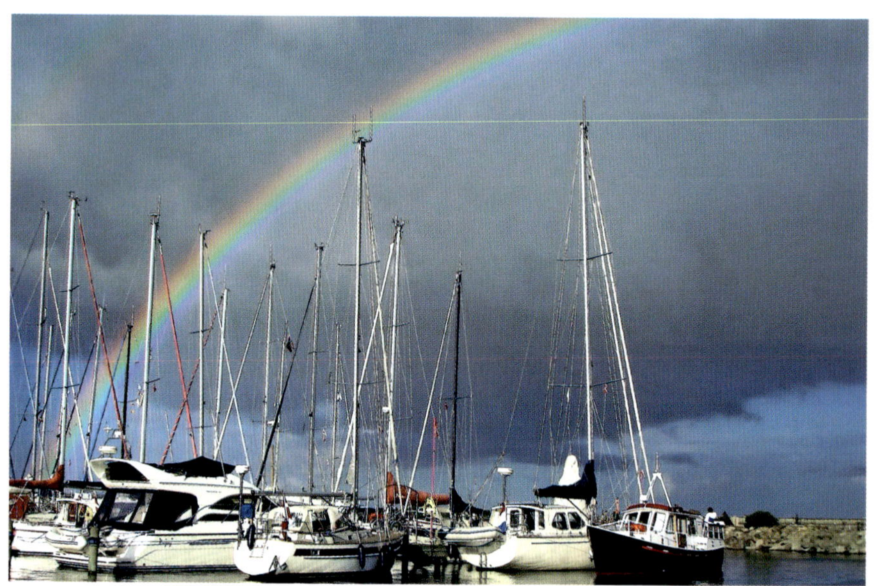

Regenbogen.

Die Erscheinung eines Regenbogens wird von manchen als Wetterzeichen gewertet. Dessen Zuverlässigkeit ist aber umstritten.

Fata Morgana und Sterneflimmern

Eine klare Kimmsicht setzt nicht nur eine trockene und dunstarme Luftmasse voraus. Es müssen auch homogene Temperaturbedingungen über der Wasseroberfläche herrschen. Ist das nicht der Fall, etwa wenn das Wasser deutlich kälter oder wärmer ist als die Luft, wird der Sichtstrahl abgelenkt. Verantwortlich dafür sind Brechungen (Refraktion) und Spiegelungen des Lichts im Bereich des stärksten vertikalen Temperaturgefälles. Sie lassen den Beobachter die Kimm überragende Objekte verzerrt wahrnehmen. Man nennt das daraus resultierende optische Täuschungsphänomen *Fata Morgana*.

Ist das Meer viele Grad wärmer als die Luft, erscheinen Objekte in der Nähe der Kimm vertikal nach unten verzerrt und damit subjektiv viel näher als sie es tatsächlich sind. Berühmt sind die Luftspiegelungen über dem heißem Wüstensand, der den horizontnahen hellen Himmel durch Spiegelung auf den Wüstensand quasi herunterholt – was dem durstigen Wüstenreisenden eine nahe Oase vorgaukelt.

Wird ein kaltes Gewässer von deutlich wärmerer Luft überlagert, wachsen Objekte in der Nähe der Kimm, wie ein Schiff oder Landmarken an der Küste, für den Beobachter durch Spiegelung an der wärmeren, die Kaltwasserluft überlagernden Luftschicht in die Höhe. Auch ist es in dieser Situation möglich, dass man ferne Schiffe oder Landmarken sehen kann, die unter normalen Bedingung wegen der Erdkrümmung nicht sichtbar sind.

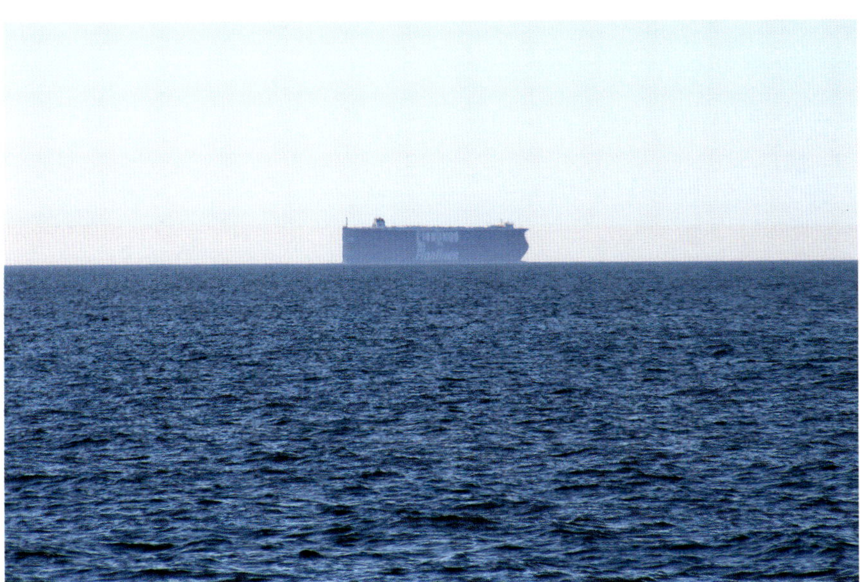

Luftspiegelung über See. Der Tanker an der Kimm wächst durch die Luftspiegelung auf das Zweifache seiner Größe an.

Der Verzerrungseffekt ergibt sich daraus, dass auf den normalen Sichtstrahl ein zweiter quasi draufsattelt. Das ferne Objekt erscheint dem Betrachter doppelt so groß, dabei ist dessen oberer Teil die gespiegelte Ausgabe des unteren. So werden aus kleinen Booten große Schiffe und aus Flachküsten Steilküsten. In früheren Jahrhunderten musste die Luftspiegelung aus Großschiffen an der Kimm Exemplare furchteinflößender Größe gezaubert haben. Die alten Seefahrer nannten eine solche Erscheinung einen „fliegenden Holländer".

Ein anderes Täuschungsphänomen beruht ebenfalls auf Änderungen der Luftdichte. Die Sterne nehmen wir als punktförmige Lichtquelle wahr. An solch winzigen Lichtobjekten kann man unter bestimmen meteorologischen Bedingungen das sogenannte *Flimmern (Szintillation)* der Sterne beobachten. Dies geschieht, wenn der Lichtstrahl durch Luftschichten geht, die im Bruchteil einer Sekunde ihre Dichte ändern. Das beeinflusst die Lichtbrechung, im gleichen Rhythmus ändert sich deshalb die Richtung, in der wir den Lichtpunkt sehen. Ergebnis ist ein Lichtflimmern, man spricht auch vom Flackern oder Funkeln der Sterne.

Solche raschen Luftdichteänderungen werden entweder durch große Temperaturunterschiede in der untersten Atmosphäre ausgelöst oder sie verdanken ihr Entstehen turbulenten Strömungen in höheren Luftschichten. Am Boden mag kaum ein Lüftchen zu verspüren sein, in größeren Höhen hingegen kann es während oder im Vorfeld wechselhaften Wetters zu großen vertikalen Windunterschieden kommen. Der Meteorologe spricht von starker Windscherung. Diese führt hoch oben zu Turbulenzen und diese wiederum zu starken Sprüngen in der Luftdichte, die den ursprünglich geraden (ruhigen) Lichtstrahl des Sterns auf seinem Weg nach unten „zerlegen“: Das Sternenlicht flimmert.

Polarlicht

Von der Sonne geht nicht nur elektromagnetische Strahlung aus, sondern sie sendet auch freie Elektronen und Wasserstoffkerne aus, sogenannte Partikelstrahlung. Die Partikel geraten in das erdmagnetische Feld, das sie in der Nähe des magnetischen Nord- und Südpols konzentriert. Beim Eintritt der solaren Partikel in die obere Atmosphäre entstehen im Kontakt mit den irdischen Gasen in diesen hohen Breiten die bekannten farbigen Lichtphänomene des Polarlichts, die *Aurora borealis* der Nordhemisphäre (Nordlicht) und die *Aurora australis* der Südhemisphäre (Südlicht). Auch wenn man es mitunter liest, haben diese hochatmosphärischen Phänomene nichts mit der Wetterlage zu tun, und so scheitern auch alle Versuche, von Polarlichtereignissen auf die zukünftige Wetterentwicklung zu schließen. Freilich bedarf es einer klaren und wolkenarmen Atmosphäre, um das Phänomen zu Gesicht zu bekommen.

In Zeiten starker Sonnenaktivität wird das Polarlicht auch in den mittleren Breiten gesichtet. Es wird sogar von einzelnen Fällen berichtet, bei denen die Lichterscheinung in den Subtropen und Tropen auftrat, hier meist in Form einer rötlichen Aufhellung des Nachthimmels. Überliefert ist ein Vorfall aus der Zeit Tiberius (14 bis 37 n. Chr.), als man ein starkes Polarlicht für eine entfernte Feuersbrunst hielt. Der Kaiser schickte daraufhin seine Kohorten von Rom nach Ostia, um den „Großbrand“ zu löschen.

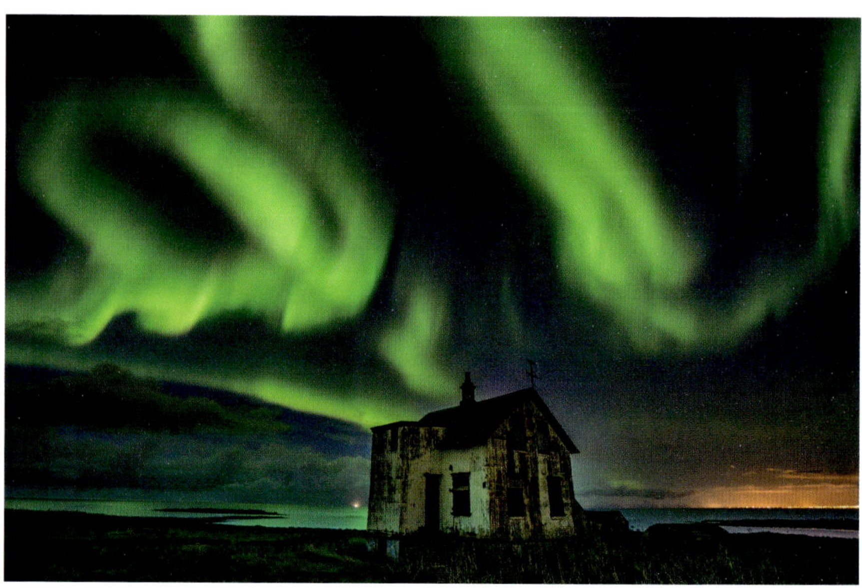

Polarlicht.

2. Entstehung und Ablauf des Wetters

2.1 Die großen Windsysteme der Erde

Ein erdumspannendes System von Luftdruck-, Luftströmungs- und Klimazonen prägen Wind und Wetter auf unserem Planeten. Diese sind nicht regellos über die Erdkugel verteilt, sondern orientieren sich in erster Näherung an den Breitenkreisen. Die *Breitenlage* ist also ein entscheidender Klimafaktor.

Während die Rotation der Erde um die eigene Achse und um die Sonne dafür sorgt, dass an dem Wechsel zwischen Tag und Nacht und zwischen Sommer und Winter alle Gebiete auf der Erde teilhaben, hängt die maximale Erwärmungsleistung der Sonne von der Breitenlage ab. Um das zu verstehen, möge man sich das physikalische Gesetz nach Lambert in Erinnerung rufen: Die Erwärmungsleistung der Sonne ist umso stärker, je steiler der Winkel zwischen Sonnenstrahlen und der die Strahlung absorbierenden Oberfläche ist (S. 12). Die Kugelgestalt der Erde zusammen mit dem Winkel der Erdachse zur Einfallsrichtung der Sonnenstrahlen führen dazu, dass die Sonnenstrahlen in hohen Breiten mit einem flacheren Einfallswinkel auf die Erdoberfläche treffen als in niederen Breiten. Die gleiche Menge an Strahlungsenergie verteilt sich also in den Polarregionen auf eine viel größere Fläche als in den Tropen. Für jeden Quadratmeter bleibt deshalb in hohen Breiten nur wenig vom Erwärmungspotenzial der Sonne übrig. Da kann die Sonne am Polartag auch 24 Stunden scheinen. Entscheidend für ihre Kraft, die Luft zu erwärmen, ist nämlich nicht die Dauer der Einstrahlung, sondern ihre Höhe über dem Horizont. In den Tropen steht die Mittagssonne besonders hoch am Himmel und deshalb ist ihre Kraft, die Luft zu erwärmen groß – auch wenn der lichte Tag dort nur selten länger als 13 Stunden dauert.

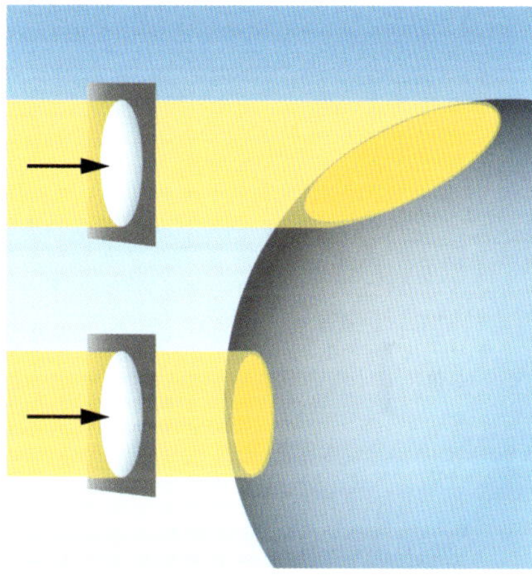

Zur Entstehung der Klimazonen: Infolge der Kugelgestalt der Erde entscheidet die geografische Breite über den Einfallswinkel der Strahlung und damit über die Erwärmungskraft der Sonne.

Mit der Kugelgestalt der Erde, ihrer Orientierung zur Sonne und dem Lambert'schen Gesetz zur Erwärmungskraft der Sonne erklärt sich die an der geografischen Breite orientierten Lage vieler Klimazonen. Wie bereits ausgeführt, sorgt ein anderes wichtiges Gesetz dafür, dass eine warme Luftmasse ein geringeres spezifisches Gewicht besitzt als eine kalte und deshalb am Grunde dieser Luftmasse ein geringerer Luftdruck herrscht als unter der kalten

Luftmasse. So wird die Lage zweier bedeutender Glieder des globalen Luftdrucksystems verständlich: Die innertropische Tiefdruckzone und die Hochdruckgebiete über Arktis und Antarktis. Die Natur hat den Wind geschaffen, um Luftdruckunterschiede auszugleichen und vom höheren zum tieferen Druck zu strömen. So setzt sich die Luft in dem Bereich der Atmosphäre, der uns Wassersportler interessiert, also in den untersten Schichten der Atmosphäre, in den Polarzonen in Richtung niedere Breiten in Bewegung.

Allerdings gelangen die Luftmassen auf diesem direkten Weg nicht bis in die Tropen. Der Grund ist die ablenkende Kraft der Erdrotation, die Corioliskraft (S. 17). Sie führt zu kreisförmigen Bahnen der Luftbewegung. Auf diese Weise sind zwischen Polarhochs und innertropischer Tiefdruckzone zwei weitere große, erdumspannende Wind- und Wetterzonen zwischengeschaltet: in subpolaren und mittleren Breiten eine unbeständige Zone, in der sich wandernde Tiefs und Zwischenhochs quasi die Klinke in die Hand geben, und in den Subtropen eine Hochdruckzone. Zu diesen beiden Zonen gehören zwei Druckgebilde, die ganz wesentlich unsere nordatlantische Wetterküche prägen: das Islandtief und das Azorenhoch.

Aus der unterschiedlichen Erwärmungskraft der Sonne, die abhängig von der Breitenlage ist, resultierten also die großen Klimazonen und die erdumspannenden, großen Luftdruckgürtel. Von der Luftdruckverteilung ist es nur noch ein kleiner Schritt zum Verständnis der großen Windsysteme der Erde. Die Winde dienen dem Luftdruckausgleich, sie wehen von Hochdruck zu Tiefdruck. Wegen der Corioliskraft erfolgt dieser Ausgleich nur langsam und auch nur im untersten Atmosphärenstockwerk, der Reibungsschicht (S. 18). Deshalb sind Hochs und Tiefs mitunter sehr langlebige Gebilde. Außerdem sorgen dynamische Vorgänge in höheren Luftschichten dafür, dass sich die Hochs und Tiefs immer wieder regenerieren können – in subpolaren Breiten besonders die Tiefs, in subtropischen Breiten besonders die Hochs. Unsere gemäßigte Klimazone befindet sich dazwischen und ist deshalb oft von einem sehr unbeständigen Wetterablauf geprägt, bei dem sich Hochdruck- und Tiefdruckphasen abwechseln. Ebenso unstet sind hier die Wind- und Temperaturverhältnisse: Mal finden subtropische Luftmassen, ein anderes Mal Polarluft ihren Weg ins Revier. Mehr dazu ab Seite 54.

Das Schema der globalen Windzonen besteht aus folgenden Gliedern:

Polare Ostwinde: Relativ beständige, kalte Winde aus Nordost bis Ost (Nordhalbkugel) bzw. Südost bis Ost (Südhalbkugel) zwischen Polarhoch (arktische und antarktische Polarregionen) und tieferem Luftdruck in subpolaren Breiten.

Westwindzone der gemäßigten Breiten: Unbeständige, mal warme, mal kalte Winde, vorherrschend aus West bis Südwest (Nordhalbkugel) bzw. West bis Nordwest (Südhalbkugel), zwischen der subpolaren Zone lebhafter Tiefdrucktätigkeit und dem subtropischen Hochdruckgürtel.

Tropische Ostwinde (Passate): Sehr beständige, warme Winde aus Nordost (Nordhalbkugel) bzw. Südost (Südhalb-

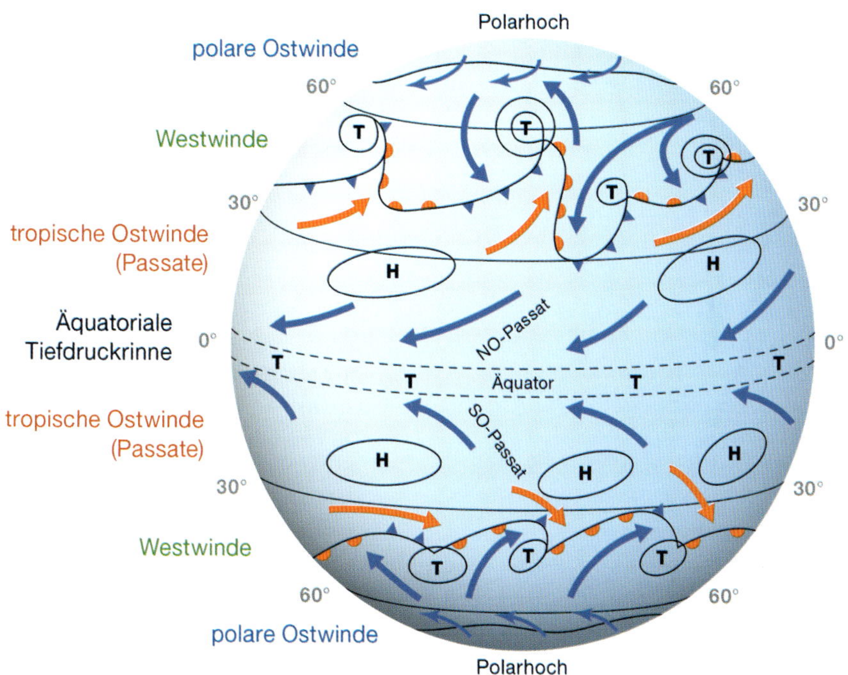

Einfaches Schema der globalen Luftdruck- und Windgürtel.

kugel) zwischen dem subtropischen Hochdruckgürtel und der äquatorialen Tiefdruckrinne.

Das hier beschriebene Bild von erdumspannenden Luftdruckbändern und Zirkulationssystemen ist nur eine vereinfachte und die durchschnittlichen Bedingungen wiedergebende Darstellung für eine idealisierte Erde. Sie hilft, die Entstehung der Winde und die Anordnung der Luftströmungen besser zu verstehen. Tatsächlich können Druck und Winde tagtäglich, jahreszeitlich und auch geografisch größeren Schwankungen unterworfen sein, die von diesem Muster abweichen.

Dies betrifft einmal die normalerweise sehr unbeständige Klimazone der mittleren Breiten, die mitunter auch sehr beständige Wetterlagen erleben kann – wie der lange Sommer 2018 zeigte. In anderen Regionen der Erde trifft dieses Schema nur in einigen Monaten im Jahr zu, zu denen vor allem die *Monsungebiete* mit ihren jahreszeitlich wechselnden Winden, besonders in Südasien zählen.

Aus diesem Grund lohnt sich ein Blick auf die jahreszeitlichen Unterschiede im Muster der globalen Luftdruck- und Windgürtel.

Im *Januar* wird die subpolare Tiefdruckzone von zwei großen Tiefdruckschwerpunkten beherrscht: Der eine befindet sich über dem nördlichen Nordatlantik zwischen Grönland und Island, der an-

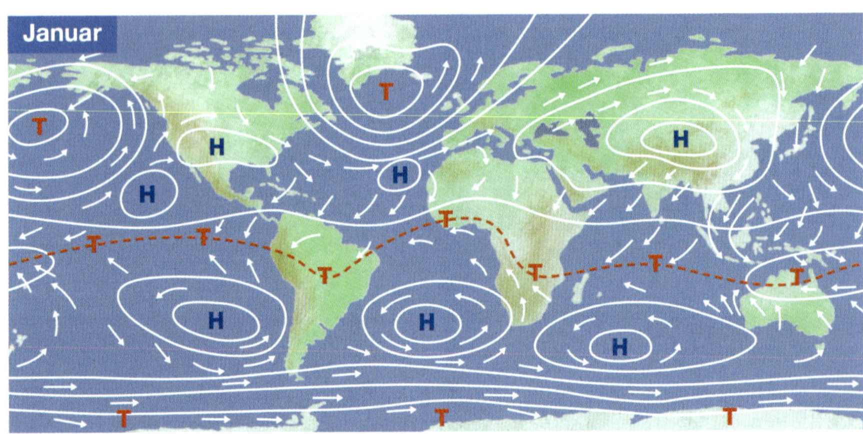

Schema der globalen Luftdruck- und Windgürtel im Januar.

dere über dem nördlichen Nordpazifik im Bereich der Alëuten. Sie prägen Wind und Wetter auch in weiten Teilen der angrenzenden Gebiete - so das Nordatlantiktief mit lebhaften, vorherrschend südwestlichen Winden zum Beispiel auch den Westen, die Mitte und den Norden Europas. Weiter südwärts schließt sich der subtropische Hochdruckgürtel an. Ein besonders starker Hochdruckschwerpunkt ist über dem Tibetischen Hochplateau ausgebildet. Südlich der Hochdruckachse weht es meist aus Nordost, über Südasien wird dieser Nordost Wintermonsun genannt. Die Winde streben der innertropischen Tiefdruckzone zu, die ein wellenförmiges Band bildet und sich über den Kontinenten relativ weit vom Äquator südwärts entfernt hat.

Weitaus gleichmäßiger und nahezu parallel zu den Breitengraden sieht das Luftdruck- und Windmuster auf der Südhalbkugel aus. Die Zentren der subtropischen

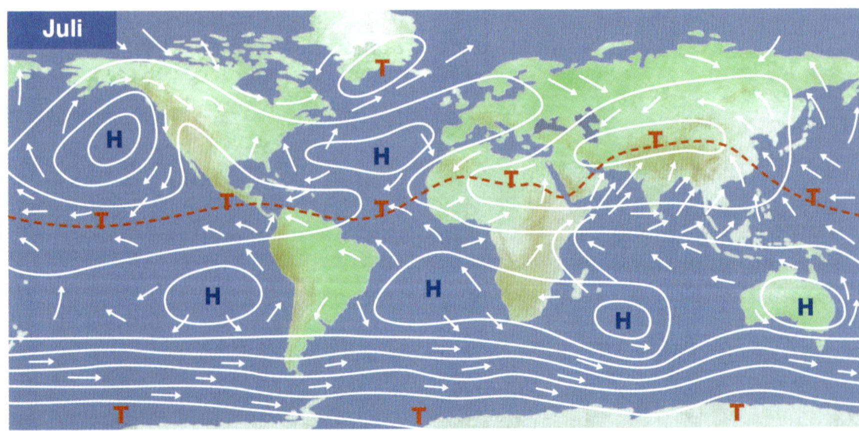

Schema der globalen Luftdruck- und Windgürtel im Juli.

Hochdruckzone liegen auf den Ozeanen in 35–45° Breite. Nördlich der Zone weht der Südostpassat, und südlich weht es stark bis stürmisch aus westlichen Richtungen. Die subpolare Zone mit ausgeprägter Tiefdrucktätigkeit befindet sich am Rande des antarktischen Kontinents in der Nähe des Polarkreises.

Im *Juli* erscheint die subpolare Tiefdruckzone der Nordhalbkugel deutlich schwächer als im Januar. Die südlich angrenzende Hochdruckzone ist dafür kräftiger und weiter nördlich als im Winter. Dafür fehlt ihr südasiatischer Vertreter. An seine Stelle ist eine Tiefdruckzone getreten, die nichts anderes darstellt als das Band der innertropischen Tiefdruckrinne, das sich in dieser Erdregion besonders weit vom Äquator entfernt. Das hat zur Folge, dass über Südasien bis in Teile des tropischen Afrikas hinein nun Winde wehen, die den winterlichen entgegengesetzt sind: der Südwestmonsun.
Nur wenig verändert gegenüber Januar erscheint hingegen der subtropische Hochdruckgürtel der Südhalbkugel. Damit sind auf dieser Hemisphäre auch die angrenzenden Windgürtel des Südostpassats und des starken Westwindes außerordentlich stabil. Das Gleiche gilt für die subpolare Zone mit ausgeprägter Tiefdrucktätigkeit, die sich sommers wie winters am Rande des antarktischen Kontinents in der Nähe des Polarkreises befindet.

Die *jahreszeitlichen Nord-Süd-Verlagerungen der Luftdruck- und Windgürtel* führen in ihren Randbereichen zu wechselnden Windregimen. So kommen weite Teile des Mittelmeerraums im Sommer unter die Fittiche des subtropisch-randtropischen Hochdruckgürtels, im Winter hingegen zieht sich die Hochdruckzone nach Süden zurück und überlässt wechselhaften Westwinden das Regime im Mittelmeer.
Im Kernbereich der großen Subtropenhochs sind die Winde schwach und unstet. Nicht selten halten sich auch hartnäckige Windstillen, die *Kalmen*. Gerieten in frühen Zeiten der Segelschifffahrt die Großsegler-Flotten, die mit vielen Pferden auf ihrem Weg nach Mittelamerika waren, in eine solche Kalmen-Zone, kamen sie mitunter wochenlang nicht von der Stelle. Sie mussten die mitgebrachten Pferde schlachten, welche mit ihnen ums Trinkwasser konkurrierten. Die See voll treibender Pferdekadaver – ein Anblick, der damals typisch für diese Kalmenzone war. Er verlieh der subtropischen Hochdruckzone den noch heute gebräuchlichen Namen: *Rossbreiten*.
Nur wenig Wind gibt es auch in der Tiefdruckzone in der Nähe des Äquators, in der die Passate beider Hemisphären konvergieren, also aufeinanderprallen. Innertropische Konvergenz heißt der Fachbegriff für diese Zone, die seemännischen Bezeichnungen lauten *Mallungen* (deutsch) bzw. *Doldrums* (englisch).
Beliebter bei den Seefahrern und Blauwasserseglern sind die tropischen Ostwinde, die *Passate*. Sie sind durch eine große Beständigkeit, eine moderate Stärke im Bereich 4–6 Bft. und durch vorherrschend schönes Wetter gekennzeichnet. Sie förderten in früheren Jahrhunderten ganz wesentlich den Handel und die Entdeckungsfahrten auf See – ebenso wie die wind-, aber nicht ganz so wetterbeständigen Monsune des Indischen Ozeans. Die spanischen Seeleute

zu Zeiten Christoph Kolumbus schufen für die atlantische Passatzone den Namen „el golfo de las damas" - so leicht ließ sich im Passat navigieren, dass in deren Augen sogar eine Frau das Ruder hätte übernehmen können. Heutzutage sind die Passate besonders das Dorado der Blauwassersegler. Viele Windsurfer bevorzugen ebenfalls diese Windzone - die Passatküsten machen etwa 30 % aller Küstenzonen der Erde aus.

Genug Wind für den Wassersport bietet auch die *Westwindzone*, allerdings sind Wind und Wetter hier unbeständiger. Und auf der Südhalbkugel gibt es in dieser Zone oft zu viel des Guten. Dort bremst kaum ein Land Wind und Welle. Unter den alten Seefahrern waren die Westwinde der Südhalbkugel gefürchtet. In Anspielung auf die Windgeräusche in der Takelage und die jeweiligen Breitengrade hießen sie Roaring Forties („brüllende Vierziger"), Furious Fifties („wilde Fünziger") und Shrieking Sixties („kreischende Sechsziger"). Auch Wellington auf Neuseeland liegt in dieser Starkwindzone und verdankt ihr den Ruf als windigster Hauptstadt der Welt.

2.2 Hochs und Tiefs der mittleren Breiten

Die Entstehung dynamischer Hoch- und Tiefdruckgebiete

Unsere heimischen Reviere befinden sich in der gemäßigten Klimazone der mittleren Breiten. Für sie charakteristisch ist eine wechselhafte und facettenreiche Witterung, verursacht durch den lebhaften Wechsel zwischen Tiefausläufern und Hochs, Kaltluft und Warmluft. Dabei gilt: Je weiter von der subtropischen Hochdruckzone entfernt, desto unbeständiger ist das Wetter und desto größer ist der Anteil von Polarluft an dem Luftmassenwechselbad.

Unterstützt wird das wechselhafte Wetter durch starke bis stürmische Winde in der höheren Troposphäre. Dieses Starkwindband, das sowohl als Transportband für die unterschiedlichen Luftmassen als auch die wandernden Hochs und Tiefs fungiert, befindet sich je nach Region, Jahreszeit und Wetterlage zwischen dem 35. und 60. Breitengrad und schlingt sich wellenförmig mäandrierend um die ganze Erdkugel.

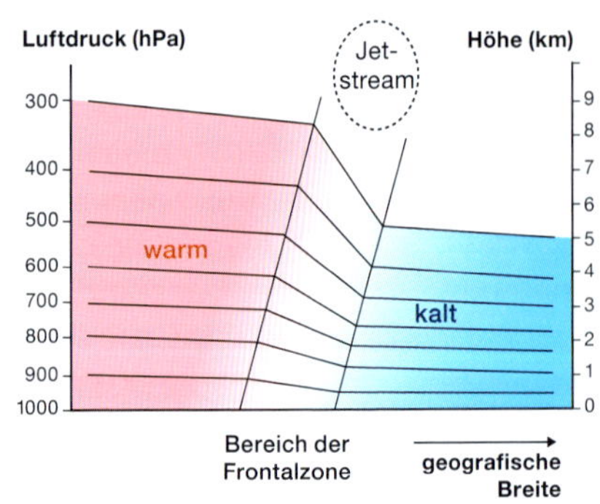

In der Frontalzone ist das horizontale Druck- und Temperaturgefälle besonders groß. Dort befindet sich in der höheren Troposphäre die Sturmzone des Jetstreams.

In diesem Band weht es mit mindestens 6–10 Bft. Man nennt es auch die *Frontalzone*, weil in ihrem Bereich oft Grenzen zwischen unterschiedlich temperierten Luftmassen entstehen (Fronten). Manchmal herrscht hier, besonders im oberen Bereich der Frontalzone, Sturm der Stärke 11 oder 12. Dann spricht der Experte von einem *Jetstream* (Strahlstrom). Die vorherrschende Wind-

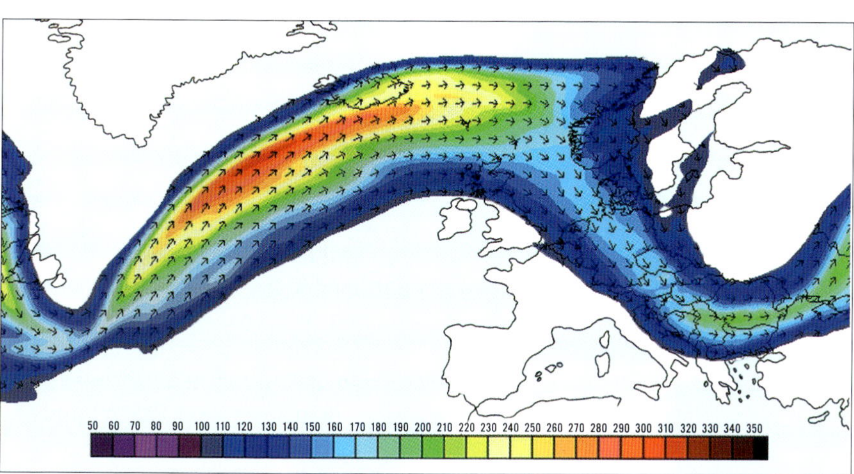

Jetstream in der oberen Atmosphäre über dem nordatlantischen-europäischen Raum am 25. September 2018 morgens (Wind in km/h).

richtung in diesem Transportband ist Südwest, West oder Nordwest. Die Frontalzone ist letztendlich verantwortlich für unser „Westwetter", und es macht den Atlantik zu unserer Wetterküche.

Besonders wetteraktiv ist der nördliche Abschnitt der Frontalzone, die *Polarfront*. Hier mischt sich immer wieder Polarluft unter die wärmeren Luftmassen, und diese Zone ist, vor allem wo sich in ihr ein Jetstream ausgebildet hat, maßgeblich an der Entstehung, Wanderung und Auflösung unserer Hoch- und Tiefdruckgebiete beteiligt. Man nennt diese deshalb auch *dynamische Hochs und Tiefs* – zur Abgrenzung gegenüber den kleinräumigeren, stationären thermischen Hochs und Tiefs (S. 93-99).

Unter dem Polarfront-Jetstream werden am laufenden Band Tiefs und Hochs produziert.

In der Nähe besonders großer horizontaler Temperaturunterschiede, also dort, wo sich unterschiedliche Luftmassen besonders nahe kommen, neigt der Jetstream dazu, die Luft an einer Stelle zu verdichten und an anderer Stelle auszudünnen. Die Verdichtung, also der regionale Überschuss an Luftmolekülen, wird entweder durch zusammenlaufende (konvergierende) Luftströmungen verursacht. Oder sie verlaufen geradlinig, verringern dabei aber stromabwärts ihre Geschwindigkeit, was zu einer Art Moleküle-Rückstau und damit ebenfalls zur Luftverdichtung führt – auch das nennt der Experte eine konvergierende Luftströmung. Eine *Konvergenz* mit entsprechendem Luftmassenüberschuss in der höheren Atmosphäre führt zwangsläufig zu steigendem Luftdruck in den Luftschichten darunter: Ein Hoch entsteht.

Analog dazu führen auseinanderlaufende oder sich beschleunigende Luftströmungen (*Divergenz*) in der Höhe zu Druckfall darunter bis hin zur Bildung eines Tiefs.

Diese dynamisch erzeugten Hochs und Tiefs beschränken sich meist nicht auf

die unterste Atmosphäre, sondern reichen oft bis in die mittlere Troposphäre oder noch weiter hinauf. Je hoch reichender, desto langsamer ziehen sie.
Im *Hoch* sinkt die Luft langsam ab, was Erwärmung zur Folge hat, wodurch die relative Feuchte sinkt und sich Wolken auflösen. Hochdruckgebiete begünstigen deshalb ruhiges Wetter mit Sonnenschein am Tage und sternklaren Nächten. Im *Tief* dagegen strömt Luft von allen Seiten zusammen, sie muss ausweichen und steigt langsam in die Höhe, was Abkühlung und Anstieg der relativen Feuchte zur Folge hat, bis irgendwann Sättigung und Wolkenbildung erfolgt: Tiefdruckgebiete sind aus diesem Grunde Schlechtwettergebiete mit Wolken und Niederschlägen.

Die im Hoch absinkende Luft strömt in der untersten Atmosphäre aus dem Hoch heraus und strebt, angetrieben durch das Luftdruckgefälle und beeinflusst durch andere Kräfte wie der Reibungskraft, in einer spiralförmigen Bahn dem Tief zu. Dort steigt sie bis zum hochtroposphärischen, oft mit Jetstream-Stärke wehenden Starkwindband auf, wo sie stromabwärts geführt wird und irgendwann das Konvergenzgebiet über dem Hoch erreicht, wo sie abzusinken beginnt – fertig ist der Kreislauf. Meteorologen sprechen deshalb auch von *atmosphärischer Zirkulation*.

Angezogen von dem durch den Jetstream ausgelösten Tiefdruck beginnen die (aus Süden angesaugten) Warmluft- und die (aus Norden angesaugten) Kaltluftmassen um den Tiefdruckkern zu rotieren. Bis die schnellere Kaltluft die langsamere Warmluft eingeholt hat, dauert es in der Regel einige Tage, und in der Zeit verstärkt sich das Tief. Im weiteren Verlauf vermischen sich die Luftmassen mehr und mehr, wodurch sich der Temperaturkontrast und damit

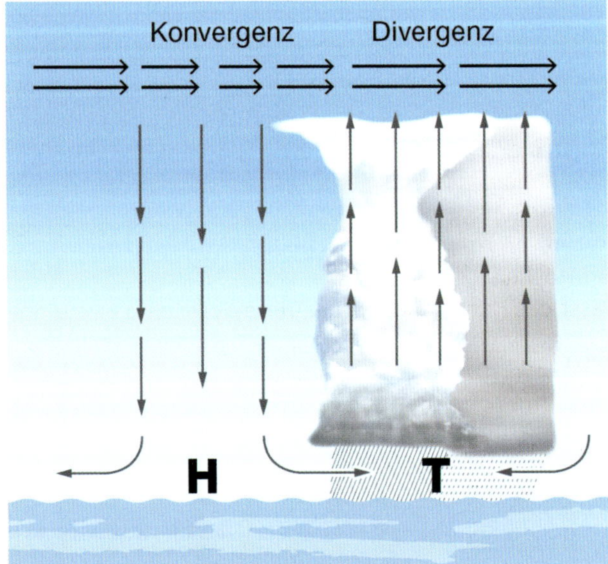

Entstehung der großen, dynamischen Hochs und Tiefs durch Beteiligung des Jetstreams, der durch Veränderungen der Luftdichte (Konvergenz, Divergenz) Hochs und Tiefs entstehen lässt.

auch die Erhaltungsenergie für das Tief abschwächen und der Wirbel sich langsam auflöst.

In dieser Zeit von der Reifung bis zur Auflösung kann der Wirbel 1000-1500 km, bei einem starken Jetstream auch 1500-2000 km weiter nach Osten gezogen sein.

Sehr langsam unterwegs oder mitunter sogar stationär sind die Hochs und Tiefs, die bis zur Hochtroposphäre hinauf reichen. Bei ihnen sind die horizontalen Temperaturunterschiede nahezu ausgeglichen, die Tiefdruckgebiete sind einheitlich von Kaltluft erfüllt, während die Hochdruckgebiete in nahezu allen Höhen relativ warm sind. Diese stabilen Druckgebilde pflegen die Frontalzone an ihren äußeren Enden zu flankieren, sind sozusagen die Stützpfeiler der Westwindzone. Über dem Nordatlantik befindet sich ein solches Tief oft im Seegebiet rund um Island und der Kern eines stabilen, warmen Hochs oft im Seegebiet der Azoren. So hat es sich eingebürgert, vom *„Islandtief“* und *„Azorenhoch“* zu sprechen.

Das Hochdruckgebiet

In Hochdruckgebieten sinkt die Luft (langsam) ab. Das führt zur Auflösung der meisten Wolken und oft zu Schönwetter (S. 56, 68), abgesehen von mitunter zähem Nebel oder Hochnebel. Die absinkende Luft verlässt das Hoch in der untersten Atmosphäre, der Reibungsschicht, auf bogenförmigen Bahnen in Richtung tieferen Luftdrucks. Oberhalb der Reibungsschicht umkreisen die Winde das Hoch. Dieses Zirkulieren vollzieht sich (von oben betrachtet) im Uhrzeigersinn (Südhalbkugel: gegen den Uhrzeiger). Man spricht im Fachjargon auch von einer *antizyklonalen Strömung*, bei Hochs von *Antizyklonen*. Solange die Konvergenz in der höheren Troposphäre dem Luftmassenentzug durch das bodennahe Ausfließen der Luft die Waage halten kann oder sie sogar übertrifft, bleibt das Hoch bestehen bzw. es verstärkt sich. Lässt die Konvergenz in der Höhe nach, schwächt sich das Hoch ab.

Je höher das Hoch in die Atmosphäre hinauf reicht, umso stabiler ist es – sowohl zeitlich als auch im Hinblick auf seine Fortbewegung. In unserer wechselhaften Klimazone zählt dieser Hochdruck-Typus aber eher zur Ausnahme. Häufiger haben wir es mit flachen, relativ kleinen Hochdruckgebieten zu tun, die von den starken Höhenwinden gesteuert von Südwesten, Westen oder Nordwesten heranziehen, das Wetter im Revier für 24-48 Stunden prägen und anschließend von einer Tiefdruckepisode wieder abgelöst werden. Solche kleinen Hochdruckgebiete befinden sich zeitlich und geografisch zwischen zwei Tiefs und werden deshalb auch *Zwischenhochs* genannt. Bei besonders kurzen Hochdruckphasen ist meist kein eigener Hochdruckkern mit einer geschlossenen Isobare um das Zentrum ausgebildet. Die Wetterkarte zeigt dann nur einige Isobaren mit einer antizyklonalen Wölbung, eine Art Ausläufer eines stärkeren Hochs in der Ferne. Diese besonders kleine und rasch ziehende Zwischenhochvariante nennt man *Hochdruckkeil*.

Hochdruckgebiete zeichnen sich durch längeren Sonnenschein aus und erscheinen auch sonst recht einheitlich in Wind und Wetter. Bei genauerer Betrachtung lassen sich jedoch Unterschiede ausmachen, je nachdem in welchem Sektor

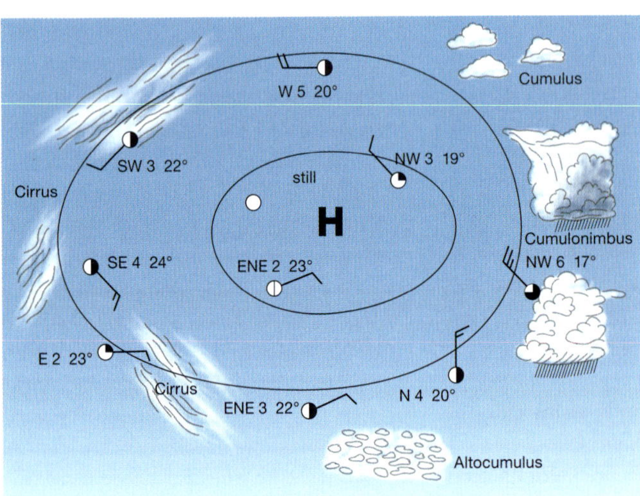

Wind- und Wetterbedingungen im Bereich eines Hochdruckgebiets.

man sich befindet. In der Regel zieht das Hoch aus Westen heran, und man gerät zunächst unter die Ostflanke des Hochs. Die Luft ist kühl und die Fernsicht gut. Anfangs kann es zu vereinzelten Schauern mit starken Böen aus Nordwest kommen. Die Quellwolken werden mit der Zeit immer flacher, und die freundlichen Abschnitte dauern länger. Auch der Wind beruhigt sich, und der Luftdruck steigt weiter an.

Im Kernbereich des Hochs ist es ausgesprochen sonnig, ganz oben am Himmel können sich ab und zu dünne Cirruswolken zeigen. Hier wehen nur schwache, umlaufende Winde. Kommt das Revier allmählich unter die Westflanke des abziehenden Hochs, beginnt der Luftdruck zu fallen, und der Wind dreht auf südliche Richtungen und frischt allmählich auf, ohne so böig zu sein wie an der Ostflanke. Noch ist die Sicht gut. Am Himmel ziehen Felder hoher Schleierwolken auf, die sich allmählich verdichten. Schließlich werden die hohen Wolken immer kompakter, lassen kaum noch das Sonnenlicht hindurch, und der Wind nimmt weiter zu, begleitet von fortgesetztem Luftdruckfall: Eine Tiefdruckepisode kündigt sich an.

Das Tiefdruckgebiet

Tiefdruckgebiete werden von der Luft gegen den Uhrzeigersinn (von oben betrachtet; auf der Südhalbkugel: im Uhrzeigersinn) umströmt: Die *Strömung ist zyklonal*. Meteorologen nennen ein Tief auch *Zyklone*. In der untersten Schicht der Atmosphäre, der Reibungsschicht, strömt die Luft von allen Seiten zusammen. Auf diese Art vereinigt ein Tief warme Luftmassen aus südlichen und kalte Luftmassen aus nördlichen Breiten. Die warme Luft befindet sich im Ost- und besonders im Südsektor, die kalte Luft im West- und besonders im Nordsektor des Wirbels.

Die Konvergenz lässt die Luft langsam aufsteigen. Das führt zur Bildung von Wolken und auch zu Schlechtwetter mit Niederschlägen.

Solange die Divergenz in der höheren Troposphäre dem Luftmassenüberschuss durch das bodennahe Einströmen der Luft die Waage halten kann oder sie sogar übertrifft, bleibt das Tief bestehen bzw. es verstärkt sich. Lässt die Divergenz in der Höhe nach, schwächt sich das Tief ab – das geschieht, wenn die Luftmassengegensätze innerhalb des Tiefs durch Verwirbelung allmählich abnehmen.

Typischer Wetterablauf beim Durchzug eines Tiefdruckgebiets

Viel uneinheitlicher als die Hochs sind die Tiefdruckgebiete aufgebaut. Jeder Quadrant hat seinen eigenen Wind- und Wettercharakter, und die Temperaturen können sehr unterschiedlich sein.

Im Tief ist der Himmel durch die allgemein aufsteigende Luftbewegung überwiegend bewölkt. Ausgesprochen schlecht mit einer hohen Niederschlagsneigung ist das Wetter zum einen im Kernbereich des Wirbels, weil dort die Luftmassenkonvergenz mit entsprechender Hebung besonders stark ist. Der andere Bereich mit ausgeprägtem Schlechtwetter befindet sich dort, wo die verschiedenen Luftmassen aneinandergrenzen, an den *Fronten*. Auch hier verstärken sich die Hebungsprozesse, da die Luftmassen entlang der Ausläufer in einem gewissen Winkel gegeneinander strömen und dabei ein Teil der (leichten) Warmluft gegenüber der (schweren) Kaltluft nach oben ausweicht, was die Hebungs- und Niederschlagsprozesse in diesem Bereich konzentriert.

Die folgende Beschreibung der typischen Witterung beim Durchzug eines Tiefdruckgebiets orientiert sich am Wetterablauf, wie man ihn in den heimischen Revieren der mittleren Breiten erlebt, wo das Tief von Westen heranzieht und man dabei südlich des Tiefdruckkerns verbleibt (der also nördlich am Revier vorbeizieht). Dabei wird von einem reifen, noch nicht gealterten Tief ausgegangen.

Der erste Akt im Tiefdruckdrama ist die heranziehende *Warmfront*. Sie markiert die Vordergrenze der sich nähernden Warmluft. Sie ist vertikal gesehen stark geneigt, denn in der Höhe eilt die Warmluft auf der bodennahen Kaltluft, die wie eine Rampe wirkt, weit voraus. Das Aufgleiten der Warmluft auf der Kaltluftrampe führt zu großräumiger Hebung und zur Bildung ausgedehnter Schichtbewölkung (Aufgleitbewölkung). Der Wolkenaufzug einer sich nähernden Warmfront beginnt mit hohen Eiswolken (Cirrus, sich zu Cirrostratus verdichtend). Dabei setzt Luftdruckfall ein, und der allmählich auffrischende Wind dreht auf südliche Richtungen. Später werden die hohen Wolkenfelder so dicht, dass die Sonne nicht mehr hindurchscheint und der Himmel eher grau als weißlich erscheint, Niederschlag fällt aber noch nicht (Altostratus opacus). Schließlich verdichtet sich der Altostratus zu Nimbostratus, einer sehr hoch reichenden Wolkenmasse mit tiefer Untergrenze, aus der anhaltender Niederschlag leichter bis mäßiger Intensität fällt (Landregen), der Wind weht lebhaft und der Druckfall verstärkt sich. Während der Segelsaison ist dieser „Idealfall" meist nur in den Revieren im nördlichen Mitteleuropa, wie zum Beispiel an Nord- und Ostsee, realisiert. Auf den großen Binnenrevieren im Süden (Seen in Süddeutschland und

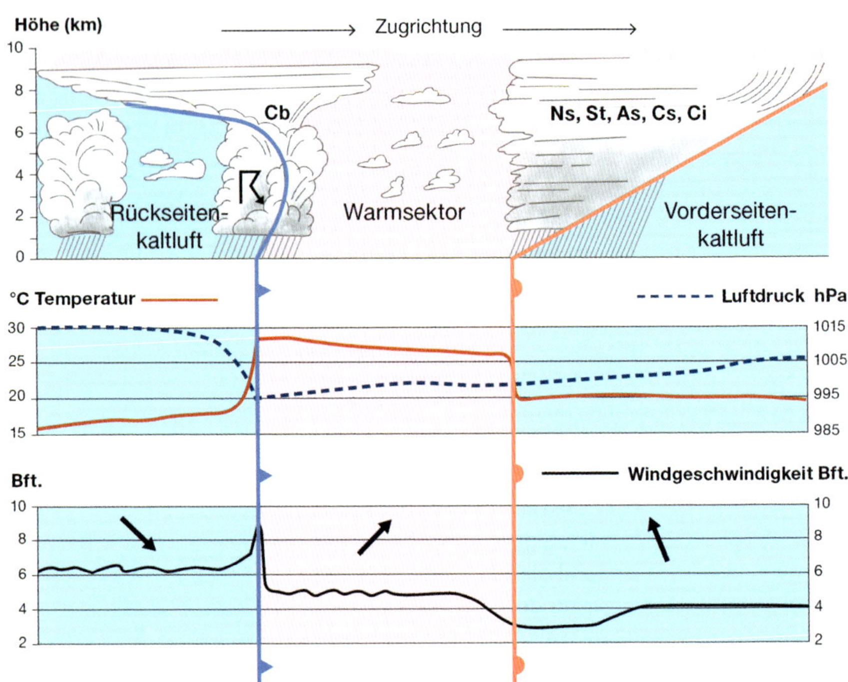

Abfolge der Wetterelemente beim Durchzug eines Tiefs (Tiefdruckkern verbleibt nördlich).

im Alpenraum) verläuft der Warmfrontaufzug insgesamt freundlicher mit nur einigen Wolkenfeldern, kaum Regen und schwächeren Winden.

Nach der Passage der Warmfront enden die Regenfälle, die Bewölkung lockert auf (nur nahe des Tiefkerns bleibt es bewölkt, und es fällt ab und zu Sprühregen). Nun beginnt der zweite Akt, die Phase des *Warmsektors*. Einige Wolkenfelder (Altocumulus, vereinzelt auch Stratocumulus) wechseln mit sonnigen Abschnitten, der Wind weht recht lebhaft aus Südwest. Die Sicht ist verglichen mit der Phase vor dem Warmfrontregen herabgesetzt, es ist diesig. Der Luftdruck fällt kaum noch oder ist gleichbleibend. Auf den Binnenseen am Nordrand der Alpen setzt nun Föhn ein, er bringt den Seen viel Sonnenschein. Abseits dieses trocken-warmen Fallwinds ist die Luft aber eher feucht, und im Sommer kommt mittags und nachmittags oft Schwüle auf. Gegen Ende der Warmsektorphase beginnt der Luftdruck allmählich wieder stärker zu fallen: Von Westen nähert sich in Gestalt einer kompakten Wolkenlinie die Vordergrenze der heranströmenden Kaltluft.

Die *Kaltfront* ist das zweite bedeutende Niederschlagsereignis im Tiefdruckdrama. Mitunter gehen vereinzelte Wärmegewitter der Kaltfrontpassage voraus. Die Front selbst besteht aus miteinander verketteten Schauer- und Gewitterwolken (Cumulonimben). Wenn es zuvor sehr schwül war, kommt es wegen des energiereichen Wasserdampfgehalts der Luft an der Front nicht selten zu Schwergewittern mit Hagel und Sturmböen. Aber auch außerhalb starker Gewitter muss sich der Wassersportler in der Nähe der Kaltfront auf Starkwind und Sturm einstellen, zumindest kurzzeitig in Gestalt heftiger Böen. Dabei dreht der Südwest auf West, später Nordwest, begleitet von einem markanten Anstieg des Luftdrucks.

Das nachfolgende Wetter auf der Westseite des (nach Osten weiterziehenden) Tiefs, also rückseitig der durchgezogenen Kaltfront, nennt man *Rückseitenwetter*. Hier wechseln bei westlichen, später nordwestlichen Winden Schauer mit sonnigen Abschnitten, und die Luft ist kühl und klar. Am Nordrand der Alpen hat die Kaltfront dem Föhn ein Ende gesetzt, hier kommt es zu anhaltenden Stauniederschlägen. Schließlich hören Schauer und Dauerregen auf, der Wind wird schwächer und ist weniger böig, und von Westen her kämpft sich mehr und mehr die Sonne durch die Wolken: Ein Hoch kündigt sich an.

Der Lebenszyklus eines Tiefdruckgebiets

Angetrieben vom Druckgefälle am Rande des Polarhochs auf der einen und der subtropischen Hochdruckzone auf der anderen Seite der Frontalzone gelangen sehr unterschiedlich temperierte Luftmassen in die mittleren Breiten. Hier entstehen scharfe Luftmassengrenzen. In ihrem Bereich wird der starke Höhenwind zum schweren Sturm oder Orkan. Als Reaktion beginnt unter dem Jetstream Luftdruckfall: Ein Tief entsteht. Die Geburt des Tiefs findet in der Regel auf dem Ozean statt, wo die Bedingungen für die Bildung dynamischer Tiefs besonders günstig sind. Sein Zentrum liegt genau an der Grenze zwischen Warm- und Kaltluft, die zunächst in gleichen Anteilen das Tief einnehmen. Das junge Tief zieht zunächst mit hohem Tempo in östliche Richtung und verstärkt sich dabei, das heißt sein Kerndruck sinkt und es dehnt sich aus. Durch den zunehmenden Sog des Tiefs verschärfen sich die Luftmassengegensätze weiter und das Tief wird immer stärker. Dieser Feedback-Prozess lässt ein einmal entstandenes Tief rasch an Stärke zunehmen. Die zyklonale Rotation puscht die Kaltluft an der Westflanke des Wirbels in Richtung Süden, später auch Südosten – ihre Vordergrenze ist die Kaltfront. Zugleich gewinnt die Warmluft nach Nordosten an Raum, allerdings nicht in dem Maße, wie sich der Kaltluftanteil im Tief vergrößert. So kommt die Kaltfront im Laufe der Tiefdruckentwicklung schneller voran als die Warmfront. Auf dem Höhepunkt der Tiefdruckentwicklung wird der südliche Quadrant des Tiefs von der warmen Luft (Warmsektor), die übrigen Tiefdrucksektoren von der Kaltluft eingenommen.

Im Reifestadium hat das Tief in der Regel einen Kerndruck zwischen 975 und 990 hPa. Im weiteren Verlauf holt die Kaltfront die Warmfront in den untersten Luftschichten immer mehr ein. Dieser Prozess geht nach dem Reißverschlussprinzip vom Tiefkern aus. Die neue Front heißt *Okklusion*, sie ersetzt im Altersstadium des Tiefs Kaltfront und Warmfront. In diesem Stadium schwächt sich das Tief ab, der Kerndruck steigt.

Wenngleich mit der Abschwächung des Tiefs im größten Teil des Wirbels auch

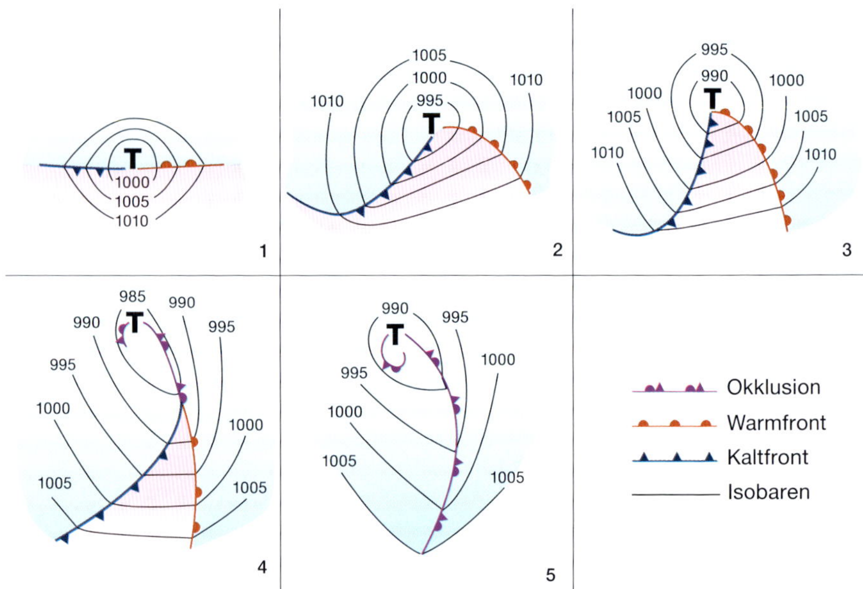

Der Lebenszyklus eines wandernden Tiefs in der Westwindzone.

die Winde schwächer werden, kann es unter bestimmten Bedingungen passieren, dass am Südrand eines alternden Tiefs durch eine Ausbuchtung tiefen Luftdrucks nach Süden *(Trog)* eine kleine, aber ausgeprägte Schwerwetterzone entsteht, die den Wassersportler mit Sturmböen sowie heftigen Schauern und Gewittern überrascht (S. 110).

Am Lebensende eines Tiefs ist die Warmluft vom Boden verschwunden und existiert, deutlich abgekühlt, nur noch in höheren Luftschichten. Mit der Entschärfung der ursprünglich großen Temperaturgegensätze ist ein Großteil der Energiezufuhr für die Tiefentwicklung abgeschnitten. Die Höhenwinde und damit ihre luftdruckerniedrigende Wirkung werden schwächer. Der Luftdruck im Tief steigt weiter, bis es sich auflöst. Man sagt, das Tief „füllt sich auf".

Beim Durchzug eines gealterten Tiefs überquert also nur noch eine Front das Revier. Wind- und Wetterablauf an der Okklusion gleichen einer kombinierten Warmfront- und Kaltfrontpassage. Wenn die hinter der Front einströmende Kaltluft deutlich kälter ist als die alte, ähneln die Wetterabläufe eher einer Kaltfront – im umgekehrten Fall eher einer Warmfront.

2.3 Großwetterlagen Europas

Kein Wetterbericht ist vollständig ohne die Beschreibung der Großwetterlage. Der Wortschöpfung liegt die Erkenntnis zugrunde, dass jeder lokale Vorgang, wie etwa die Windentwicklung im Revier, von den großräumigen atmosphärischen Bedingungen abhängt. Aus diesem Grund beschränken sich Wetterkarten nicht auf die Region oder die Nation, sondern auf ein Gebiet subkontinentalen Maßstabs.

Was der Meteorologe mit Großwetterlage bezeichnet, ist das *Muster der großräumigen Verteilung von Hochs und Tiefs* mit ihren Fronten. Der geografische Ausschnitt umfasst bei europäischen Wetterkarten nicht nur Europa bis zum Nordkap, dem Ural und den Küsten Nordafrikas. Die Karten erlauben auch einen Blick auf weite Teile des angrenzenden Atlantiks, der als „Wetterküche" Europas gilt. Das hochtroposphärische Förderband für Hochs und Tiefs, der Jetstream, sorgt dafür, dass die meisten Wetterentwicklungen in unseren heimischen Revieren ihren Ursprung auf dem fernen Atlantik haben. Professionelle Wetterkarten reichen mit ihrem Ausschnitt deshalb bis an die Ostküste Kanadas, und zwar aus gutem Grund: Bei sehr dynamischen Entwicklungen muss der Meteorologe in Europa auch mitbekommen, was sich in der Atmosphäre über dem Osten des nordamerikanischen Kontinents abspielt. Ein Beispiel dafür ist der Orkan „Lothar", der am zweiten Weihnachtsfeiertag 1999 über West- und Mitteleuropa raste und mit mehr als 100 Todesopfern und einem Versicherungsschaden von umgerechnet 8 Mio. US-$ zu einem der schlimmsten Stürme in der neueren Geschichte gezählt wird. Die Keimzelle dieses Orkantiefs entwickelte sich 36 Stunden vorher 4000 km weiter westlich, im Seegebiet südlich von Neufundland.
Grundpfeiler unserer Großwetterlagen sind die großen hoch reichenden Druckgebilde, die als Steuerungszentren die Zone der Polarfront flankieren. Zu ihnen gehören die bekannten Vertreter „Islandtief" und „Azorenhoch", die auch immer wieder Ableger über Skandinavien bzw. dem Mittelmeerraum errichten. Die Großwetterlage bestimmt die Zirkulation und die gewaltigen Luftmassentransporte in der Atmosphäre.
Eine Großwetterlage hat Bestand, solange die Steuerungszentren und damit auch die Richtung der großen Luftströme stabil bleiben. Die Statistik zeigt, dass Großwetterlagen in Europa durchschnittlich für 4–5 Tage anhalten. Dann verschieben sich die großen Druckzentren, wodurch sich auch die Großwetterlage ändert.
In Expertenkreisen unterscheidet man 29 verschiedene Typen von Großwetterlagen im europäischen Raum. Die meisten sind aber nur Statisten auf der europäischen Wetterbühne oder zeigen sich hauptsächlich im Winterhalbjahr. Das Wettergeschehen in der Wassersportsaison wird durch eine vergleichsweise kleine Auswahl von Großwetterlagentypen bestimmt. Im folgenden die Steckbriefe der wichtigsten Großwetterlagen, die dem Revier ein charakteristisches Wind- und Wetterregime bringen:

Westlage

Mit rund 27 % Anteil an allen Großwetterlagen des Sommerhalbjahres ist die Westlage die bedeutendste Großwetterlage. Die typische Wetterkarte zeigt Tiefdruck von Island bis nach Skandinavien und hohen Druck von den Azoren bis zum westlichen Mittelmeerraum. West- bis Südwestwinde wehen über großen Teilen Europas. Am häufigsten tritt sie statistisch im Monat August auf. Der durchschnittliche Wind, meist aus Südwest bis Westnordwest, liegt in den heimischen Revieren der Nordsee bei 4–5 Bft., in denen der Ostsee und im norddeutschen Binnenland bei 4 Bft. und auf den süddeutschen Seen bei 3–4 Bft. Wind in ausreichender Stärke zum

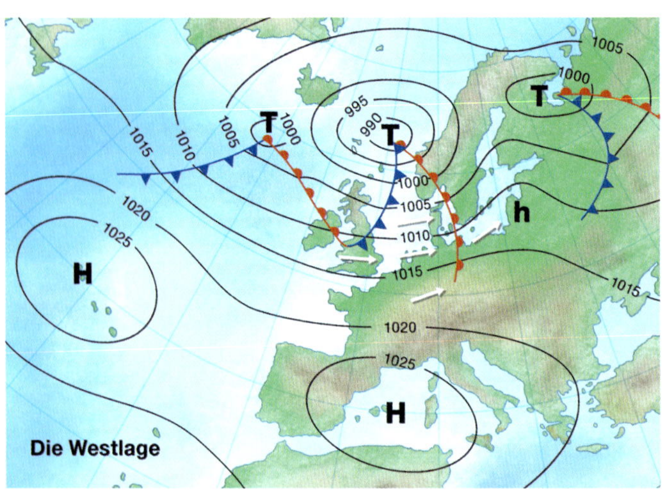

Die typische Wetterkarte einer Westlage.

Segeln und Surfen ist also oft garantiert. Manchmal wird es allerdings auch zu viel des Guten, denn die Westlage birgt unter den Großwetterlagen das höchste Starkwindpotenzial. Davon ist unter den heimischen Revieren besonders die nordfriesische Küste betroffen. Durch den Leitplankeneffekt der Alpen wandeln sich bei einer bestimmten Anströmungsrichtung auch die Seen im Alpenvorland zu ausgesprochen anspruchsvollen Revieren (S. 85).

Ein Wermutstropfen dieser Großwetterlage ist das wechselhafte Wetter, denn der Typus der *zyklonalen Westlage* dominiert in der Häufigkeitsstatistik.

Warme Luftmassen wechseln mit kalten. Zuweilen überqueren Tiefausläufer Mitteleuropa am laufenden Band und sorgen für eine flotte Abfolge von Warmfront, Warmsektor, Kaltfront und Rückseitenwetter. Die zu Regenfällen neigende Witterung wird durch Zwischenhochs unterbrochen, deren sonniges Wetter aber eher den Charakter einer Stippvisite hat.

Verlagert sich der Hochdruckschwerpunkt vom Süden Europas zum Alpen-

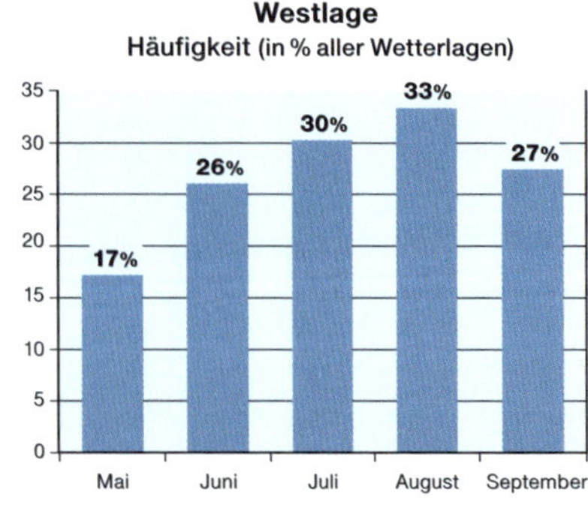

Häufigkeit von Westlagen im Sommerhalbjahr.

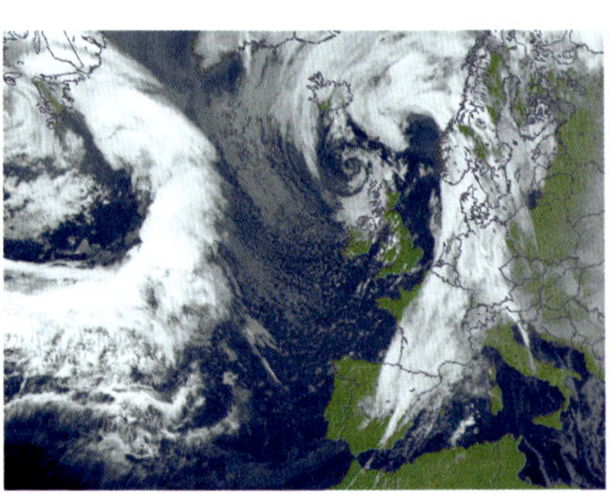

Das typische Satellitenbild einer zyklonalen Westlage.

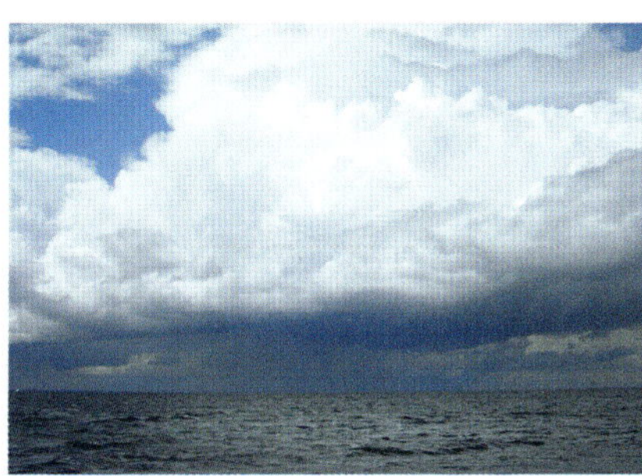
Das Regenrisiko ist während einer zyklonalen Westlage groß.

raum, bessert sich zwar das Wetter auf den Binnenseen Süddeutschlands, dafür lässt die Windausbeute mitunter zu wünschen übrig. Ideal ist dieser Typus der *antizyklonalen Westlage* für alle Reviere Norddeutschlands: Das Wetter ist oft freundlich und trocken – dennoch gibt es meist genug Wind für alle Segler und Surfer, besonders an den Küsten von Nord- und Ostsee.

Nordwestlage

Die charakteristische Luftdruckverteilung zeigt ein aus seiner Normallage nach Norden verschobenes Azorenhoch, mitunter auch ein eigenständiges Hoch südwestlich der britischen Inseln. Sein zyklonaler Gegenspieler befindet sich im Raum nördliche Ostsee-Finnland-Baltikum. Der Häufigkeitspeak dieser Großwetterlage während der Segelsaison fällt auf die Monate Juni und Juli. Der Mitte Juni auftretende Kälterückfall der „Schafskälte" ist oft an eine solche Nordwestlage gebunden. Der durchschnittliche Wind liegt bei 4–5, in Böen 6 Bft. aus West bis Nordnordwest. In den Revieren der Deutschen Bucht sorgt der weite Fetch des Windes über die Nordsee oft für eine hoch gehende See. Manchmal entsteht im Windschatten der südskandinavischen Gebirge im Raum Skagerrak-Südschweden ein sogenanntes Lee-Tief. An dessen Südflanke frischt der Wind von Jütland über Kattegat, Belte und Sund bis zur deutschen Ostseeküste vorübergehend stark auf, hier kann es dann mit 6–8 Bft. oder noch stärker wehen (S. 104). Der typische Witterungstyp der *zyklonalen Nordwestlage* kann mit „ausgesprochen wechselhaft" zusammengefasst werden. Häufig stellt sich unbeständi-

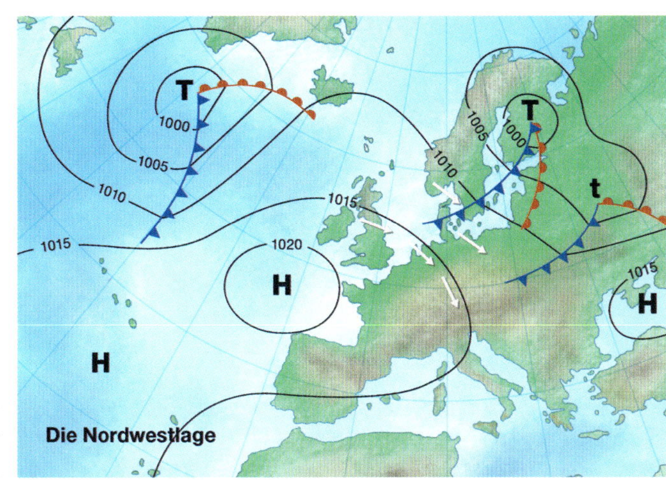

Die typische Wetterkarte einer Nordwestlage.

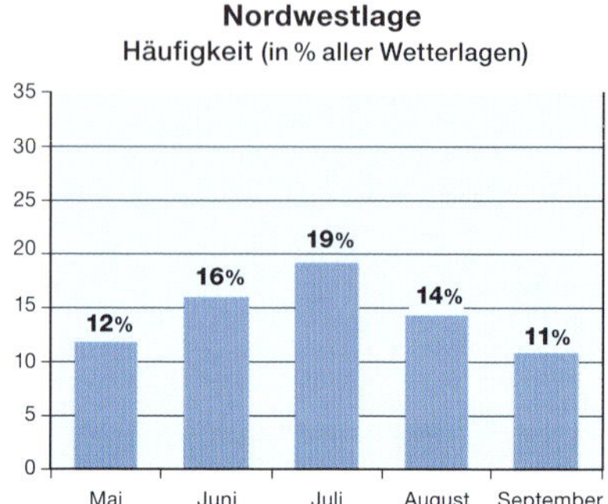

Häufigkeit von Nordwestlagen im Sommerhalbjahr.

ges Rückseitenwetter mit Sonne, Wolken und Schauern ein. Die Schauertätigkeit ist zu Beginn der Sommersaison schwächer als gegen Ende. Dabei ist die Luft kühl und die Fernsicht oft gut. Wetterbegünstigt ist die deutschen Ostseeküste, da bis hierhin oft die föhnige Leewirkung der norwegischen Berge reicht, und es gibt mitunter längeren Sonnenschein. Ausgesprochen ungemütlich erscheint diese Großwetterlage auf den Seen im Alpenvorland: Durch den Stau am Gebirge kommt es zu teils länger anhaltenden Regenfällen, unterbrochen von nur kurzen sonnigen Abschnitten.

Bei der *antizyklonalen Nordwestlage* weht der Wind etwas schwächer, in der Regel mit Stärke 2-4. Nur an der Ostseeküste, besonders von Fehmarn bis Rügen, ist der Wind mit durchschnittlich 4-5 Bft. lebhafter. Dabei wechseln Wolken mit teils längerem Sonnenschein, und es bleibt weitgehend trocken. Ursache für den verhältnismäßig freundlichen Witterungscharakter ist die Nähe zum Westeuropa-Hoch, das sich bei dieser Variante der Nordwestlage im Raum Bretagne - Britische Inseln befindet und damit den heimischen Revieren näher ist.

Südwestlage

Im Vergleich zur Nordwestlage haben Hoch und Tief ihre Plätze getauscht. Hoher Druck dominiert im finnisch-baltisch-russischen Raum sowie im Mittelmeergebiet, während Tiefs die

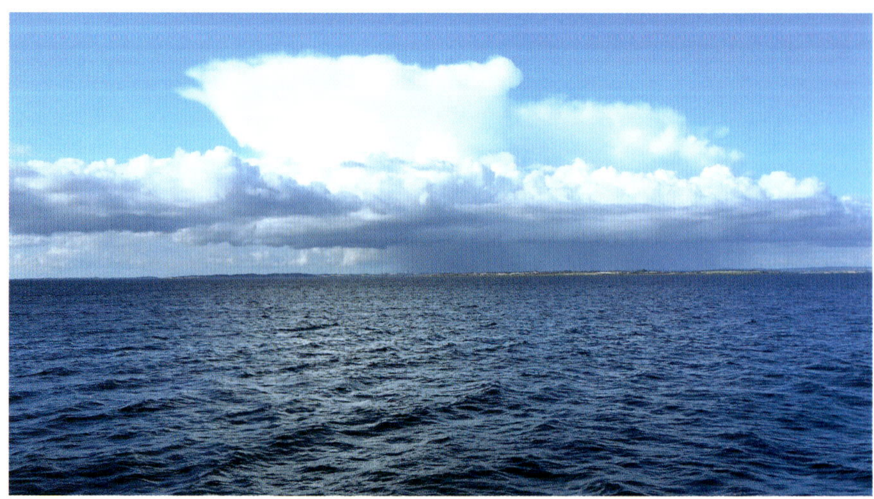

Sonne, Wolken und Schauer in klarer Luft sorgen für ein meteorologisches Kontrastprogramm während einer zyklonalen Nordwestlage.

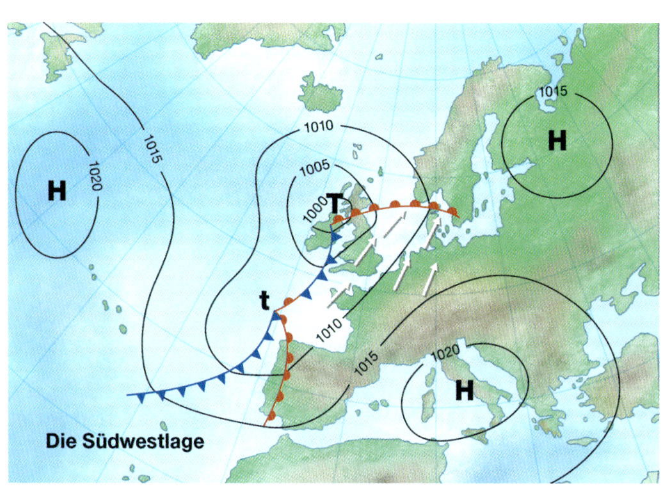

Die typische Wetterkarte einer Südwestlage.

Luftdruckverteilung in Westeuropa beherrschen. Von der Tiefdruckzone ausgehend überqueren Ausläufer mitunter das westliche Mitteleuropa. Ihr Häufigkeitsmaximum hat diese Großwetterlage im August.

Meist weht es mit 3-5 Bft., im Falle durchziehender Gewitterstörungen sind in den Revieren der Nordsee auch Starkwind- und Sturmböen möglich.

Beim Subtyp *zyklonale Südwestlage* ist das Wetter rund um die Nordsee unbeständig, und sonnige Phasen wechseln mit teils gewittrigen Tiefdruckstörungen. In den ostdeutschen Revieren sowie auf den Seen im (bei dieser Wetterlage oft föhnigen) Alpenvorland zeigt sich die Sonne öfter, und es ist meist trocken. Die Temperaturen liegen über der jahreszeitlichen Norm.

Die *antizyklonale Südwestlage* schenkt allen Revieren viel Sonnenschein. Mit einer leichten Gewitterneigung muss im Westen der Nordseeküste gerechnet werden, und über die Seen im Alpenvorland können von den Alpen her ver-

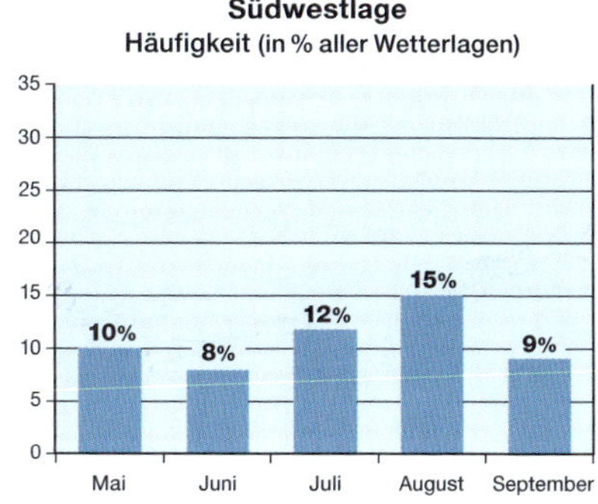

Häufigkeit von Südwestlagen im Sommerhalbjahr.

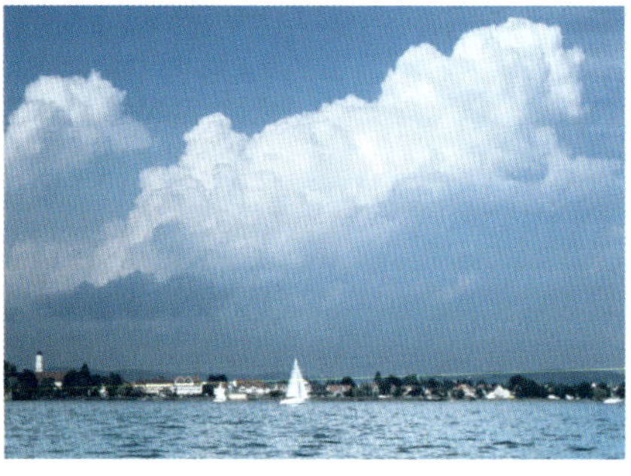

Die Südwestlage bringt den Seen im Alpenvorland oft Sonnenschein und Wärme, und von den Alpen her das eine oder andere Wärmegewitter.

einzelt nachmittägliche Wärmegewitter ziehen. 2–4 Bft. sind außerhalb der Gewitter typische Windstärken für diese Wetterlage.

Hochdrucklage

Ein umfangreiches Hochdruckgebiet liegt mit seinem Zentrum über der Mitte Europas. Oder von einem Russland-Hoch verläuft eine Zone hohen Drucks über Mitteleuropa hinweg bis zum Atlantik. Die größte Wahrscheinlichkeit, dass dieser Großwetterlagentyp das Revierwetter bestimmt, besteht in den Monaten August und September – mit einem Maximum in der zweiten Septemberhälfte (Altweibersommer!).

Es ist die Großwetterlage mit dem größten Flautenpotenzial in den heimischen Revieren. Mit Windstille muss besonders am Morgen und frühen Vormittag gerechnet werden. Ansonsten wehen schwache Winde der Stärke 1–3 Bft. aus wechselnden Richtungen, die jeden Tagestörn zu einem Unternehmen mit ungewissem Ausgang machen. Letzte Hoffnung für Segler und Surfer sind die thermischen Winde entlang der Küste und auf manchen großen Seen im Binnenland. Einzig an der nordfriesischen Küste weht es etwas stärker, in der Regel mit 3 Bft. aus West, und die Reviere im bayerischen Alpenvorland profitieren zudem von einer thermischen Ausgleichszirkulation am Rande der Alpen, die ihnen immerhin mittags und nachmittags bis zu 3 Bft. aus Nordost bescheren (S. 98). Leider sind diese thermischen Windsysteme in unseren Breiten längst nicht so zuverlässig wie in den Tropen oder im Mittelmeer.

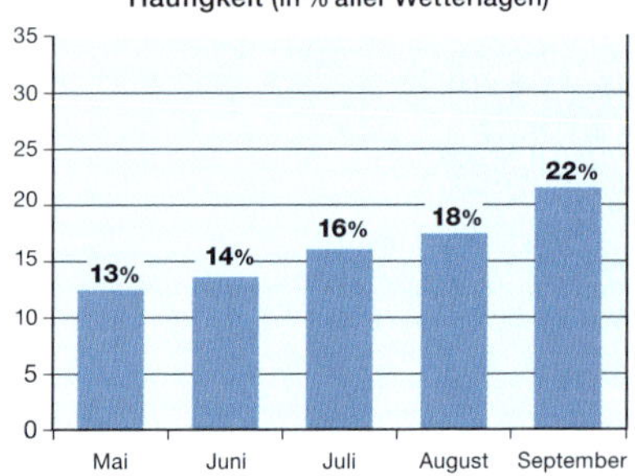

Häufigkeit von Hochdrucklagen im Sommerhalbjahr.

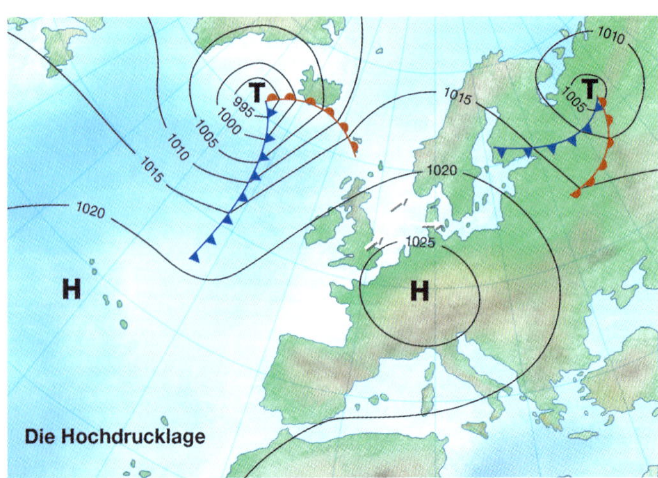

Die typische Wetterkarte einer Hochdrucklage über Mitteleuropa.

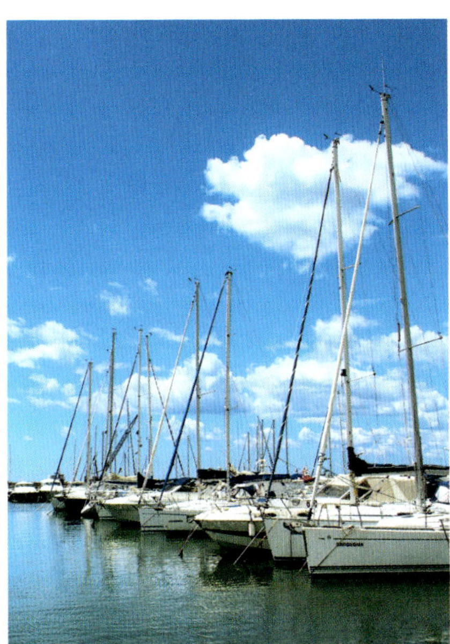

Die Hochdrucklage garantiert den Revieren schönstes Wetter, aber für Segler und Surfer oft zu wenig Wind.

Manchmal liegt der Schwerpunkt des Hochs mehr über dem westlichen Mitteleuropa und reicht bis zur südlichen Nordsee. Dann lässt sich in den Revieren der Ostsee bei 3-4 Bft. aus Nordwest gut segeln und surfen. Liegt er hingegen mehr im östlichen Mitteleuropa, sind die Winde in unseren Revieren besonders schwach und unstet.

Das Wetter lässt im Unterschied zum Wind nicht zu wünschen übrig: Es gibt viel Sonnenschein. Mitunter muss man im September bis zum späten Vormittag warten, bis sich die Nebel- und Hochnebelfelder aufgelöst haben.

Ostlage

Ein umfangreiches Hochdruckgebiet liegt über Nordeuropa, oft mit dem Zentrum über Südschweden. Zugleich beherrscht Tiefdruck den südeuropäischen Raum. Diese Konstellation versperrt den Atlantiktiefs den Weg nach Mitteleuropa (*„blockierendes Hoch"*) und ist außerordentlich stabil. Eine Woche und länger andauernde Ostlagen sind keine Seltenheit. Die monatliche Häufigkeitsstatistik zeigt ein deutliches Maximum im Monat Mai.

In der Regel weht der Wind in den heimischen Revieren mit 3-5 Bft. aus Nordost bis Ost. Die höchsten Windstärken dieser Großwetterlage treten oft an der Ostsee auf, hier sind mitunter 6-7 Bft. möglich. Sehr lebhaft mit 4-5, in Böen 6 Bft. weht es auch im Alpenvorland, wenn die Windrichtung Nordost ist (Leitplankeneffekt der Alpen).

Oft begleitet freundliches Wetter diese Großwetterlage. Ja, für die Küsten der Nord- und Ostsee zählt diese Lage bei den Seglern zu den schönsten Wetterlagen überhaupt. Auch für die Surfer ist ein großes Hoch über Skandinavien meist gleichbedeutend mit einer Gleitwindgarantie. Es gibt mit Ausnahme einiger Wolkenfelder in Alpennähe viel Sonnenschein und genug Wind zum Segeln und Surfen, an der Ostsee ist der Wind außerdem im Frühjahr und

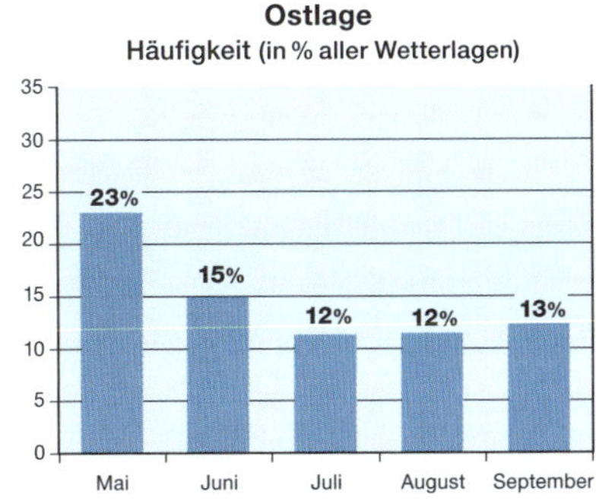

Häufigkeit von Ostlagen im Sommerhalbjahr.

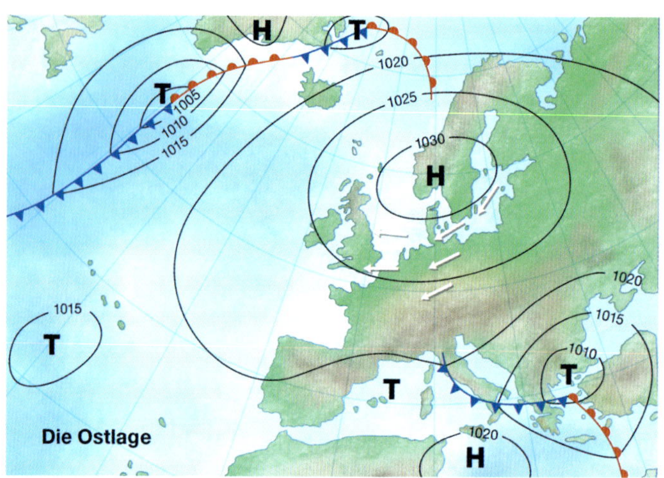

Die typische Wetterkarte einer Ostlage über Mitteleuropa.

Frühsommer ausgesprochen konstant und arm an Böen. Deutlich böiger tritt der Wind auf den Binnenseen auf.
Einziger Wermutstropfen ist die wegen ihrer nordischen Herkunft kühle Luft im Mai und Juni. Besonders an der Ostsee sollten die Segler bei dieser Wetterlage Pullover und Ölzeug griffbereit in der Backskiste haben. Der Nordost ist zu dieser Zeit auf See oft 5–10 Grad kälter als im Binnenland!
Kenner unter den Wasssersportlern schätzen aber das zuverlässige Windregime. Und wer dafür empfänglich ist, genießt auch die außergewöhnlich klare Luft unter tiefblauem Himmel, die Farben und Konturen im Revier Brillanz und Schärfe verleiht. All das entschädigt immer wieder für so manches Frösteln im Schatten. Leider tritt diese Wetterlage im Hochsommer seltener auf als im Frühjahr.

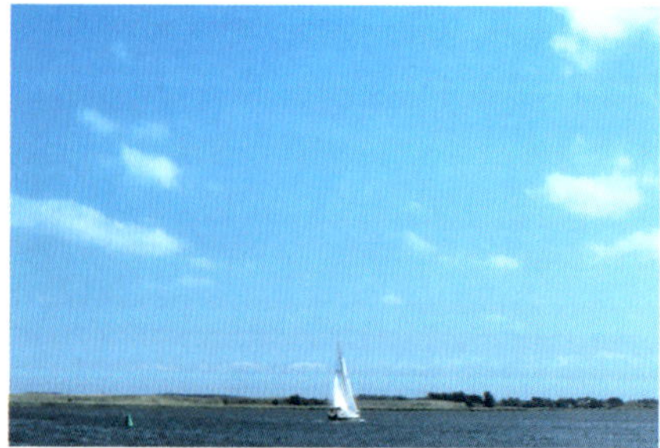

Die Ostlage bringt den Gewässern von Nord- und Ostsee das schönste Wassersportwetter überhaupt: Es gibt viel Sonnenschein in klarer Luft und für die Segler und Surfer auch immer genug Wind.

2.4 Winde und Wetter im Mittelmeer

Das Mittelmeerklima

Das Mittelmeer gilt in der ozeanografischen Nomenklatur als Randmeer des Atlantiks, hat mit diesem Ozean sowohl hydrografisch als auch klimatologisch aber so wenig gemeinsam wie etwa die Karibik mit der Biskaya. Die fast komplette Umrahmung durch Landflächen, die an vielen Küsten durch Gebirgszüge hoch aufragen, beschert den mediterranen Gewässern und seiner Atmosphäre eine große Eigenständigkeit.
Die jahreszeitliche Nord-Süd-Wanderung der globalen Luftdruck- und

Windzonen ist die Ursache für ein sogenanntes *alternierendes Klima* im Mittelmeerraum: Das Sommerhalbjahr ist überwiegend freundlich, sehr warm und trocken. In der kühleren Hälfte des Jahres herrscht wechselhaftes Wetter mit Tiefdruckstörungen, die teils gewittrige Regenfälle und starke Winde bringen, im Wechsel mit längeren Hochdruckphasen.
Verglichen mit Klimaten in ähnlicher Breitenlage ist der Sommer ungewöhnlich reich an Sonnenschein. Verantwortlich dafür ist ein Strang aus zahlreichen Bergketten, von den spanischen Gebirgen im Westen über die Alpen im Norden bis hin zum türkischen Taurus, der die Reviere während der Segelsaison zum einen wirksam gegen feuchte Luftmassen vom Atlantik, zum anderen gegen Kaltlufteinbrüche aus Nordeuropa schützt. Diese Luftmassen erreichen das Mittelmeer föhnig verändert. Trockenes und warmes bis sehr warmes Klima mit viel Sonnenschein zeichnet deshalb das mediterrane Klima während der Segelsaison aus.

Im Unterschied zu unseren heimischen Revieren mit ihren wechselnden Großwetterlagen kennt das Mittelmeer nur eine charakteristische Sommerwetterlage. Über dem westlichen Mittelmeer hält sich verhältnismäßig hoher Luftdruck, während der Luftdruck in levantinischen Gewässern deutlich niedriger ist (großräumige Hitzetiefs über angrenzenden Landflächen). Dabei konzentriert sich das Druckgefälle auf die Seegebiete zwischen Sizilien und dem Westen der türkischen Riviera, und hier besonders auf die Ägäis.
Vielerorts im westlichen Mittelmeer und auch in weiten Teilen der Adria herrschen nur schwache Winde, abgesehen von regionalen Besonderheiten.
Lebhafter weht es im Ionischen Meer und weiter südlich und östlich. Diese Winde, meist mit 3-5 Bft. aus Nordwest bis Nord, sind in Stärke und Richtung sehr zuverlässig und heißen *Etesien*. Eine Ausnahme bilden die südtürkischen Gewässer im Windschutz des Taurus: Hier ist der Wind mit 2-3 Bft. schwä-

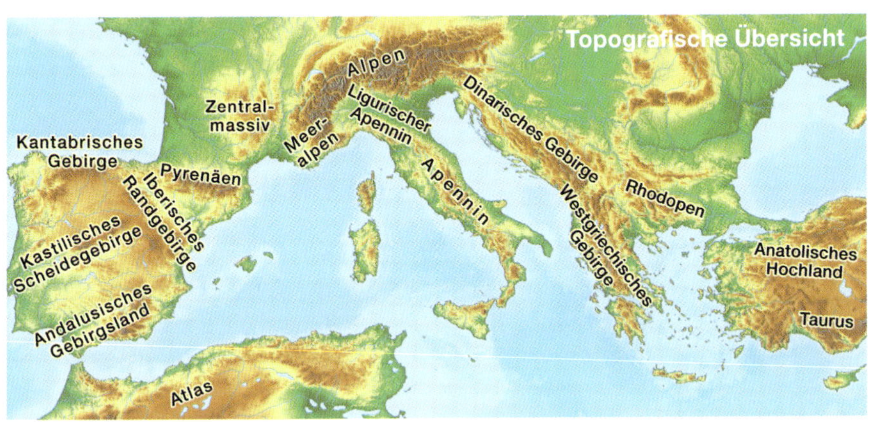

Nicht nur der subtropischen Breitenlage, sondern auch der Umrahmung durch Gebirgszüge, die ein Bollwerk gegen atlantische und polare Luftmassen bilden, verdankt das Mittelmeer sein ungewöhnlich warmes und sonnenscheinreiches Sommerklima.

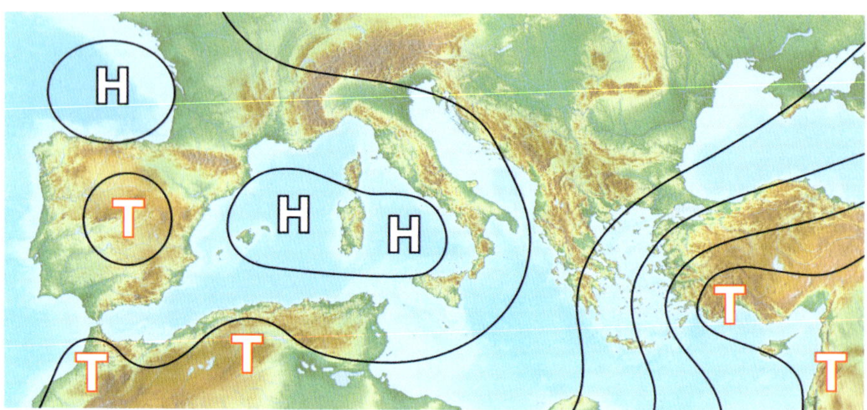

Typische Luftdruckverteilung während der Segelsaison im Mittelmeer.

cher, mit küstennaher thermischer Brise maximal 4 Bft., und kommt meist aus Südwest.

Eine weitere Ausnahme in der Etesien-Region ist die Ägäis. Angetrieben durch ein besonders starkes und sehr beständiges Luftdruckgefälle erreichen verhältnismäßig kühle, aber trockene Winde durch die Niederungen rund um das Marmarameer die Gewässer der Ägäis. Der sehr lebhafte Nordwind mit typischen Stärken von 4–7 Bft. ist geradezu ein Markenzeichen des Sommerwetters in dieser Ecke des Mittelmeers (*Meltemi*, S. 80). Das sehr sonnige Wetter tröstet ein wenig über das seglerisch anspruchsvolle Windklima hinweg.

Dieser nahezu perfekt erscheinende Wolken- und Kälteabwehrriegel, der in Gestalt vieler Gebirgszüge die Küsten im Westen und Norden des Mittelmeers umgibt, besitzt einige Schwachstellen. Zu den bedeutendsten zählt unter anderem die Flachküste Südfrankreichs, wo Kaltluft freien Zugang zum Mittelmeer erhält, beschleunigt durch Düseneffekte und das Luftdruckgefälle zu tieferem Druck über dem Golf von Genua (*Mistral*, S. 76). So hat der Löwengolf auch einen entsprechend üblen Ruf als starkwindanfälliges Revier. Mitunter reichen diese Nord- bis Nordwestwinde bis nach Korsika und Sardinien. Die Mistral-Wetterlagen ereignen sich aber nur episodisch – dies am ehesten zu Beginn und Ende der Segelsaison und dann durchaus mit Sturmgefahr – und werden von ausgesprochen sonnigem Wetter begleitet.

Eine weitere Schwachstelle befindet sich an der slowenisch-kroatischen Adriaküste. Es sind Quertäler im Dinarischen Gebirge, die den Einbruch kühler Luftmassen ins Revier ermöglichen. Das geschieht, wenn Kaltluft den Balkan überflutet und der Luftdruck über Süditalien verhältnismäßig tief ist. Dieser Starkwind namens *Bora* ist berüchtigt für lokale Düseneffekte und die extrem unberechenbaren Böen bis hin zu Sturmstärke. Wie beim Mistral tritt diese Ausnahmewetterlage im Mai und Oktober häufiger auf als in den übrigen Monaten der Segelsaison und wird von sonniger Witterung begleitet (S. 77).

Auch wenn der Sonnenschein zum Markenzeichen des Mittelmeerklimas zählt, gibt es mitunter auch Schlechtwetter – dies zu Beginn und Ende der Segelsaison eher als während der Hochsaison, und im Norden des Mittelmeers eher als im Süden.

Zum einen können für ein bis zwei Tage Tiefdruckfronten vom Atlantik oder von Mitteleuropa her in die mediterranen Revier einbrechen. Davon betroffen sind besonders die Costa Brava, die Küsten Südfrankreichs und Oberitaliens, sowie die slowenisch-nordkroatische Adria. Die Fronten bringen mitunter kräftige Gewitter mit Sturmböen.

Zum anderen kann es dazu kommen, dass Wärmegewitter vom Binnenland auf die Küstengewässer hinaus ziehen. Die ligurische Küste und die küstennahen Reviere im Norden der Adria sind davon besonders betroffen, vor allem ab August.

Gelegentlich dreht die Luftströmung auf südliche Richtungen, was am ehesten in Vor- und Nachsaison geschehen kann (*Schirokko* und verwandte Winde, S. 79). Dann verschlechtert sich das Wetter an den Nordküsten des Mittelmeers. Es wird diesig, und es kommt besonders zu Beginn und gegen Ende der Segelsaison auch zu stärkerer Bewölkung mit Regenfällen. Der lange Fetch des Windes von der nordafrikanischen Küste über das gesamte Mittelmeer hinweg baut im Norden des Mittelmeers einen hohen Seegang auf und verursacht hohe Wasserstände in den Häfen.

Von den beschriebenen Ausnahmen abgesehen, auf die im nächsten Abschnitt zusammen mit anderen Windbesonderheiten näher eingegangen wird, lässt sich das typische Mittelmeerklima, wie es der Wassersportler während der Segelsaison auf See erlebt, wie folgt zusammenfassen.

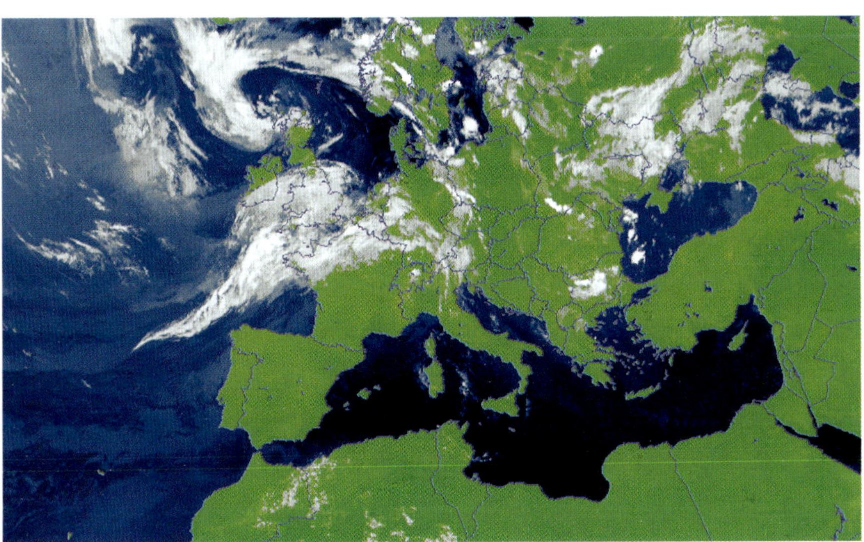

Das typische Satellitenbild des Sommers zeigt den charakteristischen Unterschied zwischen dem unbeständigen Klima der nordeuropäischen Reviere und dem sonnenscheinreichen Mittelmeerklima.

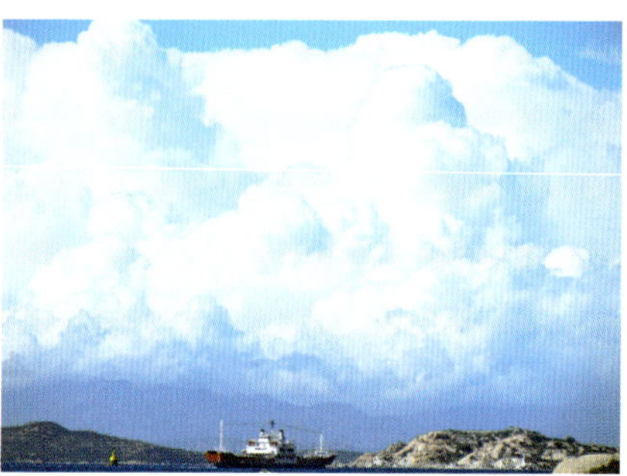

So imposant die Wolkentürme im Hinterland der Mittelmeerküste auch in die Höhe wachsen: Die Gewässer bleiben von den teils heftigen Wärmegewittern meist verschont. Das gilt besonders für die erste Hälfte der Wassersportsaison.

Typische Wind- und Wetterbedingungen auf See

Vorsaison (Mai und Juni):

- Schwache bis mäßige Winde, vorherrschend aus West bis Nord; in Küstennähe thermische Brisen
- Überwiegend sonnig (besonders im Juni)
- Vereinzelt Tiefdruck-Episoden mit Schauern, Gewittern und starken Winden (besonders im Mai)
- Relativ kühle Wasser- und Lufttemperaturen (verglichen mit Binnenland)

Hauptsaison (Juli und August):

- Schwache bis mäßige, in der Ägäis auch starke Winde aus West bis Nord
- Viel Sonnenschein, in Küstennähe vereinzelt Wärmegewitter (besonders nördliche Adria)
- Warm, mitunter schwül

Nachsaison (September und Oktober):

- Vorherrschend schwache Winde aus West bis Nord, später auch aus Süd
- Oft sonnig (besonders im September)
- Von Westen zunehmende Neigung zu gewittrigen Tiefdruck-Episoden
- Relativ warme Wasser- und Lufttemperaturen (verglichen mit Vorsaison)

Besondere Winde im Mittelmeer

Anders als in den west- und mitteleuropäischen Revieren gibt es im Mittelmeer eine Reihe besonderer Winde, vor allem in der Nähe der Küsten. Jeder hat seinen eigenen Charakter, und zu jedem gehört eine bestimmte Witterung. Die folgenden Kapitel geben einen Überblick über die wichtigsten Winde im Mittelmeerraum von der Straße von Gibraltar im Westen bis zu den Revieren der Levante im Osten.

Levanter: Wer im Sommer vom Atlantik zügig ins Mittelmeer segeln möchte, scheitert mitunter an der Straße von Gibraltar. Ausgerechnet dort, wo sich beide Kontinente besonders nahe kommen und man durch die Landabdeckung die ruhigsten Windverhältnisse erwartet, frischt der Wind bisweilen stark auf und erschwert so das Weiterkommen. Besonders heftig weht es im Sommer bei östlichen Winden, dem Levanter.
Der Ostwind zwingt den Segler zu einem harten Kreuzkurs. An der engsten Stelle der Meerenge erreicht er seine maximale Stärke, die durchschnittlich 2–4 Stärken mehr beträgt als der Wind in den Nachbargewässern! In Zeiten eines starken Levanter weht es manchmal tagelang mit 6–8 Bft. und so mancher Skipper mit Ostkurs muss aufgeben und sich ein windgeschütztes Asyl an der spanischen Atlantikküste, zum Beispiel Barbate, suchen, um ruhigere Levanter-Phasen abzuwarten. Auf Westwinde zu warten, wäre illusorisch – die wehen hier im Sommer selten. Es ist kein Zufall, dass sich in der Straße von Gibraltar mit dem spanischen Ort Tarifa das Mekka der europäischen Starkwind-Surferszene befindet.

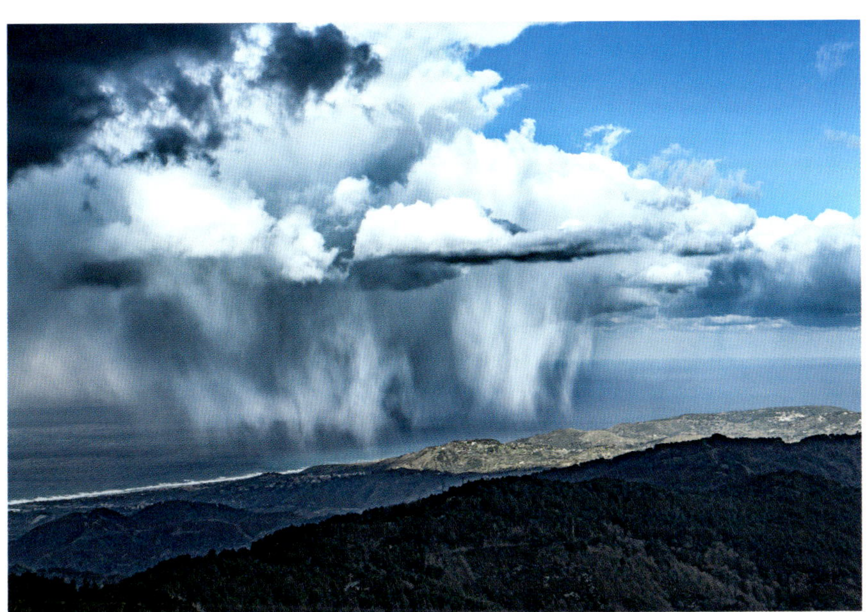

Gegen Ende des Sommers ist das Wasser des Mittelmeers noch relativ warm. Strömt eine kühle Luftmasse heran, wird sie über dem Wasser rasch labilisiert. So steigt das Schauer- und Gewitterrisiko über See im Laufe der Nachsaison.

Der Levanter wird von trocken-freundlicher Witterung begleitet, allerdings ist es sehr diesig.

Ursache ist der Düseneffekt (S. 82) zwischen den nahen Küstengebirgen Spaniens und Marokkos, ausgelöst durch eine Luftdruckverteilung, wie sie dort im Sommer recht häufig vorkommt, und begünstigt durch eine stabile Luftschichtung mit kühler Luft unten über dem einströmenden Atlantikwasser und wärmerer Höhenluft, die als Deckel über der Düse fungiert und ihr einen zusätzlichen Kick gibt.

Die Eigenschaften des Levanter sind:

- *Häufigkeitsstatistik (Sommer)*: 60–65 %, oft tagelang andauernd. Größte Stärke in der Segelsaison: Juli–Oktober.
- *Wind* (durchschnittlich): 4–5 Bft. aus E.
- *Wetter*: meist sonnig, dabei sehr diesig.
- *Vorzeichen*: Zunehmender Dunst; charakteristische Wolkenfahne über dem Felsen von Gibraltar (Bannerwolke).
- *Windmaximum*: Meeresstraße auf der

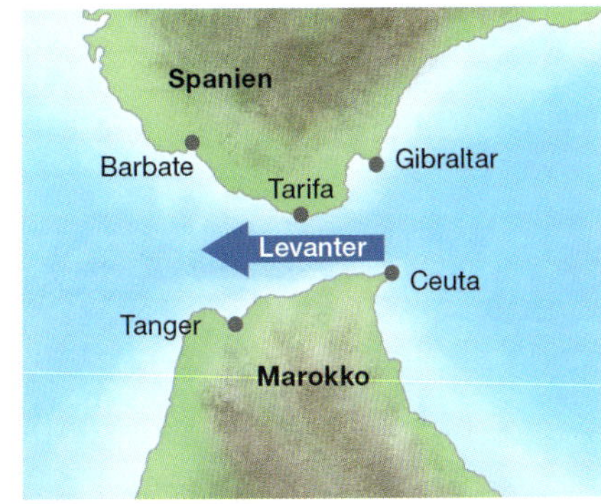

Der Levanter, ein starker Ost, macht die Straße von Gibraltar zu einem schwierigen Revier.

Höhe von Tarifa einschließlich Seegebiet 20 Seemeilen weiter westlich.

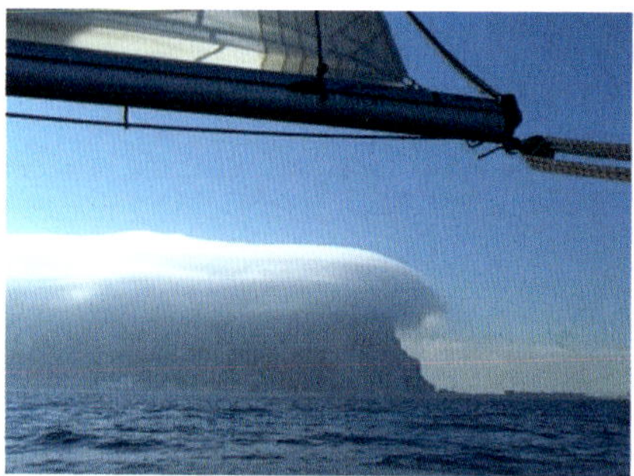

Für die einheimischen Wassersportler eine deutliche Warnung vor einem starken Levanter: Die sogenannte Bannerwolke auf dem Felsen von Gibraltar.

Mistral: Dieser starke ablandige Wind zwischen Costa Brava und Côte d'Azur hat schon so manchen Törnplan mit einer geplanten Löwengolf-Überquerung zunichte gemacht. Bei Mistral kommt man nicht mit einem Schlag von der spanischen zur südfranzösischen Küste. Spätestens auf der Höhe von Menorca packt dieser starke Nordwest das Schiff. Das Gegenankreuzen wird zur Tortur, Wind und Strömung sorgen zudem für eine erhebliche Abdrift. Alljährlich treibt der Mistral Unerfahrene in eine gefährliche Legerwallsituation vor der Westküste Korsikas oder Sardiniens.

Durchschnittlich jeden dritten Tag in der Saison baut sich ein Druckgefälle auf zwischen dem Golf von Genua, wo der Luftdruck fällt, und den Gewässern vor den Pyrenäen sowie im westlichen Löwengolf, wo der Druck steigt. Durch den Lee-Tief-Effekt im ligurischen Golf, der den Druckfall im ligurischen Meer verstärkt, konzentriert sich dieser Druckunterschied besonders im Löwengolf.

Das Resultat ist ein starker Wind aus Westnordwest bis Nordnordwest. Begleitet wird der Wind von ausgesprochen schönem Wetter mit einem tiefblauen Himmel und

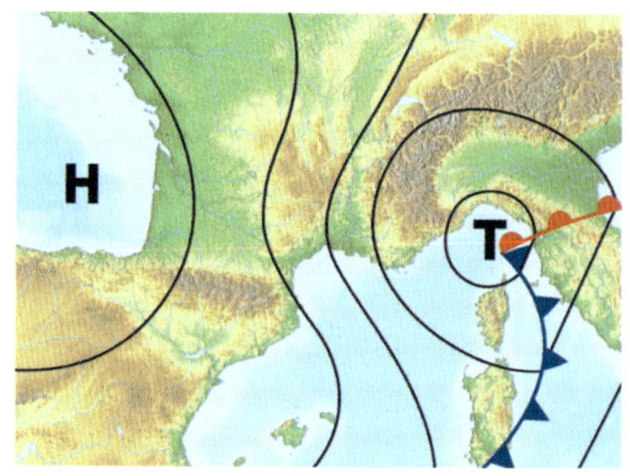

Luftdruckverteilung bei Mistral.

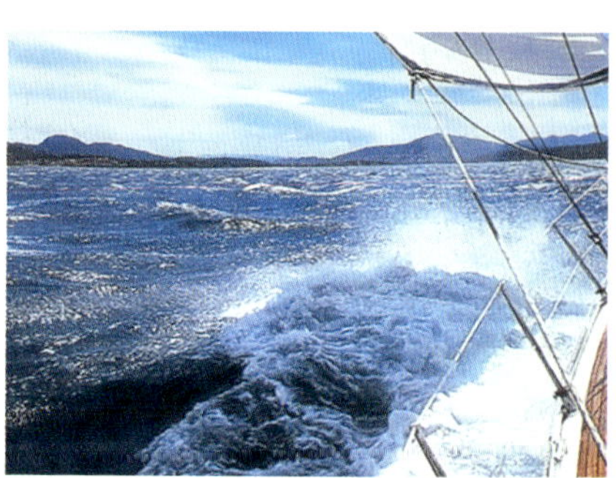

Ein starker Mistral reicht weit über den Löwengolf hinaus und bringt den Segler an manchen Küsten in eine gefährliche Legerwall-Situation, wie hier vor Sardinien.

einer berauschenden Fernsicht. Allerdings ist es empfindlich kühl, vor allem draußen auf dem Löwengolf, wo der ablandige Wind seine Wärme verloren hat und aufquellendes Tiefenwasser (Auftriebswasser) die Luftschicht zusätzlich kühlt. Bei einer ausgeprägten Mistral-Großwetterlage, die sich besonders zu Beginn und gegen Ende der Segelsaison entwickeln kann, muss mit Sturmböen gerechnet werden. Dann reicht die Starkwindzone des Mistrals auch bis in den Golf von Bonifacio zwischen Korsika und Sardinien und bis vor die Südwesthuk Sardiniens.

Die Eigenschaften des Mistrals sind:
- *Häufigkeitsstatistik* (Sommer): 30–35 %, mittlere Dauer: 2–3 Tage. Größte Stärke in der Segelsaison: Frühjahr, Herbst.
- *Wind (durchschnittlich)*: 5–7 Bft. aus WNW bis NNW, zu Beginn der Mistralwetterlage am heftigsten. Unter der Küste sehr böig.
- *Wetter*: Viel Sonnenschein in sehr klarer Luft. Kühl.
- *Luftdruckkonstellation*: Hoher Druck im Raum Biskaya/Westfrankreich/Nordspanien, tiefer Druck über Norditalien. Bei Tiefdruckkern mit abgeschlossener Isobare über Golf von Genua droht Sturm.
- *Vorzeichen*: Dunst bei auffrischenden S- bis SW-Winden (1–2 Tage vorher), an der Côte d'Azur fallender Luftdruck; Kaltfront über Frankreich, Aufzug hoher Schleierwolken.
- *Windmaximum*: Löwengolf in größerem Abstand von der Küste, bei starkem Mistral auch Straße von Bonifacio und Gewässer vor Südwesthuk Sardiniens. Starke Fallböen im Hafen von Bastia (Korsika).

Bora: Mitunter stößt Polarluft bis zum Balkan vor. Dabei hält der Riegel des Dinarischen Gebirges die Kaltluft zunächst im Zaum und verhindert als natürliche Sperre, dass die Kaltluft die Adria erreicht. Erreicht die Kaltluftmasse aber eine kritische Höhe und verschärft sich das Druckgefälle zwischen dem Kältehoch und tieferem Druck über der mittleren und südlichen Adria, stürzt sich die Kaltluft als sogenannte Bora von den Berghöhen mit Gewalt auf die Reviere der slowenisch-kroatischen Adria herab. Gefährlich kann dieser Fallwind aus Nordnordost bis Ost dem Wassersportler vor allem durch seine extreme Unberechenbarkeit werden. Die Böigkeit der Bora ist enorm, der Wind kann innerhalb von Minuten von 3 auf 7 Bft. und mehr auffrischen. Es lässt sich kaum erkennen, wann die Böen einsetzen – weder am wolkenarmen Himmel noch an der Vegetation, denn die fehlt an der Küste und auf den vorgelagerten Inseln weitgehend.
Markenzeichen der Bora ist die kristallklare Luft, die eine extreme Fernsicht bietet. Dabei ist die Luft kühler als normal. Im Sommer überwiegt der antizyk-

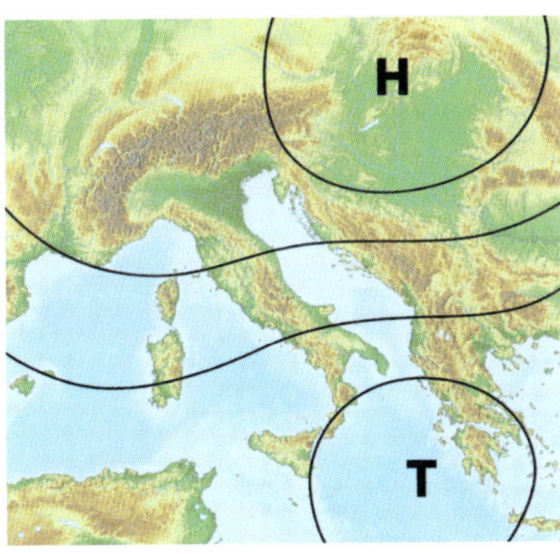

Luftdruckverteilung bei der Bora chiara.

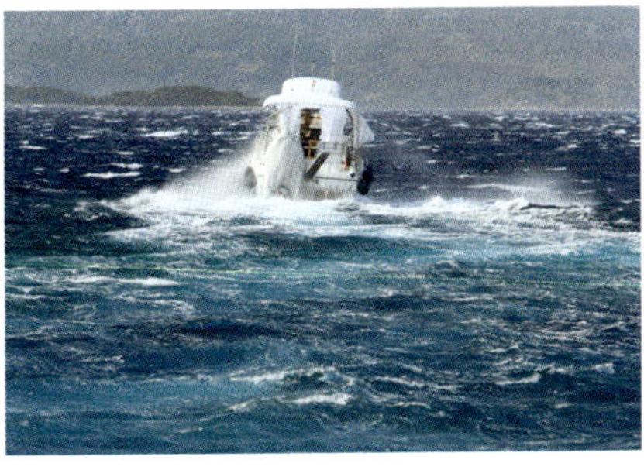
Eine Motoryacht trotzt den Sturmböen der Bora.

lonale Typ der *Bora chiara*, mit viel Sonnenschein. In Herbst und Frühjahr muss man auch mit der zyklonalen Variante *Bora scura* rechnen, bei der die Wolken überwiegen. Aber wie bei jedem Fallwind ist Regen nahezu ausgeschlossen.

Wie der Levanter unterliegt auch dieser Wind einer starken topografischen Steuerung. Die stärksten Böen können nicht dem reinen Fallwind zugeschrieben werden, sondern sind das Ergebnis einer düsenartigen Bündelung der Fallwindböen durch Quertäler im Dinarischen Küstengebirge. Die diesen Tälern vorgelagerten Gewässerabschnitte sind bei einer starken Bora absolut tabu für Segler. Kritische Ecken sind bei Bora auch die engen Passagen zwischen den Inseln. Auf vielen Eilanden haben die häufigen Bora-Ausbrüche, die mit einer enormen Verdunstung und Bodenaustrocknung einhergehen, nur einen flachen Krüppelwuchs zugelassen. Poröses Kalkgestein begünstigt ihre Austrocknung. Besonders augenfällig ist dies auf den Kornaten, die in ihrer Form den glatten Rücken von Walfischen ähneln. So kommt es, dass der Wassersportler auch in Lee dieser Inseln nicht vor den Böen der Bora geschützt ist - ganz im Gegenteil: Die glatten Leehänge wirken als Windrampe und schicken besonders heftige Böen ins Revier.

Die Eigenschaften der Bora sind:

- *Häufigkeitsstatistik* (Sommer): 15-25 %, meist 1-2 Tage andauernd, zu Beginn am heftigsten. Größte Stärke in der Segelsaison: Frühjahr, Herbst.
- *Wind*: 5-8 Bft. aus NNE bis E, besonders unter der Küste extrem böig.
- *Wetter*: Meist sonnig, dabei sehr klare Luft. Verhältnismäßig kühl.
- *Luftdruckkonstellation*: Hoher Druck über dem Balkan, tiefer Luftdruck über dem Süden Italiens oder der Adria.
- *Vorzeichen*: Manchmal Wolkenfetzen über den Gipfeln der Küstengebirge; Luftdruckanstieg nach einer Schirokkophase (s. unten). Sturmböen aus der Entfernung an Gischtfahnen erkennbar („Fumarea").

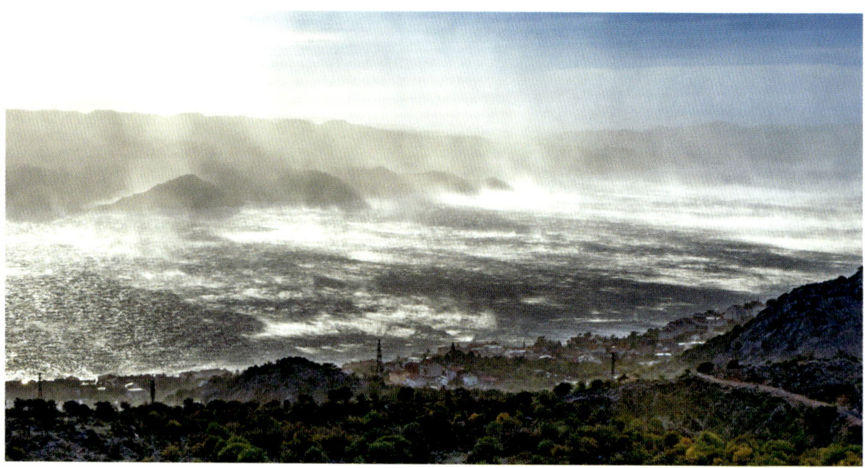

Gegen die Bora bieten die kargen Berge keinen Schutz. Die heftigsten Böen erkennt man an den Gischtstraßen (Fumarea).

- *Windmaximum (Bora-Schneisen)*: Südlicher Golf von Triest, Golf von Rijeka mit Kvarner, Svenjska Vrata, Bucht von Sibenik, Vrulje-Bucht, Nordwest-Ausgang Mljetski-Kanal.

Schirokko: Angefacht durch starke Winde am Rande eines Tiefs und gehoben durch kräftige Thermik über dem erhitzten Sand geraten über der Sahara bei bestimmten Wetterlagen tonnenweise Staubpartikel in die Atmosphäre. Zuweilen herrscht eine südliche Luftströmung im Mittelmeergebiet, die ihren Ursprung in der Wüste hat. Diese Südwinde transportieren dann den Wüstenstaub nach Norden über die Reviere des Mittelmeers hinweg. Von dieser Schirokko (ital. Scirocco)-Wetterlage ist der zentrale Mittelmeerraum besonders betroffen. Diese Wetterlage tritt im Sommerhalbjahr nicht allzu häufig auf, am ehesten zu Beginn und Ende der Wassersportsaison.

Der Schirokko ist ein Wind aus Süd bis Südost und ist in jeder Beziehung das Gegenstück zur Bora. Er fasst im Revier nur langsam Fuß und beginnt mit schwachen Wind, der erst gegen Ende der Wetterlage seine maximale Stärke erreicht, die auf freier See mit durchschnittlichen 3-4, höchstens 5 Bft. ausgesprochen moderat ist. Angenehm ist auch seine Konstanz ohne besondere Böigkeit.

Dabei ist es zunächst sonnig, im weiteren Verlauf nimmt der Dunst stark zu, und es ziehen auch einige hohe

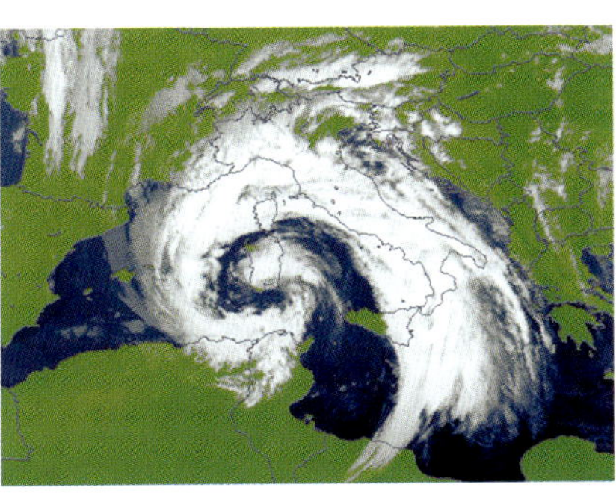

Satellitenbild einer Schirokko-Wetterlage: Ein Tief über dem westlichen Mittelmeer steuert an seiner Vorderseite feucht-warme Luftmassen in die Adria, in der Lagune von Venedig herrscht Hochwasseralarm.

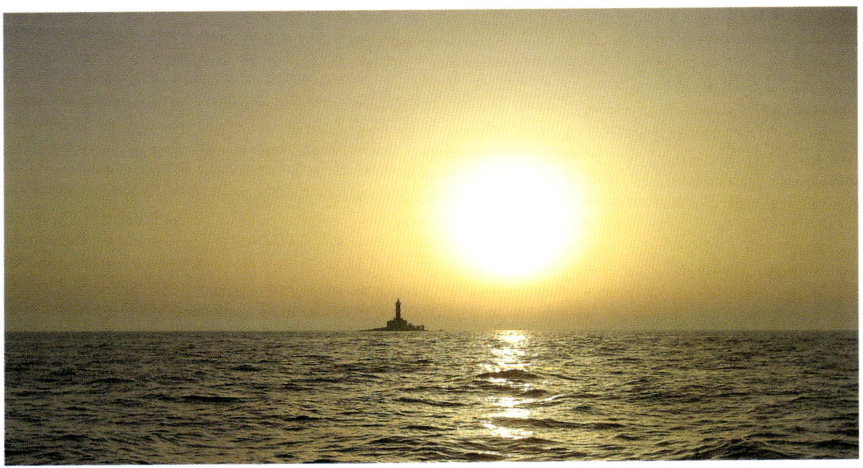

Überwiegend freundlich ist das Schirokkowetter bei anfangs schwachen, später moderaten Winden. Dabei nehmen Dunst und Schwüle Tag für Tag zu.

Wolkenfelder über den Himmel. Was den Schirokko unangenehm macht, ist zum einen die drückende Schwüle im Hochsommer und die Behinderung der Navigation durch zunehmend diesiges Wetter, denn der starke Dunst ist angereichert mit Wüstenstaub.

Zum anderen endet eine Schirokkophase oft mit der Passage einer Kaltfront, die besonders im Norden der Adria mit heftigen Gewittern verbunden sein kann. Vor der oberitalienischen Adriaküste und der südfranzösischen Küste (hier wird der Wind Marin genannt) baut sich durch den langen Windweg bei dieser Wetterlage mitunter eine hohe See auf. Wind und Seegang bringen Wassersportler an diesen Küsten in eine gefährliche Legerwallsituation, bei länger anhaltender Schirokkolage kommt die Schifffahrt durch die hoch gehende See und Hochwasser in manchen Häfen zum Erliegen. Die berüchtigten „Acqua Alta"-Ereignisse in der Lagune von Venedig, bei denen die Stadt zu weiten Teilen unter Wasser steht, werden durch mehrtägige Schirokkowetterlagen verursacht. Die Eigenschaften des Schirokko sind:

- *Häufigkeitsstatistik* (Segelsaison): 10–20 %, meist 3 Tage andauernd und gegen Ende der Wetterlage am stärksten. Größte Stärke in der Segelsaison: Frühjahr, Herbst.
- *Wind*: 3–4, mitunter 5 Bft. aus S bis SE.
- *Wetter*: Anfangs sonnig, später einige hohe Wolkenfelder und zunehmender Dunst, schließlich extrem diesig. Gegen Ende Gewitter möglich. Im Sommer sehr schwül.
- *Luftdruckkonstellation*: Tiefer Druck im westlichen und hoher Druck im östlichen Mittelmeer.
- *Vorzeichen*: Fallender Luftdruck, zunehmend Morgentau an Deck, anwachsende Dünung aus Süd.
- *Windmaximum*: Gegen Ende der Schirokko-Periode ausgeprägte lokale topografische Effekte (z. B. Düsenwirkung in Straße von Messina: 6–8 Bft.; Leitplankeneffekt in der Adria vor der Halbinsel Gargano: 5–6 Bft.). Beendigung der Wetterlage durch Gewitterfront mit Sturmböen aus W bis NW möglich.

Meltemi: Es gibt ein Seegebiet im Mittelmeer, dessen Windklima während der Segelsaison sehr von dem der übrigen mediterranen Reviere abweicht. Wassersport wird dort zu einer sportlichen Herausforderung.
Die lebhafte nördliche Luftströmung im Osten des Mittelmeers (Etesien) führt im Lee des Taurus zu einer föhnartigen Erwärmung, die den ohnehin niedrigen Luftdruck, wie er für die Levante charakteristisch ist, aus thermodynamischen Gründen am Fuße des Gebirgszuges in der türkischen Riviera weiter absenkt. An der Riviera im Windschatten des Gebirges herrschen nur schwache Winde vor, höchstens tagsüber verstärkt durch auflandige Seebrisen thermischen Ursprungs. Umso stärker konzentriert sich das Luftdruckgefälle weiter westlich in der Ägäis. Ein sehr lebhafter Sommerwind aus nördlichen Richtungen prägt dieses Revier: der Meltemi.
Im Unterschied zu den bereits besprochenen Winden weht dieser Wind nicht episodisch, sondern prägt das Windklima des Reviers in der Zeit von Juni bis September. Aufgrunddessen paust sich die entsprechende Luftdruckverteilung auch in der Sommerwetterkarte des Mittelmeers durch (S. 72). Durchschnittli-

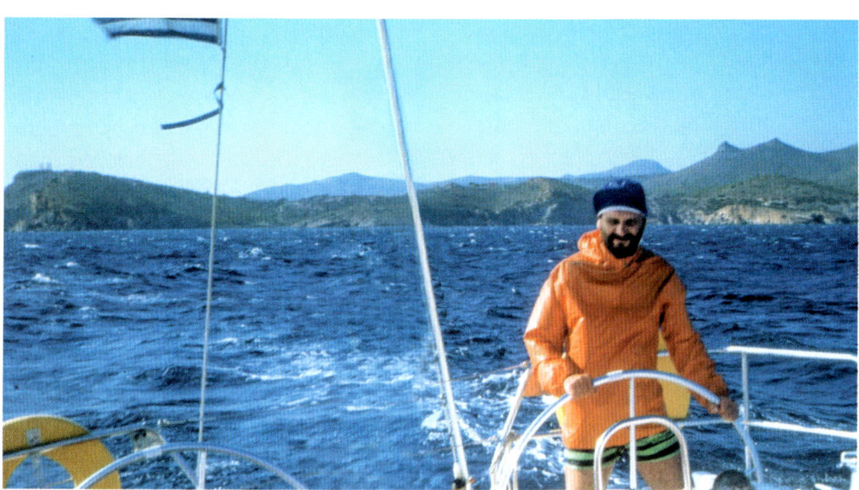

Sonnenschein und Schaumkronen prägen Himmel und See in der Ägäis während einer ausgeprägten Meltemi-Wetterlage.

che Windstärken sind 4–7 Bft., wobei es im Südostsektor des Seegebiets, im Bereich der Dodekanes-Inseln, besonders windig ist. Nicht zufällig befindet sich dort auch ein Hotspot der Starkwindsurfer, die Insel Karpathos.
Auch in der zentralen Ägäis im Gebiet der Kykladen-Inseln muss sich der Wassersportler auf einen besonders lebhaften Meltemi einstellen.
Das Wetter ist freundlich mit längerem Sonnenschein. Die Luft erscheint für die südliche Breitenlage relativ kühl, mehr als 30 Grad sind auf See selten. Die Sicht ist verhältnismäßig gut, besonders in Perioden eines lebhafteren Meltemi. Gelegentliche Südwindphasen führen im Sommer selten zu einer Wetterverschlechterung, dafür aber zu auffällig diesigem Wetter.

Um eine pünktliche Rückkehr ihrer Schiffe in diesem starkwindanfälligen Nordwindregime sicherzustellen, verpflichten manche Vercharterer in Athen ihre Kunden dazu, bereits nach einem Drittel der Zeit – sofern im Süden segelnd – wieder den nördlichen Heimathafen anzusteuern. Unerfahrene unterschätzen den Zeitverbrauch bei der Rückfahrt, denn die besteht zum größten Teil aus einem mühsamen Gegenanknüppeln gegen Wind und Wellen.

Die Eigenschaften des Meltemi sind:

- *Häufigkeitsstatistik* (Segelsaison): 80–85 %; phasenweise an- und abschwellend, meist zu Beginn am stärksten. Größte Stärke und Beständigkeit: Hochsommer.
- *Wind*: 4–7 Bft. aus NE (nördliche und südwestliche Ägäis), N (zentrale Ägäis), NW (südliche und südöstliche Ägäis).
- *Wetter*: Sonnig.
- *Luftdruckkonstellation*: Tiefer Druck über dem östlichen Mittelmeer mit Levante, hoher Druck im zentralen und westlichen Mittelmeer oder über dem Balkan
- *Vorzeichen einer starken Meltemi-Episode*: Felder hoher Schäfchenwolken,

mitunter nächtliches Wetterleuchten im nördlichen Himmelsquadranten (vor allem Frühjahr und Herbst), Sichtbesserung und steigender Luftdruck
- *Windmaximum (Meltemi-Schneisen)*: Durchfahrt zwischen Euböa und Andros, Südseiten kahler Kykladeninseln (Fallwinde!), Meerenge zwischen Paros und Naxos, Meerenge zwischen Ikaria und Samos bis Phournoi-Archipel, Nordküste von Amorgos, Westküste von Karpathos.

2.5 Der Wind an Küsten und auf Seen

Segler, Surfer und Motorbootfahrer finden sich vor allem in der Nähe von Küsten und Inseln, auch auf Binnenseen tummeln sich viele Wassersportler. Hier sind die Windverhältnisse komplizierter als draußen auf See fernab des Landes. Denn die Landflächen üben einen zum Teil erheblichen Einfluss auf die Luftströmung im Revier aus.
Dabei unterscheidet man zum einen zwischen *Einflüssen der Topografie*, die mechanischer Art sind, von Form und Höhe des Landes abhängen und erst durch lebhafte Winde so richtig in Gang kommen. Zum anderen kann Wind durch die unterschiedliche Erwärmung von Land, Wasser, Berg und Tal erzeugt werden: Daraus resultieren sogenannte *thermische Brisen*, die sich vor allem bei windschwachen Schönwetterlagen bilden.

Einflüsse der Topografie auf den Wind im Revier

Besonders bekannt oder besser berüchtigt ist der *Düseneffekt (Venturi-Effekt, Trichtereffekt)*. Nach dem physikalischen Gesetz von Giovanni Venturi verhält sich die Fließgeschwindigkeit einer Rohrströmung umgekehrt proportional zum Rohrquerschnitt. Mit anderen Worten: Die Geschwindigkeit ist an den Engstellen am größten. Dies wird an Land zum Beispiel in Häuserschluchten spürbar, die Winden in Richtung der Straßenführung einen mächtigen Schub verleihen. Noch stärker ist der Düseneffekt in Tunneln oder unter Brücken, wo der Luftstrom auch nach oben begrenzt ist und auf diese Art noch stärker kanalisiert und beschleunigt wird. Auf Gewässern verleihen Meerengen und auf die Küste mündende Quertäler von Küstengebirgen dem Wind einen starken Schub. Unter Umständen verstärkt sich der Wind dadurch um 2–4 Bft. (verglichen mit dem unbeeinflussten Wind außerhalb der Düse). Allerdings nur, wenn die Richtung des Windes mit der Orientierung der Engstelle übereinstimmt. Schon ab 20 oder 30 Grad Abweichung greift der Düseneffekt nicht mehr – im Gegenteil: Nun sorgt Landabdeckung für eine mehr oder weniger starke Schwächung des Windes (je nach Relief und Bewuchs des Landes). Das macht den Überraschungseffekt und damit die Gefährlichkeit deutlich, die dem Düseneffekt innewohnt. So kann eine relativ kleine Änderung der Windrichtung eine ruhige Meerespassage in einen Hexenkessel verwandeln. Das Gleiche gilt für einen Binnensee in einem Talzug: Auf dem schmalen, aber sich weit von Nord nach Süd erstreckenden Tiroler Achensee herrscht zum Beispiel bei Föhn Sturmgefahr!

Die Wirksamkeit des Düseneffekts wird von zwei Faktoren beeinflusst. Der Effekt ist umso stärker, je enger die Pas-

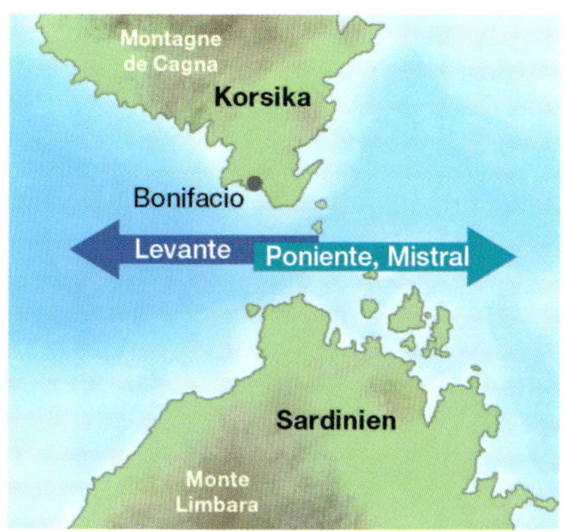

Der Düseneffekt in der Straße von Bonifacio zwischen Korsika und Sardinien. Er sorgt dafür, dass West- und Ostwinde besonders oft und lebhaft wehen, weshalb man ihnen eigene Namen verliehen hat. Auch starke Mistralausbrüche reichen bis in die Meerenge hinein, dann herrscht hier voller Sturm.

sage ist und je höher die Küste oder das Ufer an dieser Stelle sich über das Gewässer erhebt. Außerdem spielt die thermische Schichtung der Luft über dem Wasser eine Rolle: Eine verhältnismäßig warme Luftmasse über kühlem Wasser (stabile Luftschichtung) wirkt als Deckel für den Luftstrom und verstärkt wie ein Tunnel oder eine Brücke ganz erheblich den Düseneffekt. Paradebeispiel dafür ist die Straße von Gibraltar bei Ostwind (S. 75).
Dabei gilt: Von der engsten Stelle an stromabwärts, also im Delta des Trichters, erreicht die Winddüse ihre höchste Geschwindigkeit! So manche Meeresenge erweist sich für Wassersportler auf der „falschen" Seite als unüberwindbar, denn auf dieser hat er nicht nur einen starken Wind, sondern auch eine starke Strömung gegen sich. An der Eintrittsstelle der Düse dagegen weht es deutlich schwächer.

Gerade im Mittelmeer existieren eine Vielzahl kleinerer und größerer Düsen: in der Passage zwischen zwei Inseln oder zwischen einer Insel und der Küste oder dort, wo sich zwei Festlandsküsten nahekommen. Auch dort, wo ein tief eingeschnittenes Quertal das Küstengebirge verlässt und ins Meer mündet, reicht die Düse des Tals – eine lebhafte ablandige Luftströmung vorausgesetzt – oft einige Seemeilen auf das Meer hinaus.

Im Folgenden eine Auswahl bekannter Winddüsen in Europa:

- Innerer Bristolkanal zwischen England und Wales bei SW- und NE-Wind
- Solent zwischen Isle of Wight und England bei W- und E-Wind
- Dänische Belte und Sund bei N- und S-Wind
- Fehmarnbelt zwischen den Inseln Fehmarn und Lolland bei W- und E-Wind
- Kalmarsund zwischen Insel Öland und schwedischem Festland bei N- bis NE-Wind und S- bis SW-Wind
- Südwestecke des Genfer Sees bei NE-Wind („Bise")
- Achensee in Tirol bei S-Wind („Föhn")
- Gardasee in Südtirol bei N-Wind („Vento")
- Straße von Gibraltar bei W-Wind („Poniente") und ganz besonders bei E-Wind („Levanter")
- Straße von Bonifacio bei E-Wind („Levante") und ganz besonders bei W-Wind („Mistral")
- Straße von Messina bei N- bis NE-Wind („Tramontana") und ganz besonders bei S- bis SW-Wind („Schirokko")
- Viele Passagen zwischen Inseln oder zwischen Inseln und Festland in der kroatischen Adria bei N- bis NE-Wind („Bora"), z. B. im Kvarner-Golf

zwischen Festland und der Insel Cres, zwischen den Inseln Cres und Krk, zwischen der Insel Rab und Festland auf Höhe von Jablanac
- Cetina-Pforte bei Omiš
- Einige Passagen zwischen Inseln in der Ägäis bei N- („Meltemi") und S-Wind (z. B. zwischen den Kykladen-Inseln Paros und Naxos und im Doro-Kanal zwischen Euböa und Andros)
- Passagen zwischen einigen Kanareninseln, zum Beispiel zwischen Teneriffa und Gran Canaria bei NE-Wind

Verwandt mit dem Düseneffekt sind der *Kapeffekt*, der *Eckeneffekt* und der *Leitplankeneffekt (Führungseffekt)*. Man kann diese auch als einseitigen Düseneffekt ansehen: Eine Luftströmung trifft schräg auf ein topografisches Hindernis, was unmittelbar vor dem Hindernis zu einer Ablenkung der Stromlinien in eine Hindernis-parallele Richtung bei gleichzeitiger Beschleunigung der Strömung (meist um 1-3 Bft.) führt.

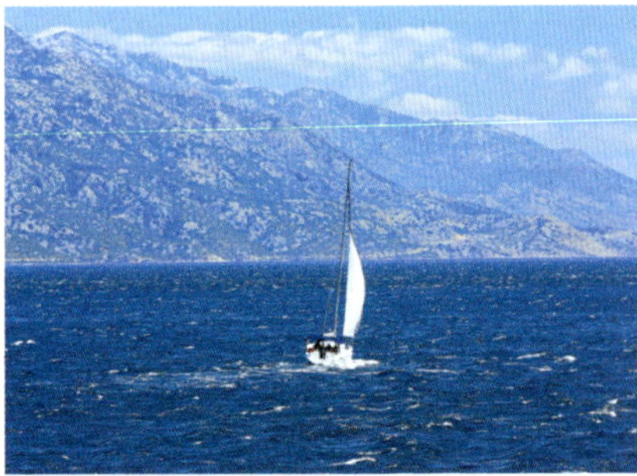

Weht der Wind schräg auf eine Steilküste zu, entsteht hier durch den Leitplankeneffekt eine Starkwindzone.

Dabei gilt: Die Windverstärkung ist umso ausgeprägter, je spitzer der Windwinkel zur Orientierung des Hindernisses ist, je höher das Hindernis aufragt (Kapeffekt stärker als Eckeneffekt, stärkere Düse vor Steilküste als vor Flachküste) und je glatter und unstrukturierter das Hindernis ist. Wie beim Düseneffekt wirken diese Effekte besonders stark bei einer stabilen Luftschichtung.

Wie beim Düseneffekt ist dieser Effekt auch noch stromabwärts zu spüren.

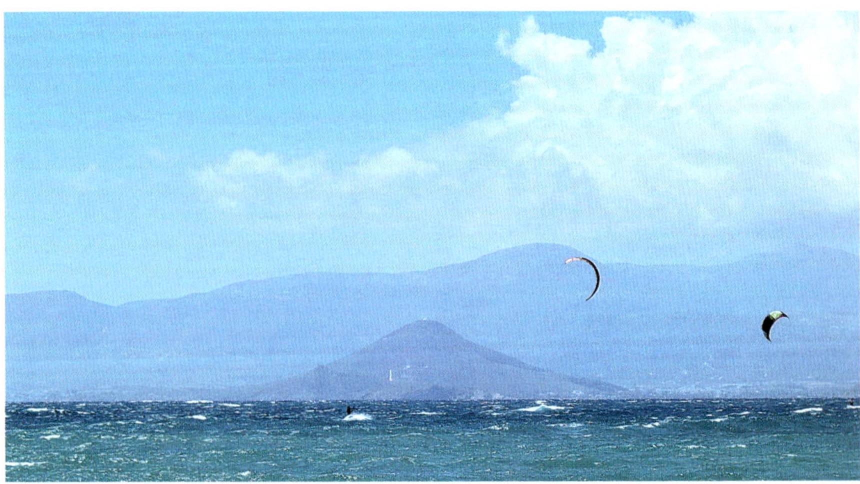

Bei lebhaften Nord- oder Südwinden herrscht in der schmalen Passage zwischen den Kykladen-Inseln Paros und Naxos oft Starkwind oder Sturm.

Im Folgenden für Europa eine Auswahl von Beispielen für von Kap-, Ecken- und Leitplankeneffekten betroffene Gewässer. Sie ließe sich besonders bei gebirgigen und stark gegliederten Küsten, wie es sie vielerorts im Bereich der Kanaren und im Mittelmeerraum gibt, beliebig erweitern (Bei Kap- und Eckeneffekten keine Angabe der Strömungsrichtung, da diese bei den verschiedensten Anströmungsrichtungen wirksam werden können):

- Westküste Helgolands bei NW- Wind und S-Wind
- Nordhuk Bornholms
- Nordosthuk Rügens zwischen Kap Arkona und Bakenberg bei NE-Wind und W-NW-Wind
- Bayerische Alpenvorlandseen bei W- bis WNW-Wind
- Nordküste von Mallorca bei N- bis NE-Wind und W-SW-Wind
- Kap Creus und Kap Béar (nördliche Costa Brava bzw. Roussillon-Küste)

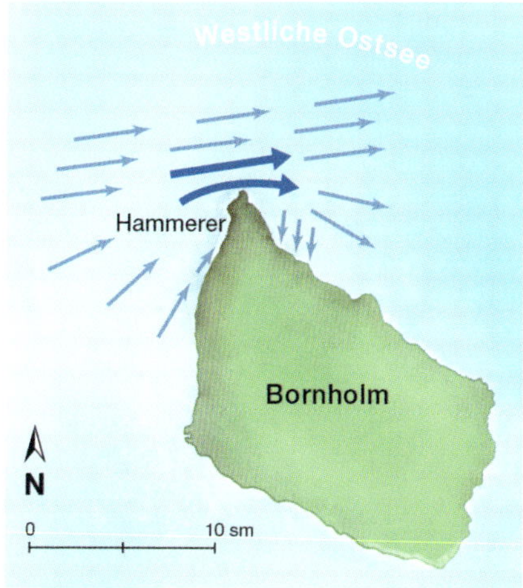

Der Kap- und Eckeneffekt bei Bornholm. Dem Segler auf Westkurs, der die Insel im Norden passieren will, empfiehlt sich ein großer Sicherheitsabstand zur Nordhuk.

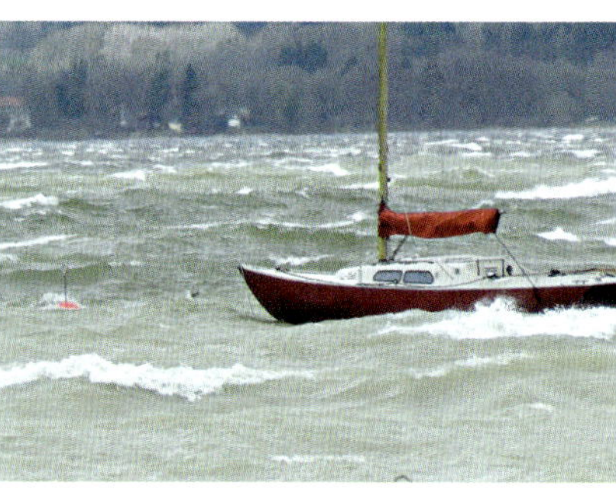

Dem Ammersee bringt der alpine Leitplankeneffekt mitunter stürmisches Wetter.

- Kap Couronne und Kap Camarat (Provence-Küste)
- Kap Corse (Nordhuk Korsikas)
- Genua bis Viareggio bei W- bis NW-Wind und S-SE-Wind
- Nordosthuk Siziliens
- Kap Kamenjak (Südspitze Istriens, nördliche Adria)
- Halbinsel Gargano (südliche Adria)
- Ostküste der Adria südlich von Split bei S- bis SE-Wind („Schirokko") und N-NW-Wind
- Südliche Huks des Peleponnes und der Chalkidiki-Halbinsel
- Nordküste der Kykladen-Insel Amorgos bei N- bis NE-Wind („Meltemi")
- Kap Anamur (türkische Riviera)
- Kanaren: Huks der Inseln, die in den NE-Passat hineinragen, wie z. B. Südkaps von La Palma und El Hierro
- Streckenweise Südostküste Teneriffas

Durch die erhöhte Bodenreibung ist der Wind über Land schwächer. Diese Windschwächung reicht bei ablandigen Winden noch ein ganzes Stück auf See hinaus. Die Windschwächungszone wird *Landabdeckung* genannt, bei Schwächung bis hin zu Windstille spricht man vom Flautenkegel.

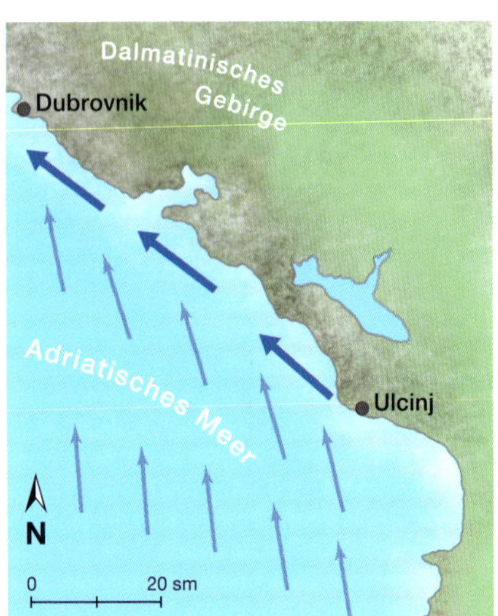

Bei Schirokko in der südlichen Adria sorgt der Leitplankeneffekt vor dem süddalmatinisch-albanischen Gebirgszug für stark auffrischende Winde in den Küstengewässern.

Auch auf Binnenseen weht der Wind umso schwächer, je näher man dem (in Luv gelegenen) Ufer kommt. Häfen an Küsten und auch auf Seen findet man oft in der „Geborgenheit" großer Buchten oder an Küsten- bzw. Uferabschnitten mit vorherrschend ablandigen Winden.
Bei sehr lebhaften Winden sucht der Wassersportler die Landabdeckung. Der Wermutstropfen ist aber eine erhöhte Böigkeit des Windes, ein Markenzeichen des Abdeckungseffekts. Besonders böig ist der ablandige Wind, wo das Land nicht falch, sondern in Täler und Hügel gegliedert ist, zum Beispiel in der Eckernförder Bucht oder der Kieler Förde. Noch stärker sind die ablandigen Böen bei sonniger Witterung (Sonnenböigkeit), weil die Thermik über Land die Turbulenz verstärkt. Der Landschutz verkehrt sich unter Umständen ins Gegenteil, und man erlebt die heftigsten Böen sogar dicht unter Land. Ein berüchtigtes Beispiel sind die Leeseiten so mancher kroatischen Kornateninsel bei Bora (S. 77).
Die Windschwächung in Lee des Landes ist umso stärker, je höher das Land aufragt und je stabiler die thermische Schichtung der Luft ist. Im Flautenkegel unter Steilküsten kann es sogar zur Windumkehr kommen (Leewirbel). Die Leewirbel hoch aufragender Kaps sind wegen ihrer extremen Unberechenbarkeit in Richtung und Stärke gefürchtet.

Bei stabiler Schichtung (warme Luft über kaltem Wasser) und an einer Steilküste kann die Landabdeckung weit mehr als das 30-Fache der Höhe der Küste betragen.

Während Segler und Windsurfer in dieser Situation zu „verhungern" drohen, fängt der Drachen des Kiters, sofern es sich nicht um eine gebirgige Küste oder Steilküste handelt, oft noch genug Wind ein. Denn mit zunehmender Höhe nimmt der Abdeckungseffekt ab.

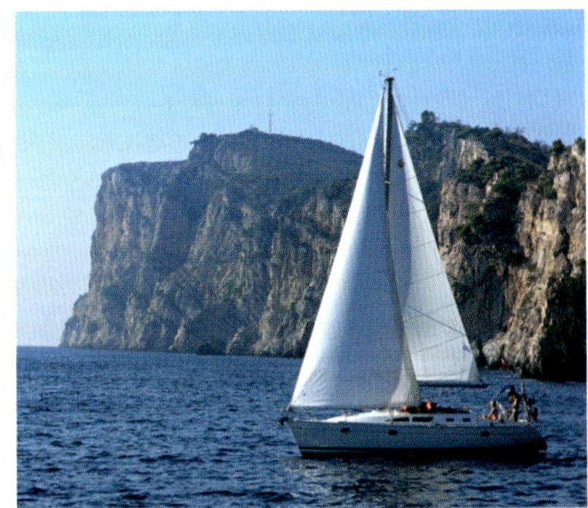

In Lee von Kaps und Steilküsten ist der Wind extrem unberechnbar. Mit plötzlichen Böen und Winddrehern ist zu rechnen!

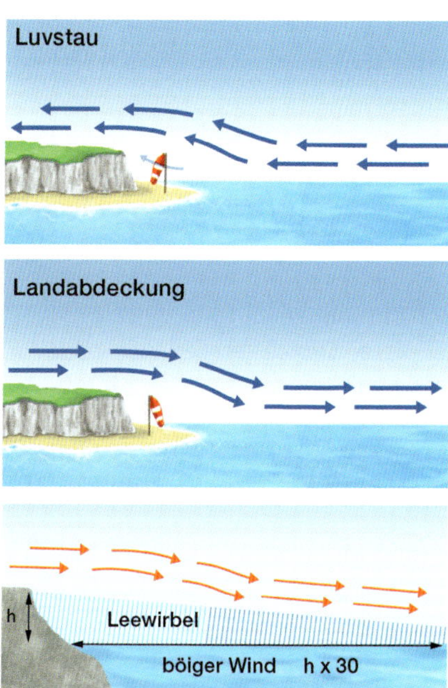

Luvstau und Landabdeckung. Der Abdeckungsbereich mit Flauten, Leewirbel und sehr böigem Wind erfasst eine Küstenzone in einer Breite bis zum 30-Fachen der Hindernishöhe.

Scheinbar paradox, aber wahr: In Luv einer Küste kommt es bei Frontalanströmung ebenfalls zu einer Schwächung des Windes. Dieses *Luvstau* genannte Phänomen dämpft den Wind mit Ausnahme von Steilküsten und Küstengebirgen nicht so stark wie die Landabdeckung in Lee. Auch ist die Ausdehnung nicht so groß und es fehlt die ausgeprägte Böigkeit. Hier bei Starkwind oder Sturm Schutz zu suchen, empfiehlt sich nicht, es droht eine hoch gehende, teils chaotische See (Legerwallsituation!).
Der Stau sorgt bei genügender Luftfeuchte und Hindernishöhe zu Wolkenbänken über den Bergen bis hin zu Regenfällen (Stauniederschläge, Steigungsregen). Die Seen im bayerischen Alpenvorland sind bei einer nördlichen Luftströmung deshalb kein Ziel für Wassersportler.

Werden Berge oder hoch aufragende Kaps vom Wind überströmt, ändert sich der Wind auf der Leeseite in charakteristischer Weise. Er fällt turbulent die Berge herab ins Revier und sorgt hier für ausgesprochen böiges Wetter. In unmittelbarer Nähe der Berge auch für Leewirbel mit umlaufenden oder gar gegenläufigen Winden. Der Wind wird zu einer unberechenbaren Größe: *Fallwind* heißt das Phänomen.
Besonders heftig sind die Böen, wenn die Erhebung, von der der Wind herabfällt, direkt an der Küste liegt. Das kann ein steil aufragendes Kap, ein hohes Plateau (Steilküste), eine Hügelkette oder ein Küstengebirge sein. Dann erlebt der Segler – sobald er einen Mindestabstand zum Strömungshindernis überschritten hat und damit aus seinem Windschatten heraus ist – einen extrem bockigen Wind. Das betrifft sowohl die Windstärke als auch die Richtung des Windes. Mit etwas größerer Entfernung von der Küste wird der Wind stärker, dafür nimmt seine Böigkeit ab.
Von allen bisher beschriebenen Winden ist der Fallwind der unberechenbarste für den Wassersportler. Das liegt nicht nur an seiner Sprunghaftigkeit, die Entscheidungen sowohl zur richtigen Segelstellung und Tuchfläche als auch zur Navigation stets aufs Neue in Frage stellt. Es drohen auch Patenthalsen oder Schlimmeres.
Der Fallwind ist auch kaum vorhersehbar, quasi ein Überfall aus dem Nichts. Weder Himmelsbild, Seegang noch andere Hilfsmittel wie etwa das Barometer sind als Warnzeichen nutzbar.

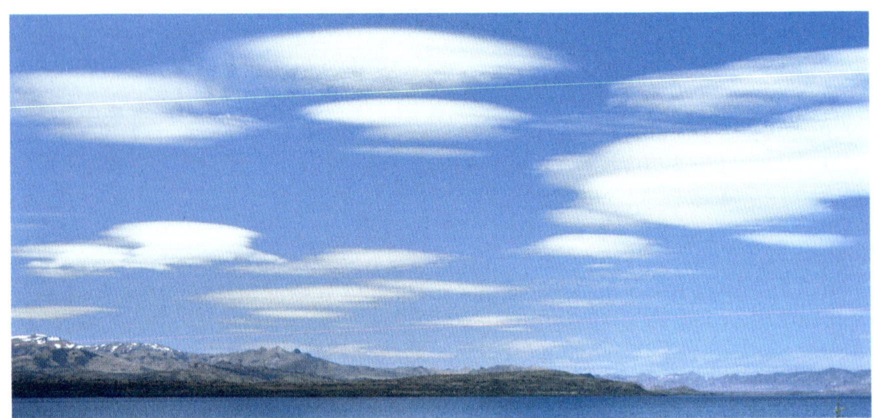

Bei einer Fallwind-Wetterlage wie dem Föhn oder der Bora zeigen sich linsenartige Wolken am Himmel (Altocumulus lenticularis).

Bestimmte Stellen werden von den besonders heftigen Fallböen oft immer wieder aufgesucht: Hier ist die aufgeraute, dunklere oder mit Schaumkronen und Gischt aufgehellte Wasseroberfläche ein wertvolles Warnzeichen (S. 137). Generell gilt: Die Böen sind umso heftiger, je

- stärker die Winde in den Kammlagen der Berge
- wärmer das Wasser und je kälter die Luft
- je steiler und glatter (unstrukturierter, unbewachsener, unbebauter) die Hänge sind.

Auf den berüchtigtsten lokalen Fallwind im Mittelmeer trifft man an der Ostseite der Nordhuk Korsikas. Hier liegt der Ort Bastia. In seinem Hafen, im Windschatten der teils über 1000 m hohen Berge, wähnt sich der unerfahrene Wassersportler in Sicherheit vor den Böen des Mistral, der in seinen starken Phasen bis in dieses Seegebiet reicht (S. 76). Doch der Hafen ist gefürchtet für seine Fallwinde bei Mistral, die auch im Sommer 100 km/h und mehr erreichen können. Der Sommerhalbjahr-Windrekord von Bastia beträgt 152 km/h, in der kühlen Jahreszeit liegen die Windspitzen sogar noch höher!

Auch die Ägäis, ein wegen des lebhaften Meltemi und der zahlreichen lokalen Winddüsen ohnehin recht anspruchsvolles Revier, fordert den Wassersportler in Lee vieler Inseln und Huks durch heftige Fallwinde heraus. Besonders auf der Süd- und Südwestseite der kahlen Kykladeninseln muss man sich auf Fallböen einstellen, die plötzlich von den Bergen herabstürzen. „Tsiknios“ nennt man den Fallwind auf der Insel Tinos.

Auch in vermeintlich windgeschützten Ankerbuchten ist man nicht sicher vor dem Fallwind. Besonders in Perioden eines lebhaften Meltemi neigt dieser dazu, in den Nächten auf der Leeseite eines Berges unterhalb der Gipfels an die sich abkühlende und die Hänge herabfließende bodennahe Luftmasse anzukoppeln. Mit großem Schwung saust dieses Luftpaket dann den Hang herab und erreicht die Bucht in Gestalt heftiger Fallböen. Ein klassisches Beispiel ist die Vathi-Bucht an der Südwestküste der Insel Sifnos.

Werden nicht nur einzelne Berge oder hoch aufragende Kaps, sondern ganze Gebirge vom Wind überströmt, verändert sich nicht nur der Wind, sondern auch das Wetter auf der Leeseite in charakteristischer Weise. Aus physikalischen Gründen bewirkt die absinkende Luft auf der Leeseite der Berge eine Abtrocknung und Erwärmung der Luftmasse, über große Strecken hinweg beträgt die Erwärmungsrate 1 Grad pro 100 Höhenmeter. Das führt zu überwiegend sonnigem Wetter. Dabei ist die Luft außergewöhnlich klar mit einer exzellenten Fernsicht. In italienischen Revieren werden solche Wettersituationen auch Tramontana („Wind von der Bergen kommend") genannt.

Die Bewegung der Luft ist in höheren Schichten wellenförmig und lässt in den Wellenbergen linsenförmige Wolken entstehen (Altocumulus lenticularis), ein Markenzeichen der Wetterlage – für den Wassersportler aber auch ein Warnzeichen vor Fallböen.

Man unterscheidet warme und kalte Fallwinde, die kalten werden auch Bora-artige und die warmen Föhn-artige Fallwinde genannt. Diese Differenzierung orientiert sich an der Temperaturempfindung im Revier. Entstehungsweise, Wind und Wettercharakter sind im Prinzip gleich.

Klassischer Vertreter eines *warmen Fallwinds* ist der *Föhn*. Er bringt am Fuße der Rocky Mountains als „Chinook" den

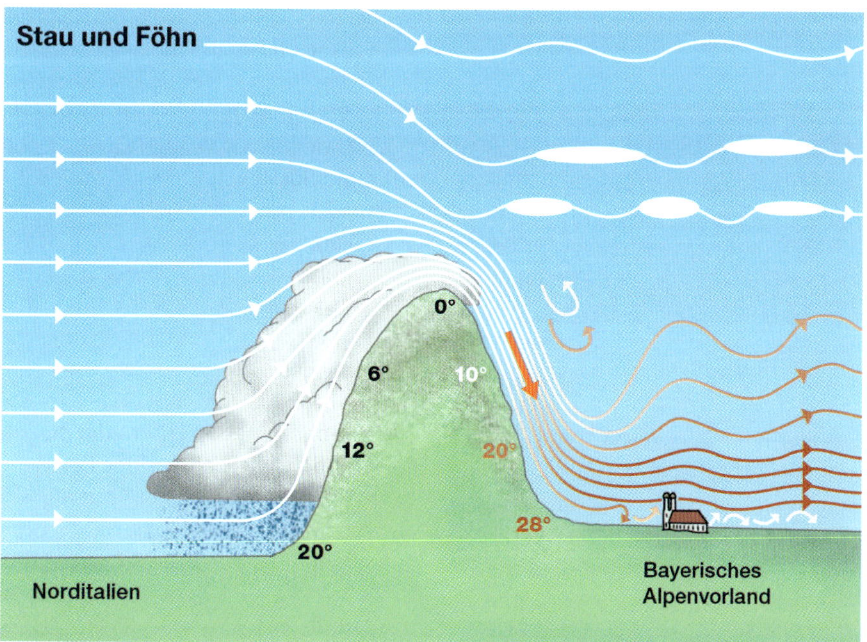

Die Phänomene Stau und Föhn am Beispiel der Alpen. Der Wermutstropfen der wetterbegünstigten Föhnseite ist der stark böige Wind.

Schnee zum Schmelzen, überrascht im Südwesten Grönlands mit einem plötzlichen Temperaturanstieg auf bis zu 20 Grad, und kann am Rande der Anden als „Zonda" die Luft auf 40 Grad und mehr anheizen.

Bei ausgeprägter Nordwestwetterlage bescheren die Skanden, die Berge Norwegens, den Revieren vom Skagerrak bis nach Rügen schönstes Wetter – dank des Föhneffekts (Skandenföhn).

Auch im Mittelmeergebiet kennt man Föhnwinde. Überhaupt kann die Abtrocknung und Erwärmung atlantischer und polarer Luftmassen bei der Überwindung der zahlreichen, das Mittelmeer umrahmenden Gebirgszüge als ein wesentlicher Faktor für die mediterrane Klimagunst angesehen werden. Im Sommer allerdings sind die Luftströmungen in diesen subtropischen Breiten oft nicht stark genug, um echten Föhn auszulösen.

Im Alpenraum und Alpenvorland kann der Föhn je nach Anströmungsrichtung überall auftreten. Viele Täler in den Alpen sind Nord-Süd-orientiert. Deshalb weht der Föhn auf den Seen nördlich des Alpenhauptkammes (Wind aus südlichen Richtungen, Südföhn) bzw. südlich des Alpenhauptkammes (Wind aus nördlichen Richtungen, Nordföhn) durch Kanalisierungs- und Düseneffekte verstärkt mitunter besonders heftig – bis hin zum Föhnsturm oder gar Föhnorkan.

Es braucht viel lokale Wetterkenntnis, um zu wissen, in welchem Seebereich man bei Föhn am besten Wassersport betreiben kann, oder ob die Föhnlage vielleicht zu gefährlich ist. Bei den Surfern ist der Rat der Einheimischen bei solchen Wetterlagen sehr gefragt.

Zu den vom Südföhn besonders betroffenen Revieren zählen:

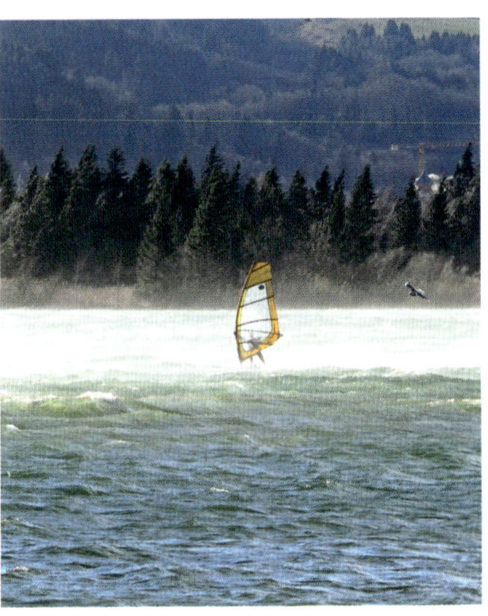

Fliegendes Wasser im Föhnsturm auf dem bayerischen Kochelsee. Manche Surfer steigen erst bei dieser Wetterlage aufs Brett.

- Südostbereich des Genfer Sees (besonders zur Rhone-Mündung hin)
- Südende des Vierwaldstätter Sees
- Ostende des Zürichsees (Obersee)
- Südostbereich des Bodensees (besonders zur Rheinmündung hin)
- Südende des Kochelsees (Oberbayern)
- Achensee (Tirol)
- Südbereich des Chiemsees (Oberbayern)
- Traunsee (Oberösterreich)

Föhnwetterlagen treten am häufigsten zu Beginn und Ende der Wassersportsaison auf.

Klassischer Vertreter eines *kalten Fallwinds* ist die *Bora* der slovenisch-kroatischen Adriaküste. Dieser Wind ist bereits ab Seite 77 ausführlich beschrieben worden. Entsprechend des Föhnprinzips herrscht auch bei einer Bora-Wetterlage meist sonniges Wetter, und die Fernsicht ist berauschend. Im Unterschied zum Südföhn der Alpen ist aber die die Hänge des dinarischen Gebirges herabfallende Luftmasse derart kalt, dass sie trotz der großen Erwärmungsrate beim Abstieg von 1 Grad pro Höhenmeter unten in der warmen Adrialuft immer noch als Kaltlufteinbruch empfunden wird. Der Abstieg wird wie beim Föhn durch ein bestimmtes Luftdruckgefälle ausgelöst, das die Gebirgsüberströmung in Gang setzt. Im Unterschied zum Föhn gibt es noch einen weiteren Geschwindigkeitsfaktor, der generell die kalten Fallwinde auszeichnet und ihnen zusätzlichen Schwung verleiht: die Kälte. Sie macht die Luft relativ schwer, und diese neigt deshalb allein schon durch ihr Gewicht dazu, sich die Hänge herabzustürzen.

Die kalte ablandige Bora treibt warmes Oberflächenwasser von der Küste weg, was durch kaltes Tiefenwasser ersetzt wird (Kaltwasserauftrieb), wodurch die Luft im Revier noch stärker abgekühlt wird.
Wie oben ausgeführt neigen kalte Fallwinde, die in deutlich wärmere Luftmassen einbrechen, zu besonders heftigen Böen. Entsprechend gefürchtet ist die Bora-Wetterlage an dieser Küste – zumal die Wassersportler, die sich an das für gewöhnlich sehr ruhige und berechenbare Windklima der Adria gewöhnt haben, kaum Erfahrung mit extrem böigem Starkwind und Sturm haben.
Die von der Bora besonders betroffenen Gewässerabschnitte sind auf Seite 79 aufgeführt. Bora-Wetterlagen treten am häufigsten zu Beginn und Ende der Wassersportsaison auf.

Eine wichtige Gesetzmäßigkeit beim Einfluss des Untergrunds auf die Luftströmung besteht darin, dass der Wind unter dem Einfluss der Bodenreibung über Land, das heißt auch im Binnenland einer Küste, geschwächt wird und dort zugleich etwas nach links gedreht ist.
Weht der großräumige Wind parallel zur Küstenlinie, wirken sich direkt unter der Küste zwei unterschiedliche Effekte auf Wind und Wetter aus – je nachdem in welcher Richtung sich der tiefere Luftdruck befindet.
Blickt man, mit dem Wind im Rücken (auf der Nordhalbkugel liegt dann der tiefere Luftdruck zur Linken), längs der Küste und hat das Land rechts und die

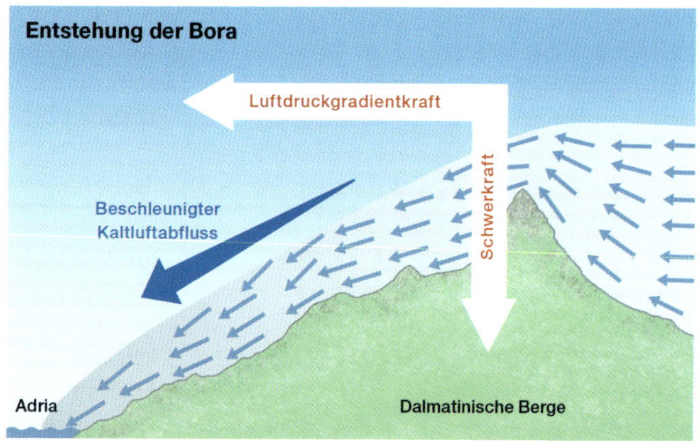

Die Entstehung eines kalten Fallwindes am Beispiel der Bora.

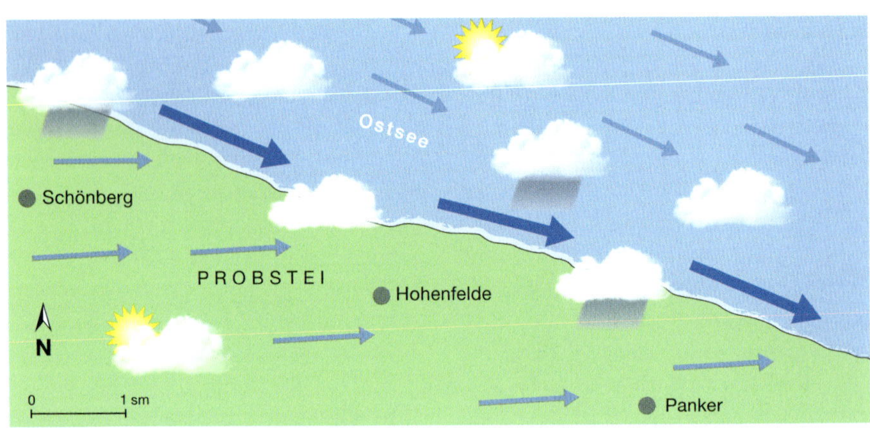

Bei Nordwestlage kommt es an der Küste östlich der Kieler Förde zum Phänomen der Küstenkonvergenz: Unmittelbar an der Küste gibt es mehr Wind und Wolken als draußen auf freier See.

See links, laufen in diesem Fall die Strömungslinien des Windes über den Küstengewässern zusammen (Konfluenz): Der Wind weht unter der Küste deshalb stärker. Das Zusammenströmen begünstigt die Bildung von Wolken und ggf. auch von Schauern. Diese sogenannte *Küstenkonvergenz* lässt sich an allen Küsten beobachten.

Wer zum Beispiel von Wilhelmshaven kommend über den Jadebusen segelt und dabei Cuxhaven ansteuert, wird sich immer mehr der Ostküste der Bucht nähern. Statt schwächer zu werden, sorgt die Küstenkonvergenz dafür, dass der Wind auffrischt. Unter Umständen muss ein Reff eingebunden werden, bevor das Schiff um die Huk herum ist und unter Landabdeckung kommt. An der deutschen Ostseeküste wird dieser Effekt je nach Windrichtung ebenfalls beobachtet. Wenn der Segler bei Rückseitenwetter einer zyklonalen Westlage besonders hier unter der Küste Schauer und auch stärkere Winde als vorhergesagt erlebt, liegt es an dem Phänomen der Küstenkonvergenz. So mancher, der von See her die Küste ansteuert, wird mit Annäherung an die Küste von der zunehmend ruppigen See und den auffrischenden Winden überrascht sein. Das An- und Ablegen in den Häfen oder das Aufsuchen ruhiger Ankerplätze kann unter diesen Umständen zur Herausforderung werden.

Dieses Gesetz gilt natürlich für jeden Küstenverlauf, an der ostschwedischen Küste zum Beispiel sind es die nördlichen Winde, bei denen sowohl eine verstärkte Wolkenbildung als auch stärkere Winde an der Küste beobachtet werden.

Im umgekehrten Fall, also wenn sich das Land links und die See rechts befindet (Wind im Rücken, Nordhalbkugel), neigt die Wolkendecke an der Küste zu Auflockerungen, und der Wind wird durch das Auseinanderlaufen der Stromlinien (Diffluenz) schwächer. An der deutschen Ostseeküste wird diese *Küstendivergenz* bei Ost- bis Nordostwinden beobachtet, und an der ostschwedischen Küste zum Beispiel sorgen die Südwinde für unge-

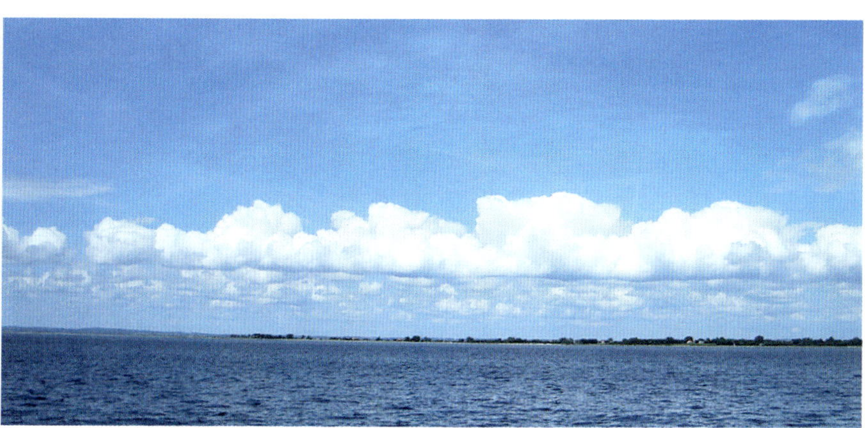

Ein Band von Cumuluswolken markiert den Verlauf der Küste bei einer Küstenkonvergenz.

wöhnlich freundliches Wetter und weniger Wind als weiter draußen auf See. Wer in dieser Situation den Hafen verlässt, neigt angesichts der Wettergunst unter der Küste dazu, Wind und Wetter weiter draußen auf See zu unterschätzen.

Einflüsse von Temperaturunterschieden auf den Wind im Revier: Thermische Winde

Schlägt ein Hochdruckgebiet seine Zelte über Mitteleuropa auf, frohlocken nur die Motorbootfahrer. Bei Seglern und Surfer ruft diese Wetterentwicklung eher gemischte Gefühle hervor. „Mit dem Hoch kommt auch die Flaute", heißt es. Doch für die Küstengewässer und die ufernahen Abschnitte großer Binnenseen trifft die Regel nicht zu. Denn dort entwickeln sich bei Hochdruckwetter spezielle Windsysteme, die von regionalen Temperaturunterschieden leben.

Die **Land-Seewind-Zirkulation.** Voraussetzung ist wolkenarmes und windschwaches Wetter, wie es sich vorzugsweise im Kernbereich von Hochdruckgebieten entwickelt. Unter diesen Umständen erwärmen sich Land und Wasser im Tagesverlauf unterschiedlich, weil ihre „spezifische Wärmekapazität" unterschiedlich ist (S. 13). Tagsüber heizt sich das Land durch die Sonne stärker auf als die See. Umgekehrt verhält es sich nachts: Dann ist es auf See milder als im Hinterland, das sich stärker abkühlt. Aus den thermischen Land/Wasser-Gegensätzen folgen aus physikalischen Gründen zwangsläufig Luftdruckgegensätze: Über dem Hinterland ist der Luftdruck relativ zur See tagsüber tief (thermisches Tief, Hitzetief) und nachts hoch (thermisches Hoch, Kältehoch). Dieses Land/Wasser-Druckgefälle ist der Motor der sogenannten Land-Seewind-Zirkulation. Man spricht auch vom Land-Seewind-System, *thermischen Küstenwinden* oder thermischen Brisen.

Diese Winde entstehen im Grenzbereich zwischen höherem und tieferem Druck und sind folglich ein Phänomen der Küstengewässer. Auf großen Binnenseen wie dem Bodensee oder dem Genfer See werden sie auch beobachtet, sie treten hier bevorzugt in der ufernahen Zone auf.

Tagsüber saugt das thermische Tief über Land die Luft vom Wasser an: Die *Seebrise (Seewind)* entsteht. In der Nacht setzt sich die kühlere Luft über Land in Richtung des milderen Wassers in Bewegung: Es weht die *Landbrise (Landwind)*. Je stärker der Temperaturgegensatz zwischen Binnenland und Gewässer, desto stärker wehen die thermischen Brisen. Eine ausgewachsene Land-Seewind-Zirkulation benötigt also eine kräftige Sonne tagsüber und klare Nächte. Das sind Bedingungen, wie man sie in idealer Ausprägung und schönster Regelmäßigkeit vor allem in den Tropen und Subtropen findet. Hier wehen die Seebrisen besonders lebhaft, durchschnittlich mit 4–6 Bft. Thermische Winde haben in diesen Breiten seit jeher den Handel zwischen Küstenorten beflügelt oder überhaupt erst ermöglicht. Heutzutage nutzen Surfer und Segler die thermischen Brisen. Und Skipper auf Langfahrt sind gut beraten, die Nähe der Küste zu suchen, wenn sich draußen auf See kaum ein Lüftchen rührt. Die thermischen Küstenwinde erlauben auf bequemem Halbwindkurs in jeder Richtung entlang der Küste voranzukommen.
In unseren hohen Breiten zeigen sich die thermischen Winde vor allem in der Zeit von Mai bis August.

Wie sieht nun ein typischer Tag mit thermischen Küstenwinden an Nord- und Ostsee aus? Die Nacht war ruhig und klar, dabei hat sich die Luft über Land stark abgekühlt. Die kühlere Landluft weht nachts und auch in den Morgenstunden als schwache Landbrise, typischerweise mit 1–2 Bft., auf das Meer hinaus. Sie macht sich zunächst unmittelbar am Ufer bemerkbar und weitet sich dann

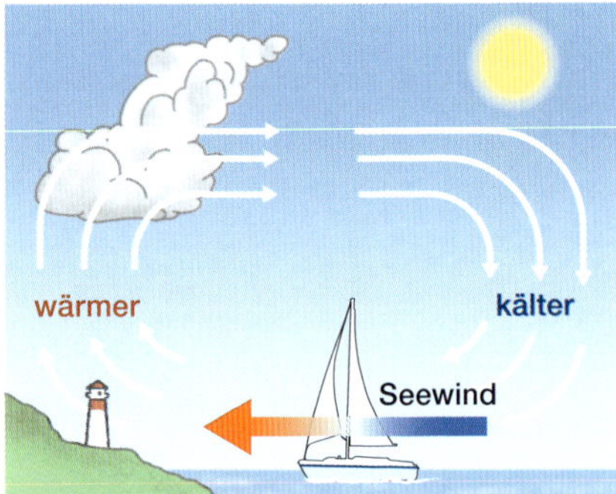

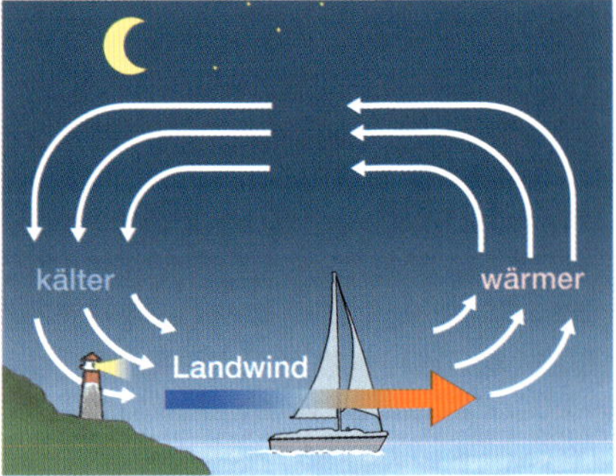

Liegt ein Hoch über dem Revier, wehen draußen auf See schwache, umlaufende Winde, während der Segler unter der Küste von der thermischen Land-Seewind-Zirkulation profitiert.

langsam in Richtung See aus. Die ablandige Luftströmung erfasst nur eine sehr flache Schicht von etwa 50–100 m, darüber weht der Wind entgegengesetzt, also von See zum Land hin. Es ist der rückkehrende Ast dieser (geschlossenen) Landwindzirkulation. Manchmal wird er sichtbar, etwa wenn sehr niedrige Wolken oder Wasserdampffahnen aus Fabrikschloten mit ihm landeinwärts driften – oft sehr zum Erstaunen des in der ablandigen Landbrise segelnden Beobachters!

Die Landbrise bleibt dem Segler und Surfer in der Regel bis zum frühen Vormittag treu. Dabei ist sie besonders in den Morgenstunden gut entwickelt, lässt

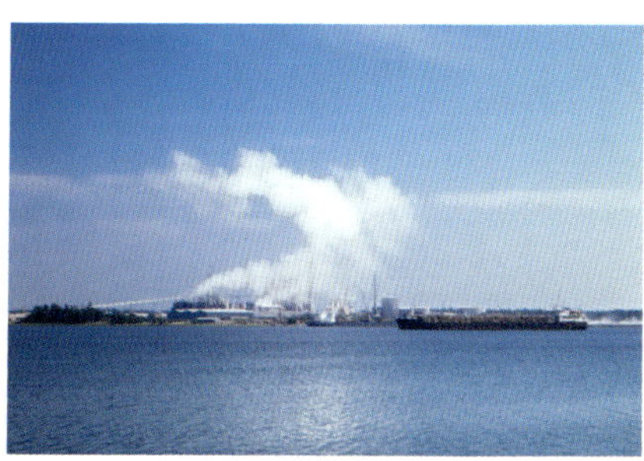

Der Landwind an diesem frühen Morgen treibt die aufsteigende Wasserdampffahne zunächst seewärts, oben wird sie vom auflandigen Ast der Landwindzirkulation wieder zum Land geführt - so entsteht der Knick in der Fahnenform.

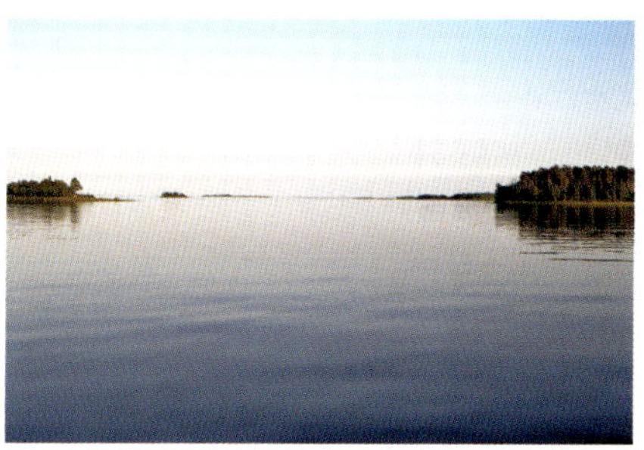

Am frühen Vormittag und abends kippt das thermische Zirkulationsssystem. Dies sind die Zeiten der Morgen- und Abendflaute.

aber den Rudergänger gehörig frösteln, da mit der Brise auch die feuchte Kälte der Landluft an die Küste getragen wird. Mitunter transportiert die Brise auch Nebelfelder auf die Küstengewässer hinaus (S. 129, 148).
Nach Sonnenaufgang erwärmt sich das Land bis zum Mittag um 10–15 Grad, während die Erwärmung des Meeres aus physikalischen Gründen nur 1–2 Grad ausmacht. Damit kehrt sich das Temperaturgefälle um, und nach einer *Flaute am frühen Vormittag* beginnt die zweite Phase im Land-Seewind-Zyklus: Die auflandige Seebrise setzt ein.

Vergleichbar dem täglichen Temperaturgang, der dem Gang der Sonne quasi hinterherhinkt, erreicht auch der am Vormittag einsetzende Seewind seine größte Stärke und Beständigkeit erst in den frühen Nachmittagsstunden. Dann weht er mit durchschnittlich 3–4 Bft.
Wie das nächtliche Landwindsystem bildet auch das Seewindsystem am Tage eine geschlossene Zirkulation aus: Über dem auflandigen Seewind weht schwach ein ablandiger Wind, der rückkehrende Zweig der Zirkulation, und verknüpft werden beide Zweige durch eine allgemein absinkende Luftströmung über See und eine aufsteigende über Land. Der aufsteigende Ast unterstützt die Thermik über Land. Deshalb beobachtet man an einem typischen Seewindtag, dass sich ab Mittag eine Ansammlung weißer Quellwolken über Land bildet.

Dank der Tendenz zu absinkender Luft tagsüber wird die Neigung zur Auflösung von Wolken über See unterstützt. Dadurch kommen die Küstengewässer samt vorgelagerter Inseln in den Genuss längeren Sonnenscheins. So erweist sich die thermische Brise für den Surfer und Küstensegler als wahrer Segen - sie legt einen Korridor aus Sonne und Wind direkt vor die Küste.
Bei sommerlichen Hitzewellen ist die Seebrise dem Küstensegler eine willkommene Abkühlung, erreicht doch die Hitze im Cockpit in der vormittäglichen Flautezeit des Wechsels vom Land- zum Seewind manchmal ein unerträgliches Ausmaß. Gelegentlich wird die Freude über den einsetzenden Seewind durch dichten Nebel getrübt, der mit dem auflandigen Wind ins Küstenrevier driftet.

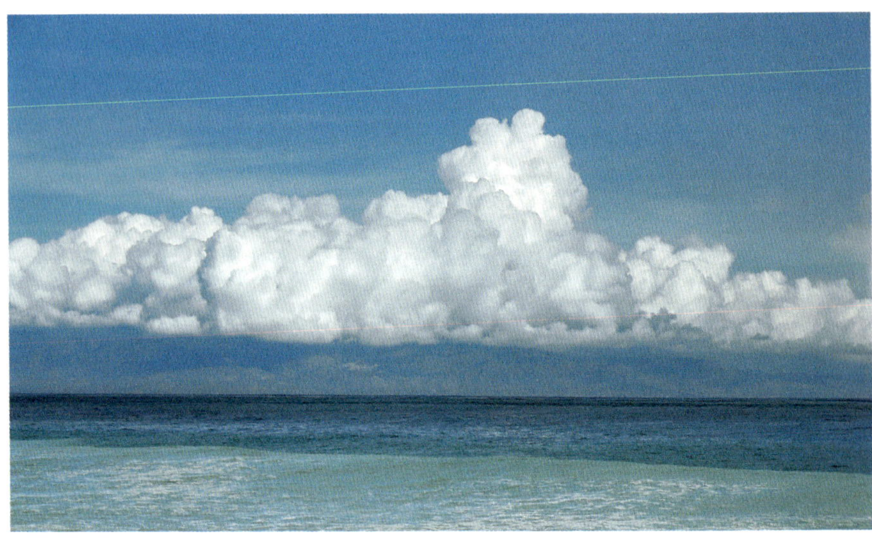

Während die thermische Seebrise weht, herrscht über See viel Sonnenschein. Der über dem Binnenland aufsteigende Ast der Zirkulation wird oft durch eine Reihe von Cumuluswolken markiert.

Das geschieht besonders an den Küsten der Nordsee in den Monaten Mai und Juni.

Die ablenkende Kraft der Erdrotation, die Corioliskraft, beeinflusst die Seebrise. Das führt im Tagesverlauf zu einer Rechtsablenkung des Windes um 50–70°, sodass die Seebrise ab dem Nachmittag nicht mehr senkrecht, sondern schräg auf die Küste trifft. So pflegt zum Beispiel der Seewind an der südholländischen Küste von West (vormittags) auf Nordnordwest (spätnachmittags) zu drehen. Diese Rechtsdrehung der Seebrise sollte der Skipper bei der Törnplanung mit einkalkulieren.

Die Seebrise weht mindestens bis Sonnenuntergang. Danach setzt die große *Abendflaute* ein. Sie dauert für gewöhnlich zwei, manchmal auch drei Stunden, bis sich die schwache Landbrise erhebt. Thermische Winde können sich prinzipiell an allen Küsten entwickeln. Sie sind dort nur schwach ausgeprägt, wo auch der Temperaturgegensatz zwischen Hinterland und Küstengewässer nur schwach ist. Das kann unterschiedliche Ursachen haben:

- Überregionale Luftströmungen (Hochdruckrandlage)
- Wolkenfelder
- Jahreszeit (Spätsommer generell geringerer Land/Wasser-Temperaturkontrast als Frühsommer)
- Trockenfallende Uferzonen (Wattgebiete) oder ein gewässerreiches Hinterland (Seen, Flüsse, Kanäle)

Steilküsten wie z. B. im Norden Rügens stören ebenfalls die Küstenwindzirkulation, und wenig Chancen für die thermische Brise bestehen auch vor schmalen Landvorsprüngen und kleinen Inseln.

Als zuverlässig gelten die thermischen Winde an Nord- und Ostsee in diesen Revieren:

- Südostenglische Küste
- Flandrisch-holländische Küste bis auf die Höhe von Amsterdam (Ausnahme: Scheldemündung)
- Jütländische Westküste zwischen Esbjerg und dem Limfjord
- Mecklenburger, Pommersche und Danziger Bucht (Westteil)
- Südschwedische Küsten (vielerorts, vor allem Hanöbucht)
- Jütländische Kattegat-Küste
- Nord- und Südostufer der Insel Seeland

Geradezu ein Markenzeichen ist die Land-Seewind-Zirkulation für viele Küstenreviere im Mittelmeer. Schon aus dem Altertum ist überliefert, dass die Fischer die nächtliche Landbrise für die Fahrt auf das offene Meer zu nutzten, in der Gewissheit, am nächsten Tag vom einsetzenden Seewind wieder sicher zurückgebracht zu werden.

Auf großen Binnenseen in Mitteleuropa werden in Ufernähe ebenfalls thermische Brisen beobachtet. Als besonders zuverlässig gelten die Schönwetter-Brisen auf dem Bodensee. Typisch für diese Wetterlage sind Quellwolken, die sich im Tagesverlauf entlang der Uferlinie aufreihen. Als besonders seewindsicher gilt der Gewässerabschnitt in der Nähe des Nordufers.

Mehr als 1–2, maximal 3 Bft. darf man von der Binnenseethermik aber nicht erwarten. Eine Ausnahme bilden die Seen in Gebirgsnähe, hier greift die Berg-Talwind-Zirkulation der Land-Seewind-Zirkulation unter die Arme.

Die Berg-Talwind-Zirkulation

Das physikalische Gesetz nach Lambert besagt, dass der Einfallswinkel der Sonnenstrahlen auf den Boden über ihre Erwärmungskraft entscheidet (S. 12). Berghänge, die zur Sonne hin exponiert sind, erwärmen sich deshalb schneller und stärker als das flache Gebirgsvorland.

Zu der stärkeren Erwärmung von Bergtälern trägt ebenfalls der Umstand bei, dass hier ein geringeres Luftvolumen zu erwärmen ist. Auch dies führt dazu, dass sich die Gebirgsluft im Talbereich bei Schönwetter schneller aufheizt als die Luft in gleicher Höhe im benachbarten Flachland. Nachts kühlt sich die Luft über den Hängen besonders stark ab und fließt, der Schwerkraft folgend, herab.

So entwickeln sich bei sommerlichen Hochdruckwetterlagen auch im Bereich der Berge thermische Zirkulationen: Nachts von Gipfellagen und höheren Berghängen ein Kaltluftabfluss, der den tiefen Tallagen zustrebt *(Bergwind)*. Tagsüber von den tiefen Tälern hangaufwärts und talaufwärts in Richtung Gipfellagen *(Talwind)*. Das Aufsteigen der Luft und ihre Konvergenz im Gipfelbereich lässt dort bevorzugt Quellwolken *(Cumuli)* entstehen, die sich bei bestimmten Wetterlagen zu Wärmegewittern weiterentwickeln können.

Im Unterschied zu vielen thermischen Küstenbrisen gibt es im Gebirge je nach Talführung Kanalisierungs- und Düseneffekte, die den Winden einen zusätzlichen Schwung verleihen, mitunter bis in den Starkwindbereich hinein. Die in die Täler eingebetteten Binnenseen sind davon ebenfalls betroffen. Dabei hat jeder See seine „eigenen" Winde, so wie jedes Tal seine eigene „Wetterküche" hat. Das gilt auch für die Alpen mit ihren Seen. Jeder Segler und Surfer auf dem Gardasee kennt den morgendlichen „Vento"

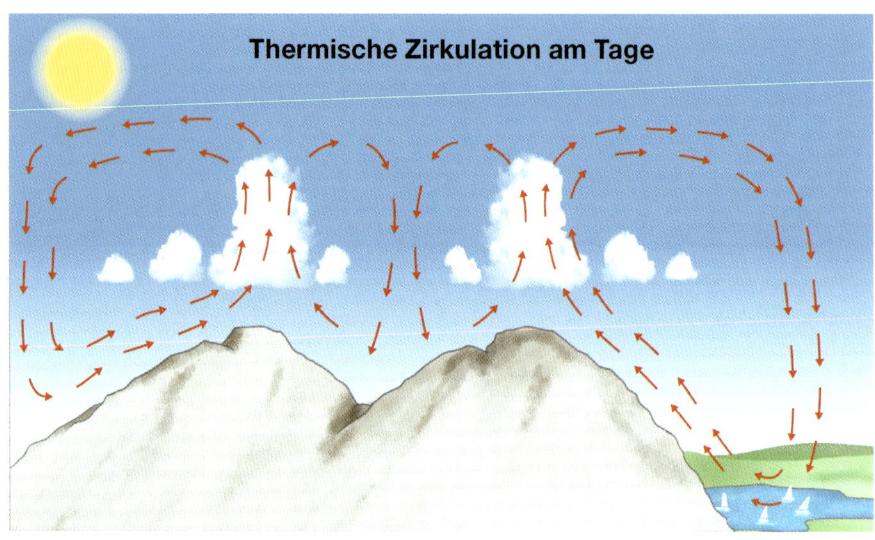

Auf den Schönwetterwind der thermischen Berg-Talwind-Zirkulation können sich die Segler und Surfer auf den Seen im Alpenvorland stets verlassen.

aus Nord und die nachmittägliche „Ora" aus Süd. Großen Respekt haben die Segler und Surfer vor dem mitunter sehr heftig wehenden „Malojawind" auf dem Schweizer Silvaplanasee.

So wie zwischen Berg und Tal, nur in viel größerem Maßstab, entwickelt sich zwischen einem Gebirge und seinem flachen Vorland bei sommerlichen Hochdruckwetterlagen ebenfalls ein thermisches Zirkulationssystem. Nachts ist der Luftdruck wegen der starken Auskühlung der Gebirgstäler über dem Gebirge relativ hoch („Kältehoch"), tagsüber tiefer als im Vorland („Hitzetief").

Auf alpennahen Binnenseen wie zum Beispiel dem Bodensee und auf dem oberbayerischem Ammersee, Starnberger See und Chiemsee kennt man das Windsystem als den *„Alpenausgleichswind"* (in der Fachsprache: *„alpines Pumpen"*), wie es hier heißt. Morgens weht es von den Alpen her schwach aus südlichen Richtungen, im Tagesverlauf dreht der Wind auf Nord bis Nordost und frischt langsam bis zum Nachmittag auf 3–4 Bft. auf. Bei Hochdrucklagen, bei denen auf anderen Seen fern der Alpen kein Lüftchen die Segel füllt, kann sich der Wassersportler im Alpenvorland auf den thermischen Wind verlassen.

An vielen Küsten im Mittelmeerraum ragen im Hinterland Berge oder ganze Gebirge auf. Hier koppelt oft die Land-Seewind-Zirkulation an die Berg-Talwind-Zirkulation an. Tagsüber zieht der auflandige Seewind mit den den Hängen zustrebenden Winden des Gebirgsvorlands an einem Strang. Die Allianz beider Windsysteme ist ein wesentlicher Grund für die besondere Stärke und Zuverlässigkeit der thermischen Winde in

den Küstengewässern rund ums MIttelmeer.
Sehr zuverlässig sind die thermischen Winde vor allem an der spanischen Küste, an der ligurischen Küste im Golf von Genua und in den Gewässern der türkischen Riviera. Hier erreicht der Seewind mitunter 5 Bft. Örtlich trägt die thermische Brise Eigennamen. An der ostspanischen Küste heißt sie „Levante“, an der französischen Riviera, im Osten der Côte d'Azur, nennt man den hier aus südlichen Richtungen wehenden Seewind „Brises solaires“, und an der ansonsten windarmen türkischen Riviera warten die Segler und Surfer sehnsüchtig auf den „Imbat“.

Örtlich weht auch der Landwind recht lebhaft, und zwar dort, wo die Berge schneebedeckt sind. Auf der Höhe von Taleinschnitten und Flussmündungen schafft es dann sogar eine Landbrise vorübergehend auf 3-4 Bft. Das ist naturgemäß im Frühling eher der Fall als gegen Ende der Saison.

Herrscht zugleich eine großräumige Luftströmung, überlagern sich thermischer Wind und großräumiger Wind. Je nach Richtung der beiden Strömungen bedeutet das eine Ablenkung, Schwächung oder - wenn sie „am selben Strang“ ziehen - eine Verstärkung des Windes an der Küste. So weht der ablandige Schönwetter-Mistral an der Löwengolfküste (S. 76) nachts und morgens stärker als in der warmen Tageszeit, wenn der thermische Seebriseneffekt ihm entgegenwirkt.

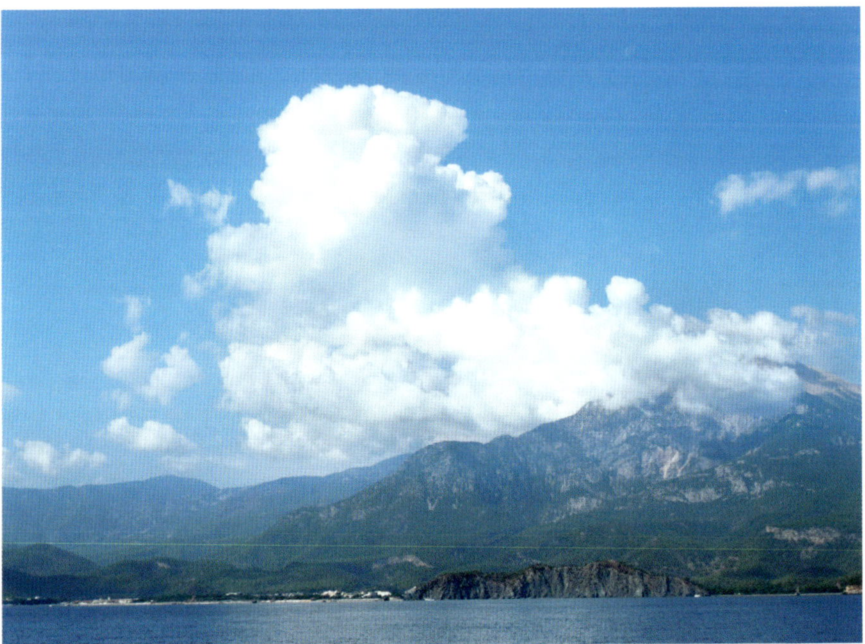

Besonders zuverlässig sind die Seewinde im Mittelmeerraum, wo sie an vielen Küsten an die thermischen Winde von Gebirgen an der Küste andocken können - wie hier an der türkischen Riviera bei Kalkan.

3. Gefahrenwetterlagen

3.1 Stürme

West- und Mitteleuropa. Mit Starkwind und Sturm muss man in unseren Breiten auch in der wärmeren Jahreszeit rechnen. Abgesehen von lokalen, kurzzeitigen Windgefahren gibt es Wetterlagen, die den heimischen Revieren in größerer Ausdehnung und über Stunden hinweg schweres Wetter bringen können. Das sind zum einen Gewitterstörungen, die in Verbindung mit Tiefs und ihren Ausläufern aus Südwesten heranziehen. Auf die Gewitter wird ab S. 112 näher eingegangen. Die zweite bedeutende Wettergefahr sind Sturmtiefs. Die meisten von ihnen stammen vom Atlantik und treten während der Großwetterlage „zyklonale Westlage" oder „zyklonale Nordwestlage" auf (S. 63-66).
Sommerliche Sturmtiefs sind gefährlich. Nicht nur durch hohe Windgeschwindigkeiten, sondern auch durch ihren Überraschungseffekt. Ab Mitte September pflegt der Wassersportler empfindlich auf Wetteränderungen zu reagieren, und so mancher steuert schon aus Prinzip und schlechter Erfahrung vor jedem sich nähernden Atlantiktief den nächsten Schutzhafen an. Oder er geht erst gar nicht aufs Wasser. Ein starkes atlantisches Tief, das sich im Hochsommer den Revieren nähert, wird dagegen oft unterschätzt – nach dem Motto: dass nicht sein kann, was nicht sein darf.
Dabei gibt es genug abschreckende Beispiele. Eine nicht enden wollende Serie von Sturmtiefs in den Sommermonaten des Jahres 1588 wurde der spanischen Armada auf ihrem Weg in die Gewässer der Engländer zum Verhängnis. 4000 Seeleute ließen ihr Leben. Die Stürme schickten mehr Schiffe auf Grund als die nachfolgenden Seegefechte mit den Engländern. Die berühmte Traditionsregatta Fastnet-Race fand im August 1979 südlich von Irland ein vorzeitiges Ende. Das Orkantief traf ohne Vorwarnung ein und wütete im Regattahauptfeld mit furchtbarer Gewalt. Zahlreiche Yachten trieben bei schwerem Sturm und 6-m-Wellen vor Topp und Takel, fünf Yachten gingen unter, und 15 Segler verloren ihr Leben. Der „Wendtorf"-Sturm im August 1989 suchte Schleswig-Holstein und die deutsche Ostseeküste mit Böen bis zu 140 km/h heim – 100 Schiffe wurden zerstört, 76 sanken. Sogar im Supersommer 2018, in dem an Hochdruckgebieten kein Mangel herrschte, kam es mitunter zu Tiefdruckepisoden mit Sturm an deutschen Küsten. So am 10. August, als Tief „Oriana" mit Böenspitzen von 80–110 km/h die Gewässer von der Deutschen Bucht bis zur schleswig-holsteinischen Ostseeküste aufwühlte.

Der *Motor der Sturmtiefentwicklung* ist der Temperaturgegensatz zwischen subtropischen und polaren Luftmassen in der Nähe von Fronten oder jungen Tiefs. Dabei gilt: Feuchte Luft hat einen größeren Energiegehalt als trockene Luft, und über Wasserflächen können sich Zyklonen aufgrund des minimalen Reibungseinflusses rascher und intensiver entwickeln als über Land. Aus diesen Gründen sind Ozeane die potenziellen Brutstätten von Sturmtiefs.

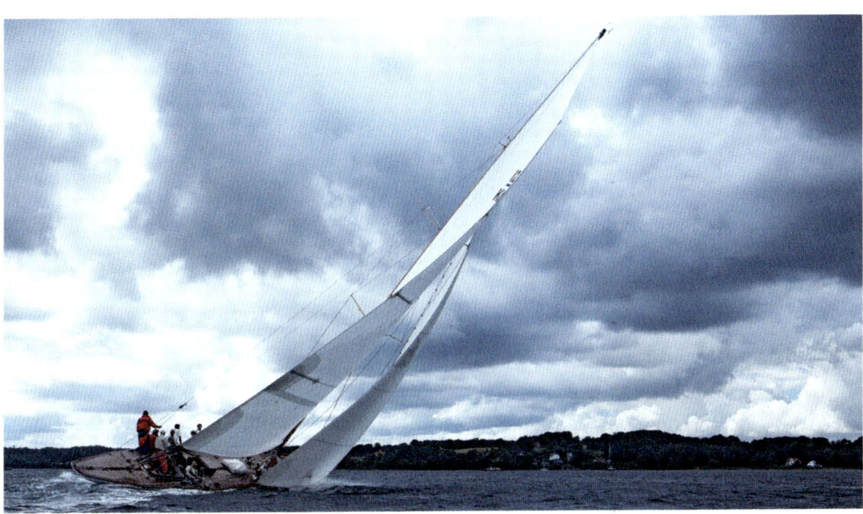

An Nord- und Ostsee ist der Wassersportler auch im Sommer vor Sturmtiefs nicht sicher, wie hier in der Flensburger Förde.

Da unsere Reviere in der Westwindzone liegen, ist der Atlantik unsere „Wetterküche". Die meisten heranziehenden Sturmtiefs verlieren viel von ihrer Energie, wenn sie mit Land in Kontakt kommen. Davon profitieren durch ihre Landumrahmung auch weite Teile der Ostsee. Deshalb ist der Wassersportler in den atlantischen Revieren einschließlich der Nordsee generell einem größeren sommerlichen Sturmrisiko ausgesetzt als auf den Binnenrevieren und der Ostsee.

Da die Temperaturunterschiede zwischen polaren und subtropischen Breiten im Sommer relativ gering sind, haben Atlantiktiefs im Sommer ein schwächeres Druckgefälle und ziehen langsamer gen Osten. So ist unser Sommerwetter trotz der Wechselhaftigkeit etwas beständiger und sturmärmer als im Winter. Eine Zwischenhochphase hat im Winterhalbjahr selten länger als 24 Stunden Bestand, während Segler und Surfer im Sommer oft ein ganzes Wochenende lang auf sie setzen können.

Prinzipielle Unterschiede zwischen Sommer- und Winterstürmen in unseren Revieren gibt es jedoch nicht. Wie kommt es nun zu starken Sturmtiefs? Die Keimzelle der meisten Sturmtiefs entsteht im Seegebiet zwischen Bermudas, Azoren und Neufundland. Dieses junge Tief nennt man *Warmsektorzyklone*, weil ihr Warmsektor, angefüllt mit energiereicher Subtropikluft, einen großen Teil des Tiefs einnimmt. Eingebettet in eine zügige atlantische Westdrift unter einem starken Jetstream (S. 54) zieht das Tief sehr rasch (*Schnellläufer-Zyklone*) bis in die Gewässer vor Irland. Bisher hat sie sich kaum verstärkt. Doch nun nähert sich aus Norden eine Kaltfront und trifft auf den Schnellläufer: Das Nebeneinander von Polarluft und subtropischer Treibhausluft ist der zündende Funke! Die Zyklone vertieft sich jetzt rasch, oft von über 1010 hPa auf einen Kerndruck von 990 hPa oder weniger. Aus der Brise wird Starkwind, der sich zu Sturmböen

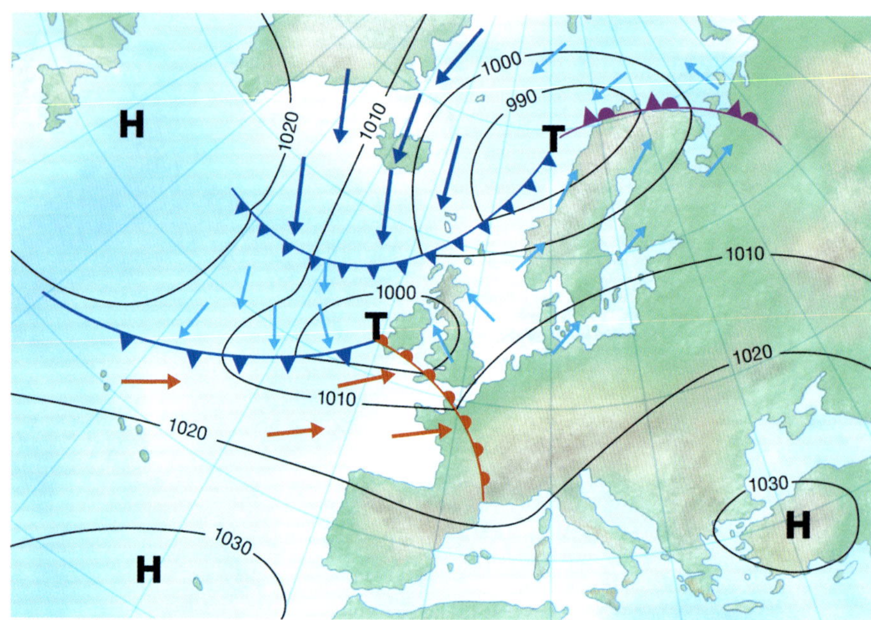

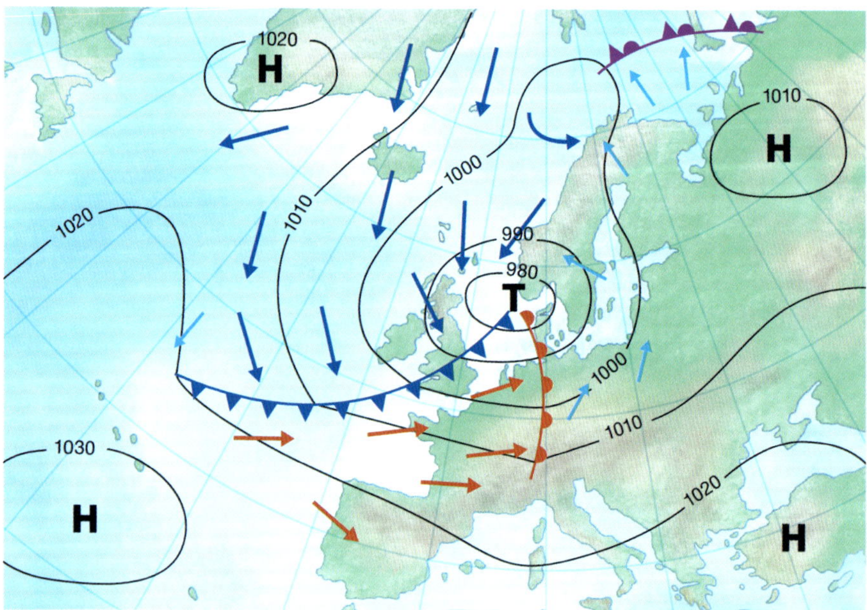

Ein junges Atlantiktief zieht mit subtropischer Warmluft von Westen heran, gleichzeitig nähert sich von Norden eine Kaltfront (oben). Eine explosive Lage, denn oft vertieft sich die Atlantikstörung bei einer solchen Konstellation innerhalb von 12–24 Stunden zu einem ausgewachsenen Sturmtief (unten).

steigert. Aus dem Schnellläufertief ist ein *Sturmtief* geworden. Im Sommer pflegen solche Tiefs nun mehr und mehr nach Nordosten in Richtung nördliche Nordsee und Norwegensee abzudrehen.

Dabei besteht in den mitteleuropäischen Revieren vor allem von der holländischen Küste bis nach Nordfriesland und Jütland Sturmgefahr. Die Wahrscheinlichkeit für solche Sturmtiefentwicklungen ist in der zweiten Hälfte der Segelsaison größer als von Mai bis Juli. „Je schneller wir es uns abgewöhnen, an August als einen Schönwettermonat zu denken, um so besser [...] Alles wird schlechter ab August [...]" schreibt der britische Segler Adlard Coles in seinem Klassiker „Schwerwettersegeln" (Delius Klasing Verlag).

Im September beginnen sich auf dem Atlantik die Temperaturgegensätze zwischen Subtropen und Polarregion, der Nährboden für starke Tiefs, zu verschärfen. Zudem besitzen warme Meeresluftmassen im Spätsommer und Herbst einen besonders hohen Wasserdampfgehalt, ein zusätzlicher Faktor für explosive Sturmtiefentwicklungen. Mitte September vollzieht sich ein weiterer markanter Anstieg des Sturmtief-Risikos in den atlantischen Gewässern samt der Nordsee, mit einem Höhepunkt in der Häufigkeitsstatistik zur Zeit der Tag-und-Nacht-Gleiche (Äquinoktien). *Äquinoktialstürme* werden diese Tiefs von der Fachwelt genannt. In den Revieren der Nordsee herrscht zu dieser Zeit oft eine erhöhte Sturmgefahr, während das baltische Altweibersommer-Hoch die

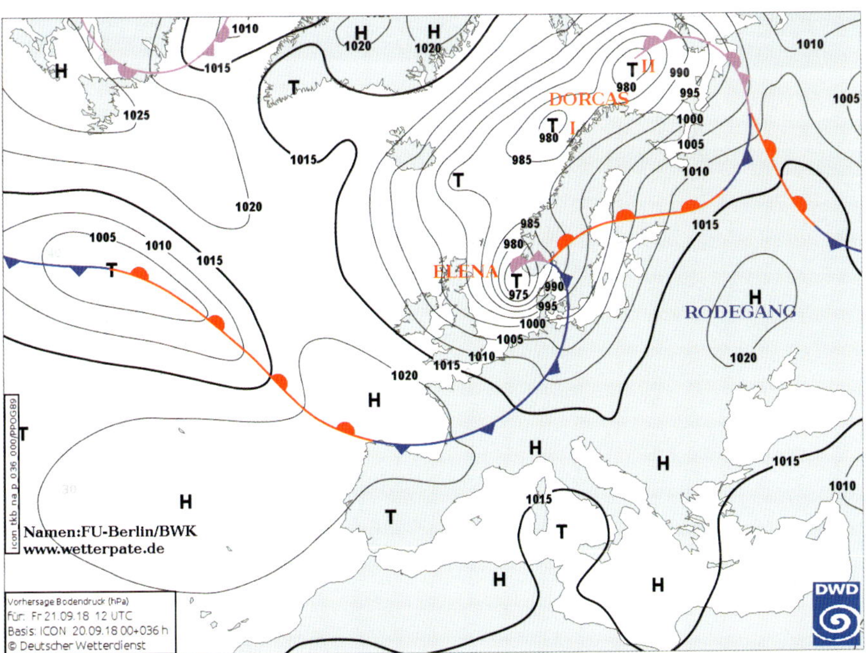

Ein klassicher Äquinoktialsturm war Tief „Elena", das am 21. September 2018 mit orkanartigen Böen über die Nordsee zog.

Wassersportler in den Gewässern der östlichen Ostsee vor dem Schlimmsten bewahrt. Jüngstes Beispiel ist das Sturmtief „Elena“, das am 21. September 2018 mit Spitzenböen von 78–108 km/h über die Nordsee zog.

Das zunehmend windige Wetter der Nachsaison kommt auch in der *Windstärkestatistik der südlichen Nordsee* zum Ausdruck. Während die Starkwind- und Sturmgefahr von Mai bis August durchschnittlich bei 9–12 % liegt, schnellt sie im September auf 18–19 % empor. Das gleiche Bild ergibt sich angesichts der langjährigen Seegangsstatistik. Grobe See (1,8–3,2-m-Wellen) ist in der Nordsee im Früh- und Hochsommer mit 13–17 % Wahrscheinlichkeit gegeben, im September sind es schon 25 %!

Sommerstürme im Ostseeraum haben selten auf dem Atlantik ihren Ursprung. Sie sind oft „hausgemacht“. Das geschieht, wenn sich eine kräftige Nordweströmung über Skandinavien aufgebaut hat (Nordwestlage, S. 65). Der wettererfahrene Wassersportler achtet während dieser Lage vor allem auf die Luftdruckentwicklung im Skagerrak. Denn dort, in Lee der südnorwegischen Gebirge, kann aus Gründen der Gebirgsüberströmung ganz plötzlich Druckfall einsetzen. Ein Lee-Trog oder, schlimmer noch, ein Lee-Tief entsteht. Das Tief beeinflusst vor allem das Windfeld südlich vom Skagerrak bis zur westlichen Ostsee.

Während der Wind in dieser Situation im Skagerrak einschläft, dreht er wei-

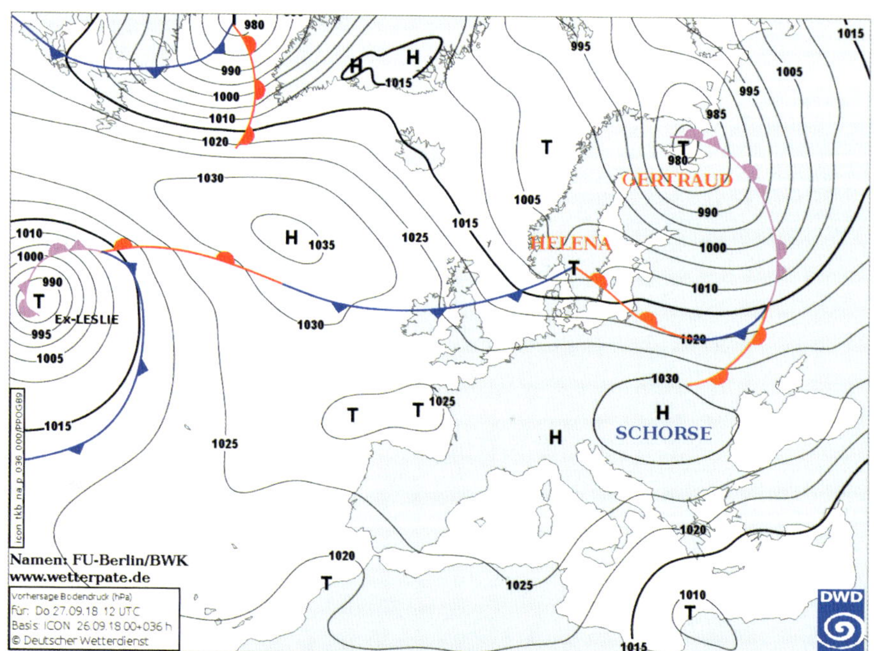

Am 27. September 2018 entstand über Südschweden ein Lee-Tief, an dessen Südrand sich ein Starkwindfeld aufbaute, das bis zur deutschen Ostseeküste reichte.

ter südlich im Gebiet von Kattegat, Belte und Sund und weiter bis zur deutschen und polnischen Ostseeküste auf West bis Südwest und legt auf 6-8 Bft. zu.
Ein anderer Sturmtyp der Ostsee ist der *Oststurm*. Er tritt nicht so häufig auf, am ehesten im Mai. Dafür ist er gefährlich, da er sich bei Sonnenschein und gleichbleibendem Luftdruck, also quasi ohne Vorwarnung, entwickelt und an den Südküsten eine hohe See aufbaut. Diese Wetterlage entwickelt sich in der Regel aus einer Ostlage (S. 69) mit einem stabilen Skandinavienhoch. Den starken Wind löst oft ein sich nach Süddeutschland ausweitendes Alpen- oder Mittelmeertief aus. Die südliche Ostsee liegt dann zwischen beiden Druckgebilden. Hier verschärft sich besonders das Druckgefälle, und die Schönwetterbrise wird zum Schönwettersturm. Die Luft über der noch winterkalten Ostsee ist eisig. Dabei kommt der Wind meist aus Nordost, ist also auflandig. Bei dem hohem Seegang herrscht in kürzester Zeit an vielen deutschen und polnischen Küsten akute Sturmflutgefahr. Das Einlaufen in den Hafen wird zu einer Herausforderung, wenn nicht gar unmöglich.

Auf den heimischen Binnenseen ist die Starkwind- und Sturmgefahr deutlich geringer als an Nord- und Ostsee. Auf den süddeutschen Seen ist dieses Risiko besonders gering. Hier gibt es jedoch eine Ausnahme: die *Seen im Alpenvorland*. Vom Bodensee im Westen über Starnberger See und Ammersee bis zum Chiemsee im Osten kann es bei einer zyklonalen Westlage (S. 105) zu starken bis stürmischen Westwinden kommen. „Kann", weil es dafür eine Alpenanströmung aus einem bestimmten Winkel braucht: aus W bis WNW. Dann wirkt der Alpenkörper wie eine riesige Leitplanke, bündelt in seinem flachen Vorland die Stromlinien des Windes und biegt sie zugleich in eine alpenparallele Richtung um. Resultat ist ein starker Wind aus W bis WSW. Dieser *Leitplankeneffekt* (S. 84) führt aus strömungsdynamischen Gründen zu Wolkenauflockerungen, mitunter auch zu längerem Sonnenschein - während der Wind fern des Alpenvorlands nicht so stark und das Wetter schlechter ist. So bietet die Leitplanken-Wetterlage schönes Wetter und reichlich Wind, für so manchen erfahrenen Segler und Starkwindsurfer im Alpenvorland die beste Wetterlage überhaupt.

Mittelmeer. Das Mittelmeer ist im Sommerhalbjahr für gewöhnlich ein ruhiges Revier. Ausnahmen sind der starkwindanfällige *Meltemi* der Ägäis, episodisch auftretende *Mistral*- und *Bora*-Wetterlagen, lokale Winddüsen wie zum Beispiel die Straßen von Gibraltar und Bonifacio, sowie Wasserhosen- und Gewitterlagen. Starke bis stürmische Winde in Verbindung mit Sturmtiefs sind selten. Man kennt sie hier vor allem bei zwei Wetterentwicklungen, die am ehesten zu Beginn und gegen Ende der Wassersportsaison auftreten.
Mitunter herrscht über den Westalpen und dem ligurischen Gebirgszug eine kräftige nordwestliche Luftströmung. Dann kann als strömungsdynamische Reaktion stromabwärts das Gleiche geschehen wie im Falle des Skagerrak-Tiefs in Lee des norwegischen Gebirges. Hier ist es der Golf von Genua, der anfällig ist für die Bildung eines Lee-Tiefs

(oder Lee-Trogs). Dadurch entsteht westlich dieses Genua-Tiefs, über dem Löwengolf, ein Starkwindfeld. Es ist der bereits besprochene Mistral.
Südlich des Wirbels, im Seegebiet zwischen Korsika und Sizilien, aber auch in der Adria, frischt der Wind ebenfalls stark auf: Man nennt diesen lebhaften Wind aus Süd bis West „*Libeccio*". Weite Teile der betroffenen Gewässer – besonders Tyrrhenisches Meer und Adria – erleben eine Libeccio-Wetterlage als ausgesprochen wechselhaftes Wetter mit Schauern und Gewittern. Zwischendurch scheint die Sonne. Besonders in der Nähe der Schauer und Gewitter frischt der Wind stark auf. In den dalmatinischen Revieren ist es nicht einfach, rasch ein Asyl zu finden. Denn viele Schutzhäfen sind auf Bora-Stürme hin angelegt. Setzt der Libeccio ein, ist der nicht vorgewarnte Segler dem aus Süd bis West einfallenden Starkwind oder Sturm schutzlos ausgeliefert. Im Unterschied zum Mistral, der zu Beginn besonders heftig weht, drohen die stärksten Böen bei Libeccio gegen Ende dieser Wetterlage, wenn eine Kaltfront mit heftigen Gewittern das Revier überquert. Libeccio-Wetterlagen halten im Sommer kaum mehr als einen Tag an, in Frühjahr und Herbst sind es meist zwei bis drei Tage. Der Wassersportler erlebt sie vor allem im Mai und Oktober, seltener im Sommer.

Das Mittelmeer kennt einen weiteren Typ von Tiefdruckwetterlage mit Sturmpotenzial. Verglichen mit dem Libeccio ist diese Wetterlage weitaus gefährlicher. Es handelt sich um einen sogenannten Mini-Hurrikan, auch „*Medicane*" („*me*diterranean hurri*cane*") genannt. Das ist ein relativ kleines, aber starkes Tiefdruckgebiet mit einem nahezu kreisrun-

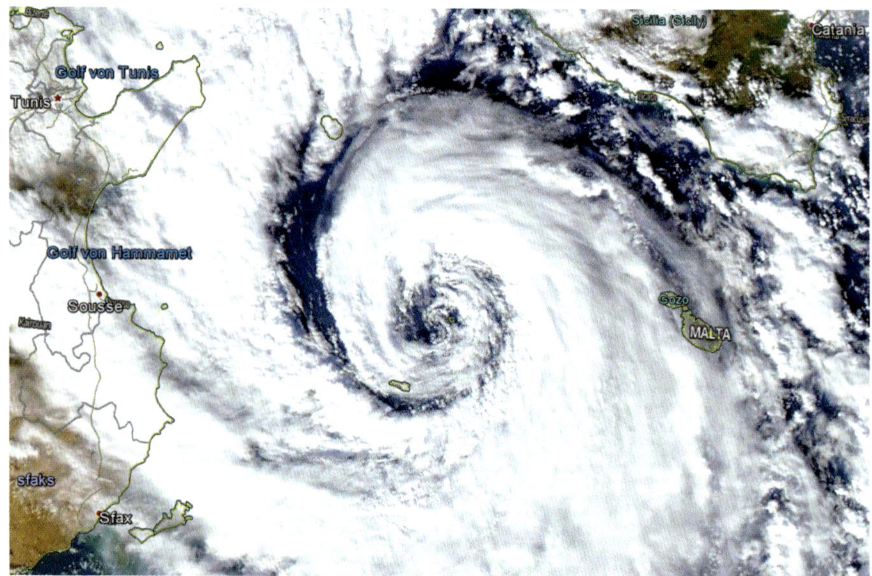

Das Satellitenbild zeigt einen Hurrikan-ähnlichen Tiefdruckwirbel, einen sogenannten Medicane, der im Herbst 2014 dem Seegebiet westlich von Malta schweren Sturm mit Orkanböen brachte.

den Wolkenteller, von dem spiralige Wolkenfelder ausgehen, und das manchmal wie ein echter Tropensturm ein wolkenfreies „Auge" in der Mitte besitzt.

Dabei rotiert die Luft als schwerer Sturm bis hin zum Orkan um dieses Auge herum. Das Phänomen entsteht, wenn sehr kalte Höhenluft über das relativ warme Mittelmeer driftet. Dann bildet sich ein starker Tiefdruckwirbel mit zahlreichen Gewitterzellen, die zu einem solchen Mini-Hurrikan verschmelzen können. Diese Gefahr ist aber vergleichsweise gering: Alle paar Jahre wieder beobachtet man Medicanes, und die meisten von ihnen in der Zeit von Oktober bis Januar, also gegen Ende oder außerhalb der Wassersportsaison.

Wenngleich das Sturmrisiko auf den heimischen Revieren und im Mittelmeer sehr unterschiedlich ist, gibt es doch eine Gemeinsamkeit: Segler, Surfer und Motorbootfahrer müssen sich gegen Ende der Wassersportsaison generell auf heftigere Böen bei Tiefdruckwetter einstellen als zu Beginn der Saison. Das liegt an der thermischen Schichtung der Atmosphäre: Die herbstliche Abkühlung in der Luftschicht unmittelbar über den noch sommerwarmen Gewässern hinkt hinter der höherer Luftschichten hinterher. Das führt zu einer labilen Luftschichtung (S. 14) über dem Wasser. Diese Labilisierung macht den Wind böiger. Zudem kann der Wind der höheren Luftschichten, der zum Ende der Sommersaison wieder stärker wird, bei einer labilen Schichtung ungleich leichter seinen Weg runter zum Revier finden als bei stabiler Schichtung (Böenwetter). So ist die Gefahr von Sturmböen bei der gleichen Wetterlage im Spätsommer stets größer als im Frühsommer.

3.2 Böenwetter

Kaum eine Wettersituation flößt Seglern und Surfern so viel Respekt ein wie ein böiger Wind. Ein Gewitter kündigt sich am Himmel an, die unsichtbare Böe ist wie ein Überfall aus dem Nichts. Mit gut Glück nimmt man die Gefahr unmittelbar vorher wahr: Die Wasseroberfläche in Luv verdunkelt sich, wirft Schaumkronen oder schickt den Schaum als fliegende Gischt in die Luft. Wer von Sturmböen überrascht auf dem falschen Bug und mit üppiger Beseglung erwischt wird, kann ernste Probleme bekommen. Im schlimmsten Fall verliert der Skipper für kurze Zeit die Kontrolle über das Schiff, sei es durch das ungewollte Umschlagen der Segel oder durch eine extreme Krängung. Die meisten wetterbedingten Notfälle auf See sind auf eine Unterschätzung der Böengefahr zurückzuführen.

Entstehung und Arten der Böigkeit

Gemäß Definition ist eine *Böe* eine kurzfristige, aber erhebliche Überschreitung der durchschnittlichen Windgeschwindigkeit. Der Deutsche Wetterdienst definiert sie präzise: Die Überschreitung der mittleren Windgeschwindigkeit muss mindestens 3 Sekunden andauern und diesen Wert um wenigstens 10 Knoten überschreiten. Im moderaten Windstärkebereich und unter Landabdeckung erlebt man Böen meist als kurze „*Windstöße*". Bei Sturm draußen auf See kann eine Bö durchaus eine halbe Minute und länger andauern.

Neben dieser *Geschwindigkeitsböigkeit* gibt es auch noch die *Richtungsböigkeit*. Denn oft gesellt sich zur Beschleunigung des Windes auch eine Änderung seiner Richtung. In der Regel weicht der Wind in einer Bö um 10–20, in bestimmten Situationen bis zu 40 Grad von der gewohnten Windrichtung ab. Beides zusammen, die Geschwindigkeitsböigkeit und die Richtungsböigkeit, macht die wahre Böengefahr aus.
Meteorologisch gesehen ist die Böe Ausdruck einer turbulenten Luftbewegung. Dabei unterscheidet der Experte zwischen dynamischer und thermischer Turbulenz.
Die *dynamische Böigkeit* erlebt der Segler und Surfer auf Seen, Flüssen und Kanälen im Binnenland oder bei ablandiger Luftströmung an der Küste. Der Kontakt der strömenden Luft mit der strukturierten Landoberfläche löst kleinräumige Unterschiede im Strömungsfeld aus: Der Wind wird schwächer und zugleich turbulent. Eine Art Stop-and-Go im Luftstrom also, verbunden mit raschen Richtungsschwankungen: Der Wind wird böig. Außerdem sorgt der größere Reibungsanteil im Luftstrom dafür, dass der landbeeinflusste Wind nach links zu drehen neigt (Südhalbkugel: rechts).

Je näher man dem Land ist und je mehr Reibungswiderstand die Strömung erfährt (Bäume, Gebäude, Hügel, Berge, Kliffs, Steilküsten etc.), desto böiger ist der ablandige Wind (S. 87). Darüber hinaus gilt: Je stärker die allgemeine Luftströmung, desto stärker und unberechenbarer sind auch die Böen. Die Abschattungszone einer Steilküste ist also eine zweischneidige Sache: Der Wassersportler ist vor starken Winden und hohem Seegang geschützt, dafür ist der Wind in Richtung und Stärke extrem böig und damit unberechenbar.
Neben der durch die Bodenrauigkeit ausgelösten Böigkeit gibt es noch eine andere Variante der dynamischen Luftunruhe: große Geschwindigkeitsunterschiede der Luftströmungen in höheren Luftschichten. Auch sie machen die Luftströmung turbulent, und bei bestimmten Wetterlagen können sich diese Böen nach unten bis zum Wasser fortpflanzen.
Eine ganze andere Ursache böiger Winde ist die Thermik. Voraussetzung der *thermischen Böigkeit* ist ein großer Temperaturunterschied zwischen niedrigen und höheren Luftschichten. Sie kann ausgelöst werden durch eine große Überwärmung unten oder eine starke Abkühlung oben. Solch große vertikale Temperaturgradienten nennt der Meteorologe eine labile Luftschichtung (S. 14): Durch freien Auftrieb strudelt die wärmere Luft in sogenannten Aufwindschloten nach oben, dazwischen sinkt als Ersatz Höhenluft ab. Das Auf und Ab im Luftstrom führt zu einem böigen Wind.

Böenträchtige Wetterlagen

Zieht ein Tiefdruckgebiet im Revier durch, erlebt man die klassische Abfolge von Warmfront, Warmsektor, Kaltfront und Rückseitenwetter (S. 59). Böen gibt es vor allem in dieser Phase:

- Vorfeld der Kaltfront
- Passage der Kaltfront
- Erste Phase des Rückseitenwetters (mit Schauern)

Dabei gibt das Himmelsbild einen Hinweis auf die Böengefahr. Hoch aufge-

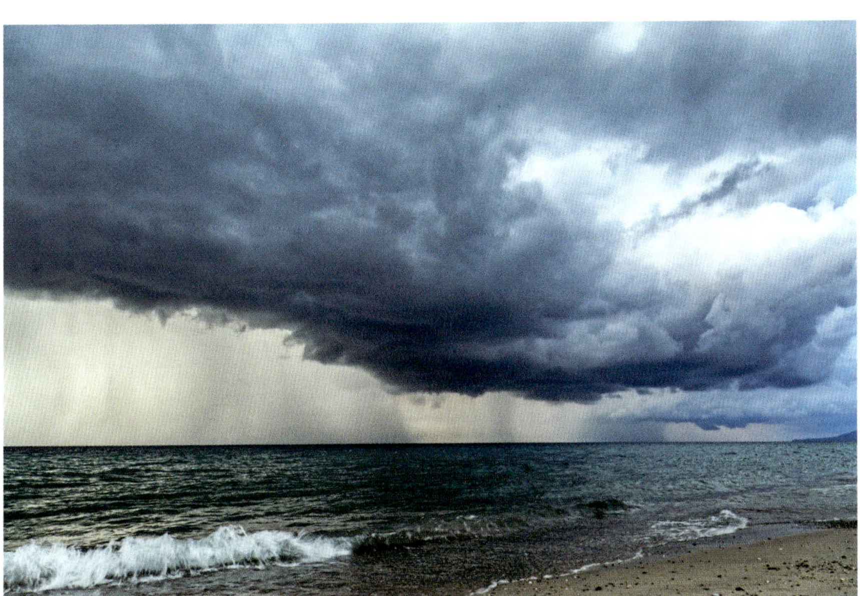

Die Schauerlinie einer Kaltfront nähert sich. Ihre Passage ist oft mit Platzregen und starken bis stürmischen Böen verbunden.

türmte Haufenwolken (Cumuli) bergen Böen. Besonders groß ist die Böengefahr bei Schauer- und Gewitterwolken (Cumulonimben), da hier die mit dem Regen oder Hagel herabstürzenden Kaltluftmassen den Böen einen zusätzlichen Schwung verleihen.

An der *Kaltfront* kommt es oft zu den stärksten Böen. Hier wechselt die stabile Luftschichtung des Warmsektors abrupt in eine labile. Im Sommer bildet die Front oft eine langgezogene Linie aus kräftigen Schauern und Gewittern. Die Windänderung kann beträchtlich sein, von zuvor 2–3 Bft. aus Südost bis Südwest auf West bis Nordwest mit 6–8 Bft. oder mehr bei der Frontpassage. Danach dreht der Wind wieder ein wenig zurück und weht relativ gleichmäßig. Später folgt das bekannte *Rückseitenwetter* mit einem Mix aus Sonne, Wolken und teils gewittrigen Schauern. Dabei gibt es erneut Böen, meist aus Nordwest, die aber in Stärke und Richtungsvarianz nicht so heftig sind wie an der Kaltfront.

Auf eine Sonderform eines Tiefs muss an dieser Stelle hingewiesen werden. Es ist das *Trog-Tief*: Durch einen erneuten Druckfall im Tiefzentrum entsteht manchmal bei alternden Tiefs eine trogförmige Ausbuchtung der Tiefdruckkerns. Am Süd- und Westrand des Trogs kann sich daraufhin ein Starkwind- oder Sturmfeld entwickeln. In diesem Fall erlebt der Wassersportler zunächst eine ungewöhnlich glimpflich verlaufende Passage der Kaltfront mit harmlosen Böen und nur einigen wenigen Schauern auf der Rückseite der Front. Er wähnt sich bereits auf dem Wege zum nächsten Hoch. Doch dann setzt rascher Druckfall ein, der Wind dreht zurück, und am Horizont taucht eine Linie im-

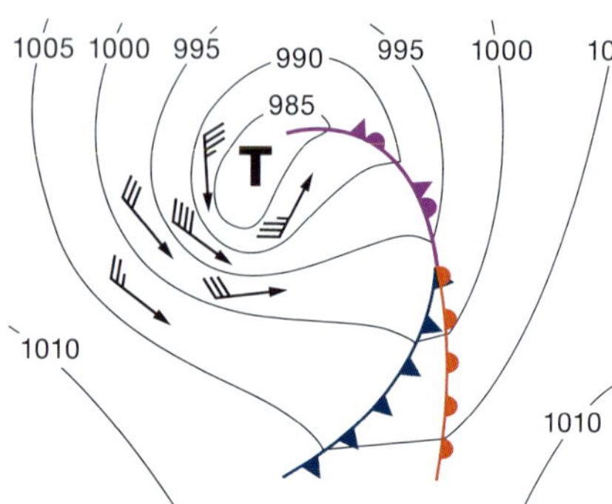

Bei einem Trog-Tief drohen die stärksten Böen nicht an der Kaltfront, sondern hinter der Front am Rande des Trogs.

posanter Schauer- und Gewitterwolken auf: Ein Trog nähert sich. Die Böen im Trog sind oft ähnlich heftig wie die an einer kräftigen Kaltfront. Auch mit starken Winddrehern ist zu rechnen!

Die böenträchtigen Cumuli und Cumulonimben finden sich nicht nur vor und hinter Kaltfronten sowie bei Trogtiefs, sondern auch bei *Gewitterstörungen*. Das kann ein vereinzeltes Wärmegewitter sein, das über dem Binnenland entsteht und auf die Küstengewässer hinauszieht. Das kann auch eine Ansammlung von Gewittern sein in Gestalt eines Gewittertiefs. Diese Tiefs pflegen aus Südwesten von Frankreich heranzuziehen. Sie suchen besonders die Reviere der südlichen Nordsee heim, von Belgien im Süden bis zur Deutschen Bucht im Norden. Näheres zu Gewittern findet sich ab Seite 112.

Böenwetter ist nicht an Tiefdruck gebunden. Nach einer lang anhaltenden Hochdruckwetterlage heizen sich das Meer und besonders die Binnenseen auf. Wenn dann nach einem Wettersturz kühle Luftmassen über die Gewässer strömen, gleich ob unter vorherrschendem Tiefdruck- oder Hochdruckeinfluss, wirkt das Wasser als Heizquelle für die unterste Luftschicht, während die Temperatur darüber stark abnimmt. Die *extrem labile Schichtung unmittelbar über dem Wasser* führt zu turbulenter Luftbewegung und entsprechend starken Böen über dem Wasser.

Diese Situation ist typisch für die Binnenseen im Sommer sowie für die Meere im Spätsommer und Herbst. An Küsten und auf freier See muss sich der Wassersportler deshalb generell zum Ende der Segelsaison hin auf böigeres Wetter einstellen als zu Beginn der Saison. Das gilt für die Reviere von Nord- und Ostsee ebenso wie für das Mittelmeer, das zwar auch in der Nachsaison oft noch Sonnenschein und Wärme bietet, aber mit seinen Herbstgewittern zeigt, wie heftig die Böen auf See sein können, wenn die Luftschichtung labil wird.

Reviere mit Böenpotenzial

Infolge der durch die Landrauigkeit bewirkten erhöhten dynamischen Turbulenz sind ablandige Winde stets böiger als auflandige. Ist die Küste zusätzlich noch in Berge, Hügel, Kaps und Kliffs gegliedert, muss sich der Segler auf außerordentlich böige Winde einstellen. Ähnlich schwierig kann das Segeln dicht unter Land in der Nähe von Baum- und Häusergruppen sein. Für den einlaufenden Segler ein anspruchsvolles Ansteuerungsmanöver, der auslaufende Segler sucht baldmöglichst das „Asyl" der freien See.

Vor diesem Hintergrund sind die Seen im Binnenland in puncto Böen generell schwierige Reviere, besonders bei lebhaften Winden, da dann der Land-

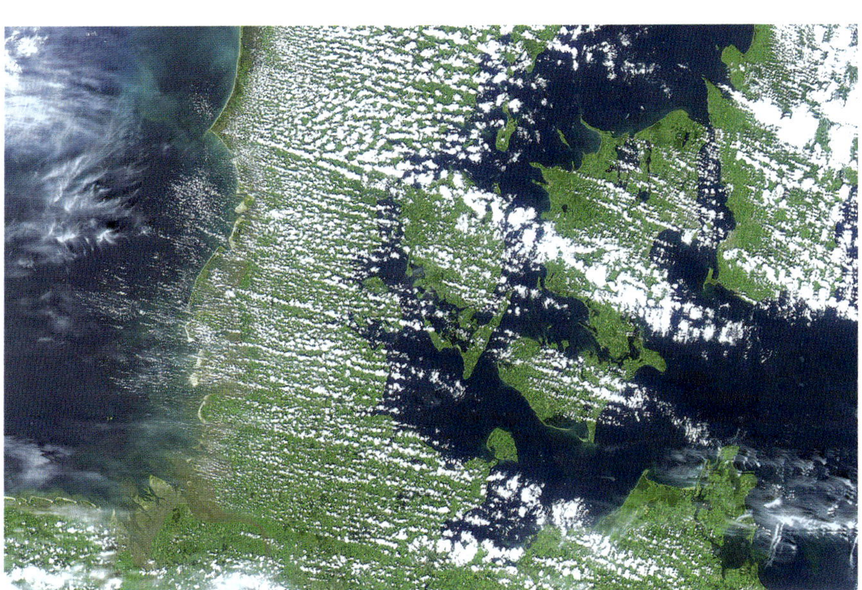

Das Satellitenbild einer klassischen Böenwetterlage an der schleswig-holsteinischen Ostküste. Straßen aus Cumuli lassen eine labile Luftschichtung und den starken Westwind über dem gegliederten Land erkennen. Hier addieren sich dynamische und thermische Turbulenz zu heftigen Böen, die der ablandige Wind dann in die Ostsee hinausträgt.

einfluss mit seiner erhöhten Böigkeit überall zu spüren ist.

Eine besonders böenträchtige Situation entsteht durch die *Kombination einer großen dynamischen und thermischen Turbulenz*. Ein Beispiel ist die stark gegliederte schleswig-holsteinische Ostküste bei einer überwiegend freundlichen, aber windigen Westwetterlage im Sommer. Die Thermik über dem gegliederten Land verwandelt die gleichmäßige Westströmung in eine turbulente und böenreiche Wetterlage. Hier nimmt die dynamische die thermische Land-Turbulenz („*Sonnenböigkeit*") sozusagen huckepack. Ergebnis sind Böen, die durchaus 2–3 Bft. über dem Mittelwind liegen können. Eine Herausforderung für Segler und Surfer sind auch die Winddreher, denn bei jeder Böe schießt der Wind kurzzeitig um 20–40° nach rechts aus. So wird das Segeln im Küstenvorfeld mitunter zu einem Böen-Spießrutenlauf. Ein großes Böenpotenzial bergen auch viele Küstengewässer im Mittelmeer, wo sich an zahlreichen Küstenabschnitten Hügelketten oder Berge befinden. Bei Wetterlagen mit lebhaften ablandigen Winden, die hier meist von sonnigem Wetter begleitet werden, sattelt die dynamische auf die thermische Turbulenz auf – und das sehr effektiv, da die Kraft der subtropischen Sonne für eine starke Sonnenböigkeit sorgt.

Noch extremer sind *Fallwinde*, die sich von glatten, vegetationsarmen Berg-

hängen auf das Revier stürzen. Berüchtigt ist die kroatische Küste der Adria bei einer ausgeprägten Bora-Wetterlage (ab S. 77). Bei dieser gibt es im Prinzip überhaupt keine Vorwarnung für den Segler, denn der Wind fällt förmlich von schräg oben ohne Reibungsverluste ins Küstenrevier, wo er an manchen Orten strömungsdynamisch durch die Rampen kahler, walfischrückenförmiger Eilande (Kornaten) noch weiter beschleunigt wird.
Auch die Bora wird in der Regel von schönem Wetter begleitet: So ist die Böigkeit dicht unter Land durch die Allianz von thermischer und dynamischer Turbulenz besonders stark.

Wie der Wassersportler die Böen rechtzeitig erkennen kann und wie er auf die Gefahr richtig reagiert, wird ab S. 137 näher ausgeführt.

3.3 Gewitter

Zu den gefährlichsten Wettererscheinungen zählt das Gewitter. Es drohen *Blitzschlag* und *Sturmböen*, der *wolkenbruchartige Regen* nimmt die Sicht. Unter Umständen baut sich in kürzester Zeit eine hohe, durcheinanderlaufende See auf. Zudem kann die Vorwarnzeit sehr kurz sein. Auch wenn kein Gewitter „wie aus heiterem Himmel" kommt, brechen Sturm, Regen und Blitzschlag meist innerhalb von 15-20 Minuten über das Revier herein. So ist der Überraschungseffekt ein weiteres Problem für den Wassersportler. Er kann zu falschen, mitunter fatalen Entscheidungen führen und ist auch eine Belastungsprobe für die Disziplin an Bord. Die Schiffsführung sollte deshalb wissen, wie sich ein Gewitter vorhersehen lässt - Näheres zu den Gewittervorhersageregeln findet sich ab S. 140.

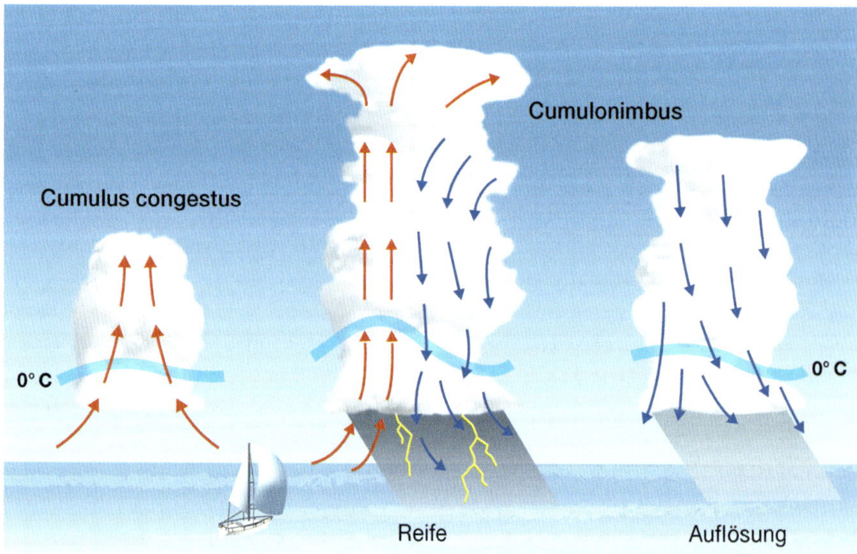

Entstehung einer Gewitterwolke.

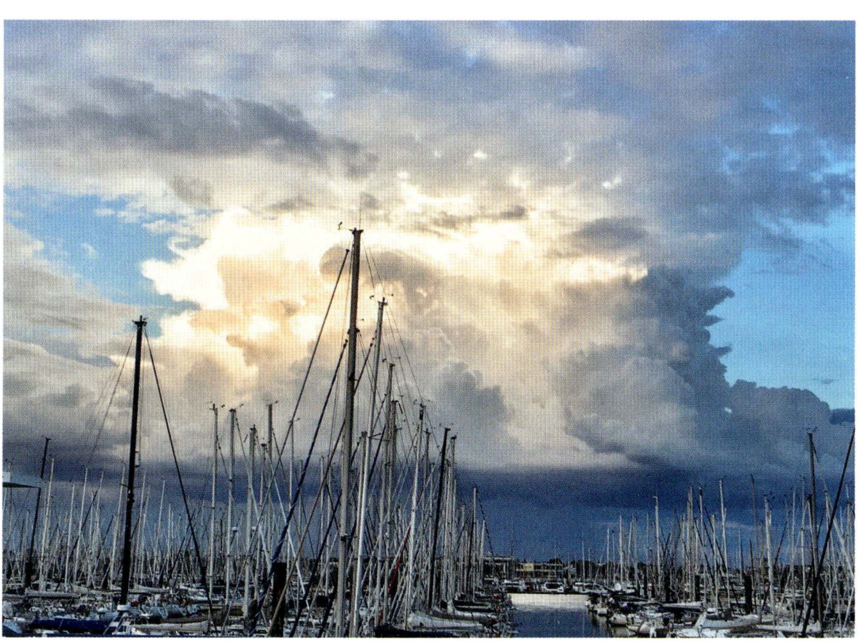

Mächtige Quellwolkenmassen über See signalisieren Gewitterneigung.

Unter den drei genannten Wetterelementen geht von dem plötzlich losbrechenden Sturm die größte Gefahr für den Wassersportler aus. Gerade den besonders heftigen Sommergewittern pflegen schwache Winde unmittelbar vorauszugehen. Am 9. August 2018 wehte es an der schleswig-holsteinischen Nordseeküste tagsüber mit 2–4 Bft. aus Ost bis Südost. Am Abend überquerte eine Gewitterfront die Gewässer, der Wind drehte in kürzester Zeit auf Südwest und frischte stürmisch auf. Örtlich kam es zu Orkanböen, in Büsum wurde eine Spitzenböe von 148 km/h registriert!

Entstehung und Erscheinung von Gewittern. Gewitter entstehen durch große vertikale Temperaturunterschiede (labile Schichtung), hervorgerufen entweder durch starke Aufheizung der unteren Luftschichten (warmes Wasser, über Land längerer Sonnenschein) oder durch eine Abkühlung der höheren Luftschichten bei verhältnismäßig warmen unteren Luftschichten. Dabei bilden sich bei hinreichender Luftfeuchtigkeit Quellwolken (Cumuli), die unter den Bedingungen einer hochreichend labil geschichteten Atmosphäre durch freien Auftrieb zu Schauer- und Gewitterwolken, den *Cumulonimben* (S. 35), heranwachsen. Besonders in der Wachstumsphase dominieren die Aufwinde in diesen Wolken, während die Luft am Rande der Wolke wieder absinkt und die Wolkenbildung hier erschwert.

Aus diesem Grund schälen sich die Schauer und Gewitter aus dem Wolkenbild am Himmel gut heraus. Von der besonnten Seite betrachtet gleichen sie einem riesigen weißen Blumenkohl mit einem Deckel aus kompakten Schleierwolken (Gewitteramboss, s. Foto S. 35 unten). Gegen die Sonne erscheinen Gewitter dagegen wie eine riesige schwarze, sehr bedrohlich aussehende Wolkenmasse. Im Laufe ihrer Entwicklung mischen sich in der Wolke immer mehr Abwinde unter die Aufwinde, erzeugt von Regenfluten und Hagelschlag. Diese Abwinde sind die treibende Kraft bei der Bildung der starken Gewitterböen. Den Vorderrand der Böenfront bildet eine dunkle Wolkenlinie (*Böenwalze*), die dem eigentlichen, mit Regen, Graupel und Hagel verbundenen Gewitter vorausgeht. Der erste Akt in dem Gewitterdrama besteht also aus Starkwind- und Sturmböen, wobei es hier auch schon erste Blitze geben kann. In der Regel setzt erst danach der Wolkenbruch ein.

Gewitterelektrizität. Zwischen Schauern und Gewittern besteht prinzipiell kein Unterschied in der Entstehung und der Erscheinungsweise. Man kann das Gewitter als die heftigere Variante eines Schauers ansehen. Oft ist bei diesem „elektrischen" Schauer die Labilität, also der Temperaturunterschied zwischen unterer und höherer Troposphäre, besonders groß, dabei sind Regen und Böen besonders stark ausgeprägt, und die Wolke reicht sehr hoch hinauf. In der Regel liegt es an den von der Labilität abhängigen, sehr starken Aufwinden und der großen vertikalen Erstreckung der Wolke, dass aus einem Schauer ein Gewitter geworden ist.

Beim Wachstum der Gewitterwolke trennen sich in ihrem Innern die Ladungen. Das kann durch Reibung zwischen Eiskristallen oder beim Zerstäuben der Wasserteilchen passieren: Die Eiskristalle laden sich positiv auf, die Tropfen negativ. Dadurch entsteht im oberen, vorwiegend aus Eiskristallen bestehenden Teil der Wolke ein Gebiet positiver Ladung, während unten negative Ladung überwiegt. In der Nähe des Erdbodens bzw. über Wasser ist die Luft teilweise wieder positiv geladen. Die Ladungstrennung erzeugt ein elektrisches Feld, das so lange wächst, bis die Spannung mehrere Hundert Millionen Volt beträgt. Nach Überschreiten einer kritischen Feldstärke erfolgt der Ladungsausgleich in Gestalt eines Blitzes. Der Blitz kann sich innerhalb der Wolke (*Wolkenblitz*) oder zwischen Wolke und Boden (*Erdblitz*) entladen. Man sieht den Blitz als *Linienblitz* mit all seinen Verästelungen, wenn die Luft zwischen ihm und dem Beobachter klar ist. Wird er durch Wolken oder Niederschlag mehr oder weniger verhüllt, ist sein Licht diffus und verteilt sich wie hinter einem Milchglas auf eine weitaus größere Fläche – er erscheint einem als sogenannter *Flächenblitz*.

Im Blitzkanal erhitzt sich die Luft für den Bruchteil einer Sekunde auf bis zu 30.000 °C. Aus physikalischen Gründen führt das dazu, dass sich die Luft im Kanal schlagartig ausdehnt. Das produziert eine Stoßwelle, dessen Schall sich mit rund 330 Metern pro Sekunde durch die Luft bewegt. Diesen hört man als *Donner*. Da sich das Licht des Blitzes mit Lichtgeschwindigkeit fortbewegt, vergeht einige Zeit zwischen der Wahrnehmung des Blitzes und des zugehörigen Donners. Einer Faustregel zufolge teilt man die Zahl der Sekunden, die zwischen Blitz und Donner verstreicht, durch drei und erhält so die Distanz des Blitzes in Kilometern.

Die Reichweite des Donners ist begrenzt, in der Regel ist er maximal 13-18 Kilometer vom Blitz entfernt noch zu hören. In größerer Entfernung nimmt man nur den Blitz wahr, was als *Wetterleuchten* bezeichnet wird. Manchmal kommt es zu glimmernd schwachen, ungefährlichen elektrischen Entladungen an Mastspitzen, die *Elmsfeuer* genannt werden.

Der Blitz ist die eindrucksvollste und zusammen mit dem Donner auch die am meisten Respekt einflößende Erscheinungsform eines Gewitters. Diese beschränkt sich jedoch nicht immer auf den unmittelbaren Bereich des Gewitters, denn manche Blitze suchen sich ihren Weg zum Wasser auch außerhalb der Wolke!

Dennoch ereignen sich die meisten Seenotfälle bei Gewittern in Folge von Sturmböen, nicht durch einen Blitzschlag. Die Wahrscheinlichkeit, dass ein Blitz das Schiff trifft, beziffert die Statistik mit 0,08 %. Bei Surfern mit ihrem kleinen Mast dürfte die Gefahr noch geringer sein.

Gewittertypen. Aufgrund ihrer räumlichen Anordnung unterscheidet man folgende Typen:

- Kaltfrontgewitter (linienförmig organisierte Gewitter)
- Gewittertief, Gewitterstörung (unorganisierte Ansammlung von Gewittern)
- Luftmassengewitter (lokale Gewitter)

Besonders gefährlich sind die Gewitter an Kaltfronten und im Bereich von Gewittertiefs. Die dunklen Gewitterwolken verbergen sich oft hinter einer hellen Dunstschicht und können sich zu

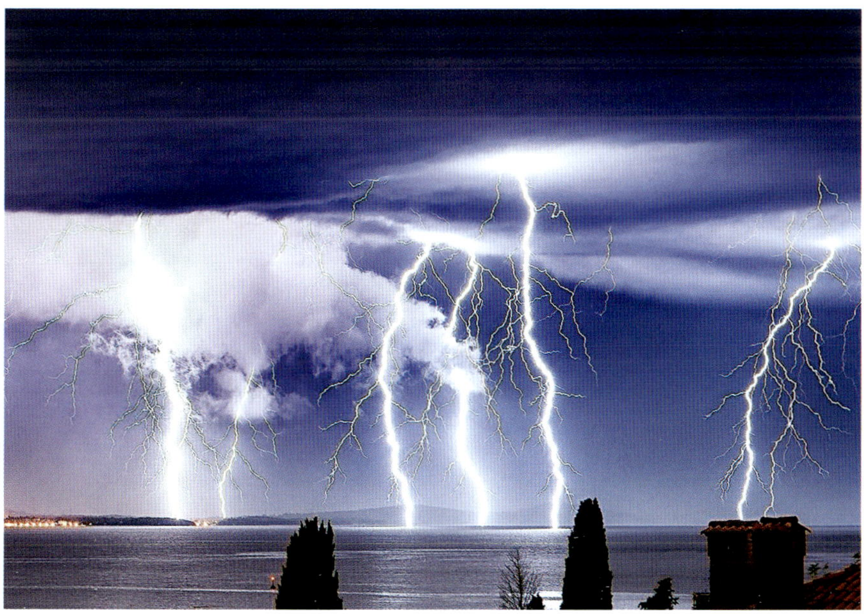

Auch wenn ein Blitz besonders eindrucksvoll und bedrohlich erscheint, ist die Wahrscheinlichkeit, dass man als Wassersportler vom Blitz getroffen wird, extrem gering. Sie beträgt gerade einmal 0,08 %.

wahren Unwettern mit Böen der Stärke 10 und mehr entwickeln. Dabei vergehen manchmal nur Minuten zwischen der Wahrnehmung des Gewitters und dem Eintreffen der Böenwalze. Da sie ihre Energie hauptsächlich aus der sommerlichen Überwärmung bodennaher Luftmassen beziehen, verlieren sie über See in größerer Entfernung vom Land rasch an Kraft. Sie sind deshalb vor allem eine Gefahr für Wassersportler an der Küste und auf Binnenseen.

Entlang ausgeprägter sommerlicher Kaltfronten stoßen atlantische Luftmassen polaren Ursprungs auf wärmere Luftmassen über dem mitteleuropäischen Kontinent und lösen entlang der Front *Kaltfrontgewitter* aus. Im Hochsommer ist der Temperaturgegensatz an der Front besonders stark, wenn die Warmluft durch die vor der Front herrschenden südlichen Winde aus dem Mittelmeerraum stammt. Weil die vorstoßende Kaltluft in größeren Höhen keine Behinderung durch die aufsteigende Thermik und die Bodenreibung erfährt und von flotten westlichen Höhenwinden direkt nach Osten geführt wird, kommt sie in der Höhe schneller voran als in den unteren Luftschichten. Dadurch gelangt sie im Frontbereich über die warme Luft, was dort schlagartig zu einer Labilisierung der Luftmassen mit kräftigen Schauern und Gewittern führt. Am heftigsten fallen die Gewitter aus, wenn durch die Kaltfront feucht-warme Mittelmeerluft verdrängt wird und dies in der Zeit der stärksten Erwärmung der unteren Luftschicht geschieht. Ziehen also solche Kaltfronten in den Mittags-, Nachmittags- oder Abendstunden über das Revier, muss mit Unwettern gerechnet werden. Bis zu 14 km hohe Gewitter-

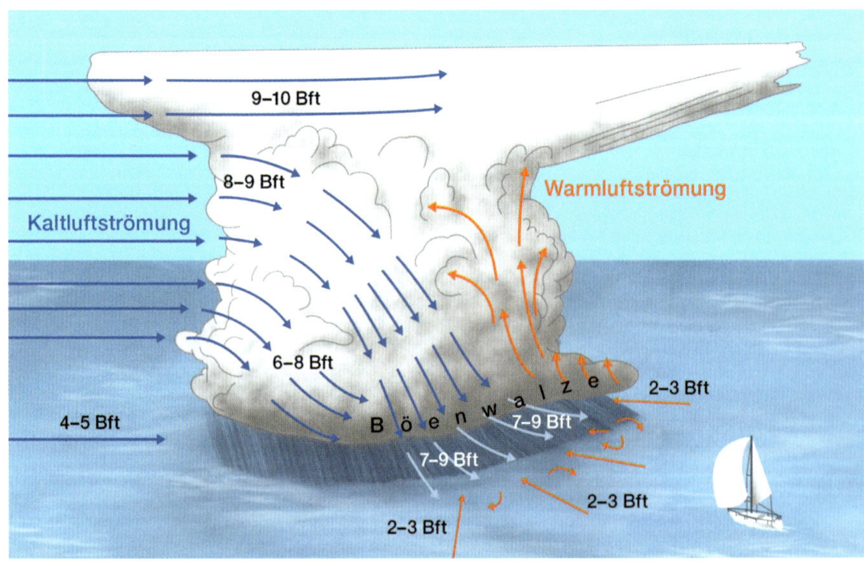

Nähert sich ein kräftiges Gewitter, weht der Wind im Vorfeld auf das Gewitter zu. Mit der Böenwalze setzen abrupt Sturmböen aus West bis Nordwest ein, dann beginnt es zu regnen.

türme reihen sich dann perlschnurartig entlang der Front auf. Die Bildung eines einzelnen Gewitterturms nimmt meist nicht mehr als 45 Minuten in Anspruch. Danach zerfällt er wieder, in der Zwischenzeit haben sich aber an seinem Rand Tochterzellen gebildet, die ihrerseits die bisher noch verschont gebliebenen Gebiete heimsuchen. Auf diese Art fegen viele gewittrige Kaltfronten flächendeckend über das Revier. Aber auch wer zwischen zwei Gewittern durchzuschlüpfen vermag, entkommt der Böenlinie nicht! Sie ist praktisch der unsichtbare rote Faden, der die Gewitter miteinander verbindet. Im Vorfeld der Front weht es schwach bis mäßig aus Süd bis Südost. Mit der Passage der Böenwalze des Gewitters frischt der Wind in kürzester Zeit auf 6-8, in Böen mitunter auf 9-11 Bft. auf und dreht dabei auf West bis Nordwest. Der Wassersportler muss darauf gefasst sein, dass die stärksten Böen zu Beginn des Gewitters auftreten. Kaltfrontgewitter dauern selten länger als ein bis zwei Stunden. In dieser Zeit findet ein Temperatursturz von 10-15 Grad statt. Weitere Regeln zu Starkgewittern finden sich ab Seite 140.

Ein bis zwei Tage vor der Passage einer atlantischen Kaltfront bildet sich manchmal in der Warmluft, besonders wenn sie aus schwül-warmer Biskaya- oder Mittelmeerluft besteht, ein sogenanntes *Gewittertief* aus. Für den Meteorologen ist das eine prognostische Herausforderung. Das Tief besitzt in der Wetterkarte keine klar erkennbaren Umrisse, sein Kern ist schwer auszumachen und kann sehr rasch seine Position ändern. Es besitzt weder eine Warm- noch eine Kaltfront und ist eigentlich nur eine Ansammlung von kurzlebigen Gewitterherden, in deren Zentrum der Luftdruck in der Regel um 10-15 Hektopascal niedriger ist als am Außenrand des Gewittertiefs. Wind und Wetter hängen sehr vom Lebenszyklus der einzelnen Gewitter ab, die sich zudem gegenseitig beeinflussen.
Entsprechend unberechenbar sind die Winde im Einflussbereich eines Gewittertiefs. Außerhalb der Gewitterkerne sind sie schwach und insgesamt gegen das Tiefdruckzentrum gerichtet. Die Böen sind meist nicht so stark wie bei den anderen beiden Gewittertypen. Dafür bleibt es selten bei einem einzigen Ereignis, oft folgen zwei oder drei weitere Gewitter auf derselben Zugbahn.

Die meisten Gewittertiefs Mitteleuropas bilden sich über Nordfrankreich und driften dann langsam, geführt von südwestlichen Höhenwinden, unter allmählicher Vertiefung über die Beneluxstaaten und Niedersachsen in Richtung Deutsche Bucht, um sich dann über Jütland in ein normales Tief mit gewittriger Kaltfront umzuwandeln. In den heimischen Nordseerevieren weht es bei der Annäherung des Gewittertiefs schwach, mitunter mäßig aus Nordost bis Südost. Im Gewittertief herrschen schwache Winde aus verschiedenen Richtungen vor; im Gewitter selbst brist es auf, Windstärken von 4-6 Bft. sind normal. Der Abzug des Tiefs macht sich dadurch bemerkbar, dass der Wind auf Südwest bis Nordwest dreht und dabei gleichmäßig mäßig bis stark weht. Nun bessert sich die Sicht, und die Temperaturen gehen etwas zurück. Die Reviere der Ostsee sowie viele Binnenseen bleiben von den Gewittertiefs meist verschont.

Über dem Mittelmeer kann es ab September zur Bildung von Gewitterherden kommen, die unseren Gewittertiefs ähneln. Sie ziehen nur sehr langsam. Am heftigsten sind diese Seegewitter nachts und morgens. Auf 6–9 Bft. und mehr muss sich der Segler in Gewitternähe einstellen. Es sind auch vereinzelte Wasserhosen mit 10–12 Bft. möglich.
Bei labiler Luftschichtung und hinreichend feuchten Luftmassen entstehen auch fernab von Gewittertiefs und Kaltfronten Gewitter. Diese treten nur vereinzelt auf, können aber durchaus heftig sein und Sturmböen bringen. Der Fachbegriff lautet *Luftmassengewitter*, weil sie nicht im Grenzbereich verschiedener Luftmassen wie der Kaltfront entstehen und deshalb mit keinem Wetterwechsel verbunden sind. Zwischen diesen lokalen Gewittern ist die Witterung oft freundlich.
Zu den Luftmassengewittern gehören die vereinzelten Gewitter, die zusammen mit den Schauern des *Rückseitenwetters* (S. 60) auftreten können. Das geschieht, wenn die Schichtung sehr labil ist – zum Beispiel im Spätsommer und Herbst in den Revieren der Nordsee, wenn hinter der Kaltfront Kaltluft über die noch warmen Gewässer strömt. Die Sicht ist gut, und die Gewitterwolken sind am Himmel deshalb auch gut auszumachen, zumal um die Schauer und Gewitter herum recht freundliches Wetter herrscht. Die Böen erreichen in der Regel 6–8 Bft. aus West bis Nordwest. Das Gewitter ist nach 30–45 Minuten meist vorbei, da die Cumulonimben im Rückseitenwetter von einer lebhaften Höhenströmung rasch weitertransportiert werden.
Bei der Trog-Wetterlage (S. 109), einer Sonderform des Rückseitenwetters, muss sich der Wassersportler im Trogbereich ebenfalls auf vereinzelte Gewitter einstellen (*Trog-Gewitter*). Bei ihr ist die Gewittergefahr größer als beim Rückseitenwetter und infolge schwächerer Höhenwinde kann es mehr als eine Stunde dauern, bis die Sache ausgestanden ist. Ähnlich einer Kaltfront schließen sich Trog-Gewitter nicht selten zu Gewitterlinien zusammen. Sie bringen 6–8 Bft. aus Südwest bis West, später Nordwest. Schwere Sturmböen von 9–10 Bft. sind bei einer ausgeprägten Trog-Wetterlage nicht auszuschließen. Die Sicht ist gut, die heranziehende Gewitterlinie ist folglich klar und deutlich am Himmel auszumachen.

Die bisher genannten Luftmassengewittertypen können sowohl tagsüber als auch nachts auftreten, wobei sie nachts und in den Morgenstunden oft heftiger sind als zu anderen Tageszeiten.
Die dritte Variante der Luftmassengewitter sind *Wärmegewitter*. Sie entwickeln sich oft im westlichen Randbereich von Hochdruckgebieten, wo der Hochdruckeinfluss nur schwach ist und die Luft allmählich feuchter wird. Der überwiegende Hochdruckeinfluss mit längerem Sonnenschein zusammen mit einer zunehmenden Zufuhr warmer Luftmassen sorgt besonders über Land für eine Überhitzung der unteren Luftschichten. Im Tagesverlauf bilden sich Quellwolken, von denen sich einzelne zu Gewitterwolken weiterentwickeln. Im Unterschied zu den anderen Luftmassengewittern bevorzugen Wärmegewitter die Zeit vom Mittag bis zum Abend. Die Böen erreichen 5–8 Bft. Von der Lage und der Nähe zum Gewitterkern hängt es ab, aus welcher Richtung die Böen im Revier einfallen und wie stark sie sind. In

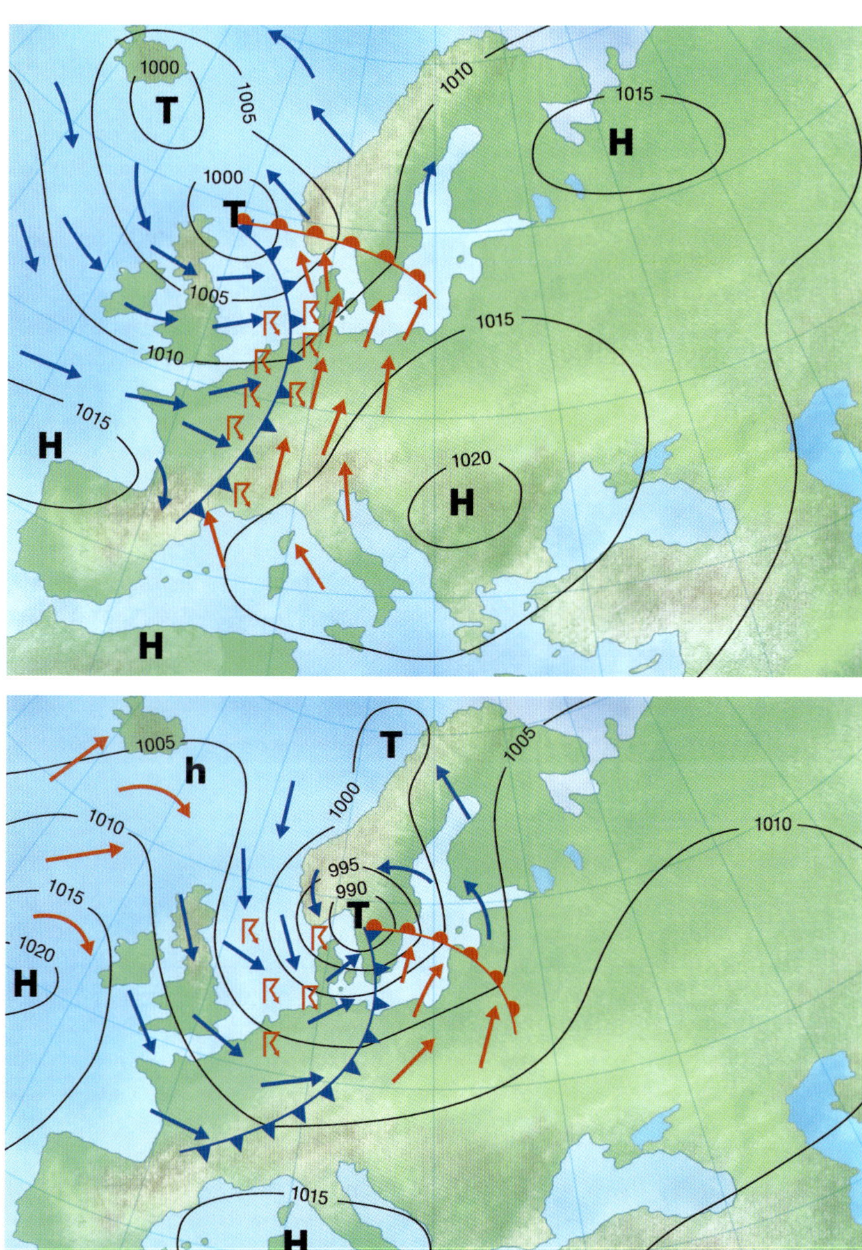

Wetterkarten, die zwei mögliche Gewitterwetterlagen zeigen: Eine Gewitterlinie entlang einer Kaltfront (oben) und einzelne Gewitter im Rückseitenwetter (unten).

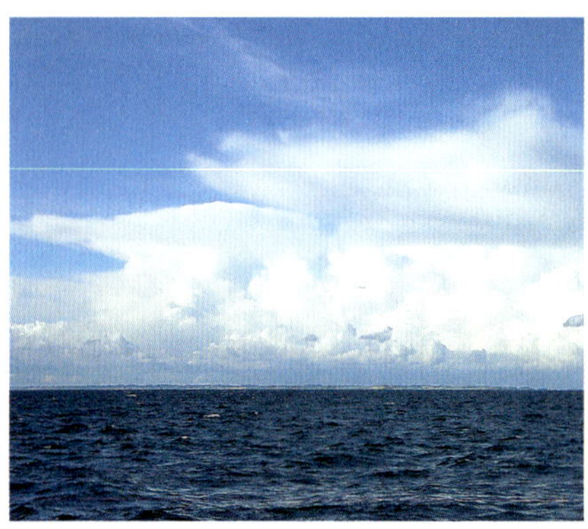

Trog-Gewitter und Gewitter im Rückseitenwetter lassen sich in der klaren Luft schon lange vor ihrem Eintreffen ausmachen.

der Nähe schwerer Gewitter mit Hagel sind auch 9–10 Bft. möglich.

Wärmegewittern geht schönes Wetter voraus, nach ihnen klart es auch wieder auf. Außerhalb der Gewitter ist das Wetter ebenfalls schön. Im Satellitenbild sind sie durch ihre charakteristische grellweiße, oft rundliche Form deutlich zu erkennen.

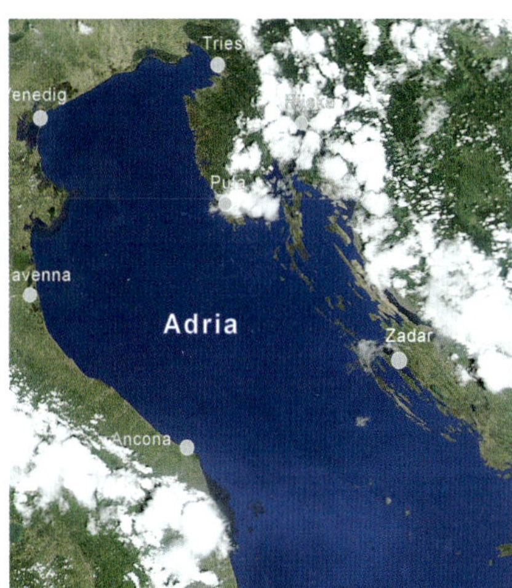

Das Satellitenbild zeigt Wärmegewitter über dem Apennin sowie im kroatischen Hinterland.

Die lokalen Wärmegewitter können sich zu Gewitterherden zusammenschließen, eine solche Entwicklung ist oft der Anfang vom Ende der Hochdrucklage.

Aufgrund ihrer Entstehungsweise treten Wärmegewitter am ehesten im Binnenland, seltener an Küsten oder auf freier See auf.

Regionale und zeitliche Schwerpunkte der Gewittergefahr. Die Wassersportreviere in heimischen Gewässern und im Mittelmeer werden je nach Jahreszeit und Region sehr unterschiedlich von Gewittern heimgesucht. Im Folgenden eine Übersicht, wo und zu welcher Jahres- und Tageszeit die Gewitter während der Wassersportsaison besonders heftig sind.

Generell

- *Gewitter über See und die von See heranziehen:* zweite Hälfte der Segelsaison, nachts und in den Morgenstunden
- *Gewitter, die über Land entstehen:* Mai-August, nachmittags und abends

Norddeutsche Reviere

- *Kaltfrontgewitter:* Deutsche Bucht, Ostseeküste von Lübecker Bucht bis Greifswalder Bodden, Binnenreviere. Mai-September, nachmittags und abends
- *Gewittertief:* Westdeutsche Binnenreviere, westfriesische Küste mit Deutscher Bucht. Juni-August, zu jeder Tageszeit
- *Rückseitenwetter- und Trog-Gewitter:*
    - Nordsee: August und September, nachts und morgens
    - Binnenreviere: Mai-Juli, mittags bis abends
- *Wärmegewitter:* Binnenreviere. Juni-August, nachmittags und abends

Süddeutsche Reviere

- *Kaltfrontgewitter:* Alpenvorland (Bodensee bis Chiemsee). Mai-August, nachmittags und abends
- *Gewittertief:* Seen in Baden-Württemberg, Juli und August, nachmittags bis nachts
- *Rückseitenwetter- und Trog-Gewitter:* Bayerische Seen. Mai-August, mittags bis abends
- *Wärmegewitter:* Alpenvorland (Bodensee bis Chiemsee). Mai-August, nachmittags und abends

Mittelmeer

- *Kaltfrontgewitter:* Côte d'Azur bis toskanische Küste, nördliche Adria. August-Oktober, nachmittags bis nachts
- *Gewittertief/Seegewitter:* Balearenmeer, Golf von Genua, Tyrrhenisches Meer. September und Oktober, nachts und morgens
- *Wärmegewitter:* Ligurische Küste, oberitalienische und slowenische Adriaküste mit Istrien. Mai-August, nachmittags und abends

Ab Seite 140 wird noch einmal ausführlich auf die Gewitter eingegangen. Dabei geht es vor allem um das rechtzeitige Erkennen von Gewittern, verbunden mit Ratschlägen, wie der Wassersportler auf die Gefahr reagieren sollte.

3.4 Wasserhosen

Wasserhosen zählen zu den gefährlichsten Wettererscheinungen auf See. Sie bilden sich nur, wenn zahlreiche verschiedene Bedingungen gleichzeitig erfüllt sind. Dass insgesamt so viele Faktoren zusammenkommen müssen, damit sich ein solcher Wirbelsturm bildet, erklärt, warum Wasserhosen ein sehr seltenes Ereignis sind. Dafür bedrohen sie Leib und Leben wie keine andere Gefahrenwetterlage.

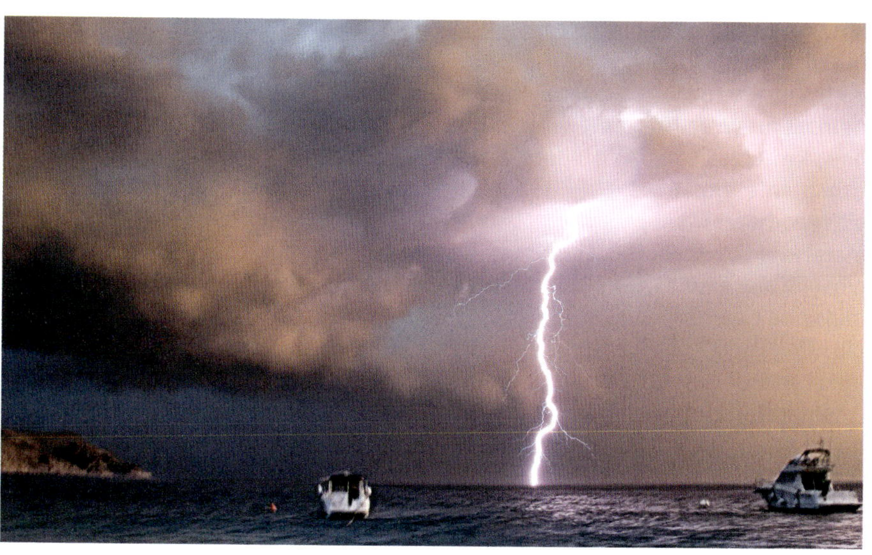

Auf See entwickeln sich heftige Gewitter besonders in der Nacht und in den Morgenstunden.

15–20 Minuten. Im Unterschied zu ihrer enormen Rotationsgeschwindigkeit von durchschnittlich 7–10 Bft. in heimischen und 9–12 Bft. in mediterranen Revieren ziehen sie mit 10–15 Knoten relativ langsam. Leider bewegen sich Wasserhosen oft nicht wie an einer Schnur gezogen. Sie schlagen Haken, halten mitunter inne oder beschleunigen plötzlich.

Wetterlagen mit Wasserhosenpotenzial
Wasserhosen können sich hierzulande im Vorfeld einer gewittrigen Tiefdruckstörung (Kaltfront oder Gewittertief) bilden. Dabei herrscht zuvor schwülwarmes, diesiges Wetter mit meist nur schwachen Winden aus Ost bis Süd. In der höheren Atmosphäre weht es aber stark bis stürmisch aus Südwest. Diese ungewöhnlich starken Windunterschiede zählen zusammen mit einer gewitterbereiten Atmosphäre zu den entscheidenden Antriebsquellen bei der Bildung des Wirbelsturms. Er kann sich auf Land bilden und auf See hinausziehen oder entsteht über dem Wasser. Warme Küstengewässer begünstigen die Bildung und das Weiterleben des Wirbelsturms.

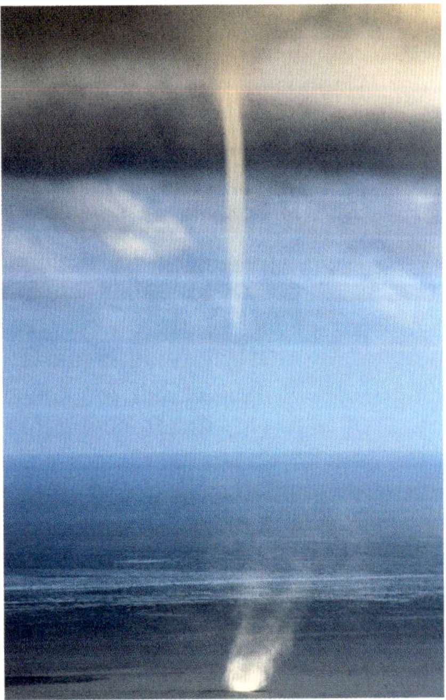

Manche Wasserhosen wirken harmlos, weil der Wolkenschlauch bei ihnen nicht bis auf die Wasseroberfläche herabreicht - dennoch herrscht hier Sturm, wie der Gischtfuß eindrucksvoll zeigt.

Zu Wasserhosen kann es auch kommen, wenn sich auf dem Meer ein flaches, das heißt nur schwach ausgeprägtes Tief ohne Fronten gebildet hat. Auf der Bodenwetterkarte sieht das Tief sehr unscheinbar aus. Höhenwetterkarten hingegen zeigen das Tief sehr deutlich, hier ist das Tief deutlicher ausgeprägt und ist von sehr kalter Luft erfüllt. Im Mittelmeerraum werden ebenfalls viele Wasserhosen dort beobachtet, wo ein schwaches Bodentief von einem kalten Höhentief überlagert wird. Eine solche Wetterlage hält durchschnittlich zwei bis drei Tage an, dann hat die in den Gewittertürmen aufsteigende Meereswärme die höheren Luftschichten soweit erwärmt, dass keine labile Luftschichtung mehr herrscht. Der Motor der Schauer- und Gewittertätigkeit ist damit abgestellt und die Wasserhosengefahr gebannt.
Wasserhosen können sich auch auf den großen Binnenseen bilden. Wichtige Bedingungen sind eine warme Wasseroberfläche (oft nach länger anhaltenden sommerlichen Schönwetterperioden), sowie eine kühle Luftströmung. Wichtig ist daneben, dass die Luft sehr feucht mit tief hängenden Wolken ist und nur ein schwacher Wind geht.

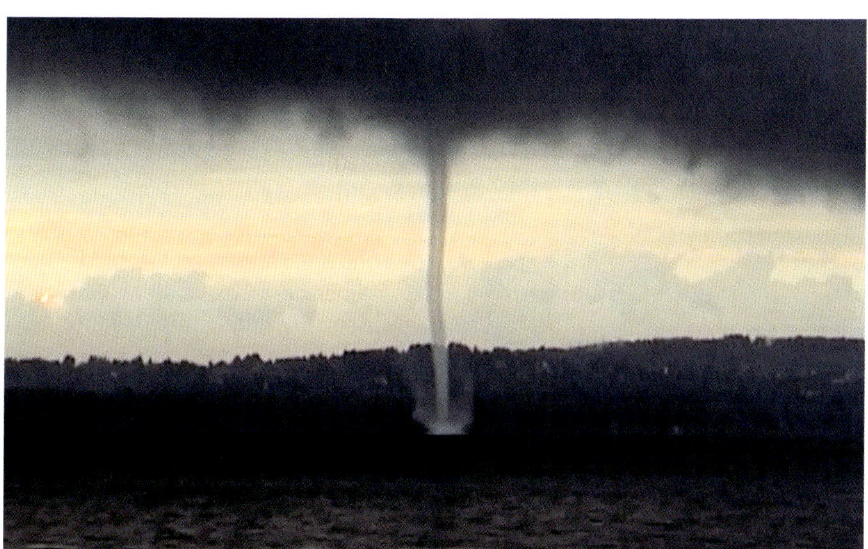

Wasserhosen werden auch auf deutschen Seen beobachtet, wie hier auf dem Starnberger See in Oberbayern.

Regionale und zeitliche Schwerpunkte der Wasserhosenbildung

Wasserhosen entstehen oft in Seegebieten, wo der Wind auf kurze Distanz die Richtung ändert. Deshalb vermuten Experten, dass sich Wasserhosen an Landvorsprüngen und Kaps häufen – aber auch an Kaltfronten sowie bei umlaufenden Winden, wo ebenfalls markante Winddreher auftreten.

Die meisten Wasserhosen in *heimischen Gewässern* werden in der Deutschen Bucht zwischen Cuxhaven und St.-Peter-Ording beobachtet, ein weiterer Schwerpunkt liegt in der Ostsee rund um Rügen. Besonders der Greifs-

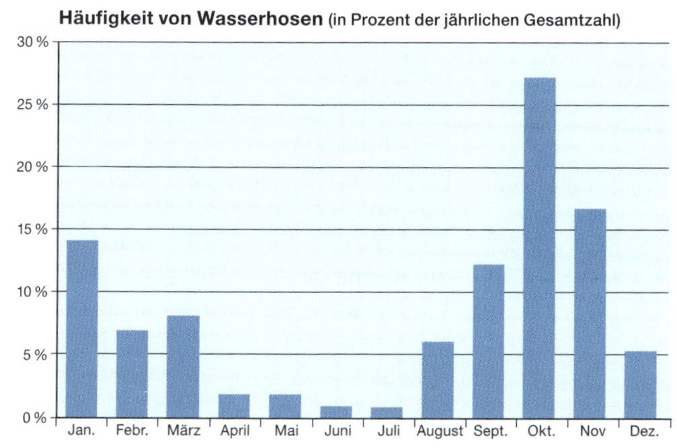

In der Spätsaison herrscht im Mittelmeer die größte Wasserhosengefahr – wie diese Statistik der relativen Häufigkeit von Wasserhosen in italienischen Gewässern zeigt.

walder Bodden scheint ein Tummelplatz für Wasserhosen zu sein.

Bei den großen Seen im Binnenland steht der Bodensee ganz oben auf der Gefährdungsskala. Aber auch auf den oberbayerischen Seen werden Wasserhosen beobachtet, besonders viele auf dem Starnberger See.

Über dem *Mittelmeer* treten Wasserhosen häufiger auf als in den anderen Revieren Europas, und sie sind auch stärker. Dort vergeht kaum ein Jahr, in dem Wasserhosen nicht Schlagzeilen machen.

Bekannt sind die Straße von Gibraltar und die angrenzende Alboransee für ihre Wasserhosen. Geradezu berüchtigt für seine große Wirbelsturmhäufigkeit ist das Revier der Balearen: Gegen Ende der Segelsaison herrscht hier eine ähnlich hohe Wasserhosengefahr wie im tornadogeplagten Mittleren Westen der USA. Die Gewässer rund um Ibiza, Mallorca und Menorca gelten als die „Tornado-Alley" des westlichen Mittelmeeres. Überdurchschnittlich häufig werden Wasserhosen auch von der Côte d'Azur bis zur ligurischen Küste registriert. Die nördliche Adria und die Straße von Otranto sowie die griechischen Inseln im Ionischen Meer zählen ebenfalls zu den besonders gefährdeten Revieren. Im östlichen Mittelmeer bleiben die Wassersportler während der Segelsaison von Wirbelstürmen meist verschont.

Hochsaison der auf See hinausziehenden Windhosen (die man auf See dann Wasserhosen nennt), ist Mai bis August, die meisten dieser Wirbel entstehen am Nachmittag und frühen Abend. Das gilt sowohl für die heimischen als auch für die mediterranen Reviere.

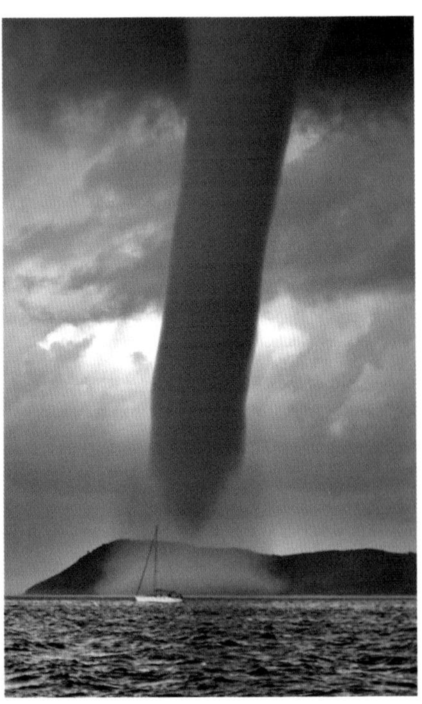

Europäische Wasserhosen treten auf dem Mittelmeer besonders häufig und stark auf. Kommt der Wirbelsturm dem Wassersportler so nah, wie es dieser Yacht vor der griechischen Insel Korfu im Ionischen Meer passierte, hilft nur eine rasche Flucht unter Motor.

Den „echten" Wasserhosen, die also über See entstehen, begegnet der Wassersportler später in der Saison, in der Regel von August bis Oktober. Im Mittelmeer fällt mehr als die Hälfte aller Wasserhosenbeobachtungen in die Zeit von September bis November. An der türkischen Riviera nimmt das Wasserhosenrisiko erst von November an deutlich zu. Die Tageszeit mit der größten Wasserhosengefahr sind die Nacht- und Morgenstunden. Nachttörns empfehlen sich also nicht bei wasserhosenträchtigen Wetterlagen.

Mehr zu Wasserhosen mit vielen Tipps zur Erkennung der Wirbelstürme und den richtigen Verhaltensregeln für den Wassersportler findet sich ab Seite 146.

3.5 Nebel

Auch im Zeitalter von GPS und elektronischen Seekarten ist der Nebel ein großes Problem für Segler und Motorbootfahrer. Viele Seenotfälle geschehen in Folge von *Orientierungslosigkeit* bei schlechter Sicht. Die Kimm ist verhüllt. Man kann nur noch Hunderte von Meter weit sehen. Es drohen Kollisionen mit anderen Wassersportlern oder Markierungstonnen, das Auflaufen auf Untiefen oder gar eine Strandung. Gerade das anspruchsvollste Manöver, die Ansteuerung eines fremden Hafens, setzt die Erkennbarkeit von Leuchttürmen, Markierungstonnen, Molenköpfen oder anderen markanten Sichtmarken am Ufer oder der Küste voraus.

Ein weiteres Problem ist der *Überraschungseffekt*. Man wird vom Nebel in der Regel überrumpelt. Das liegt einmal daran, dass bei Überschreiten einer bestimmten Luftfeuchtigkeit die Nebelbildung plötzlich nach dem Kippschalterprinzip einzusetzen pflegt. Aber auch wenn Nebel aus der Ferne langsam ins Revier herein zieht, wird er naturgemäß erst sehr spät erkannt. Denn er ist kein Himmelsphänomen, sondern liegt dem Wasser unmittelbar auf und kann infolge der Erdkrümmung erst wahrgenommen werden, wenn er dem Wassersportler näher als 2–3 Seemeilen gekommen ist. Die Zeit nach Insichtkommen der Nebelbank reicht

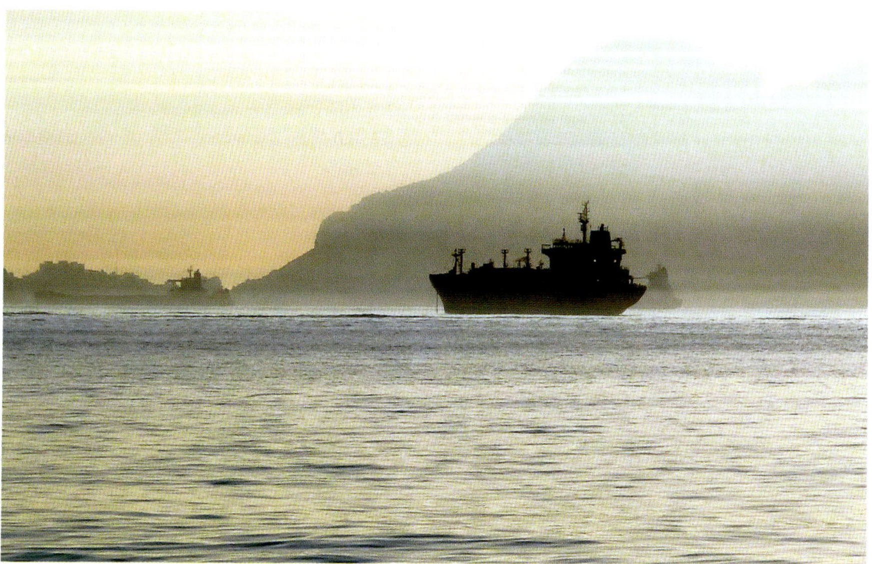

Die Straße von Gibraltar ist nicht nur aufgrund ihrer Winddüsen eine Herausforderung. Bei ruhigeren Windbedingungen begünstigt das einströmende kühle Atlantikwasser Dunst und Nebel, wodurch die ohnehin schwierige Navigation in der engen Passage weiter erschwert wird.

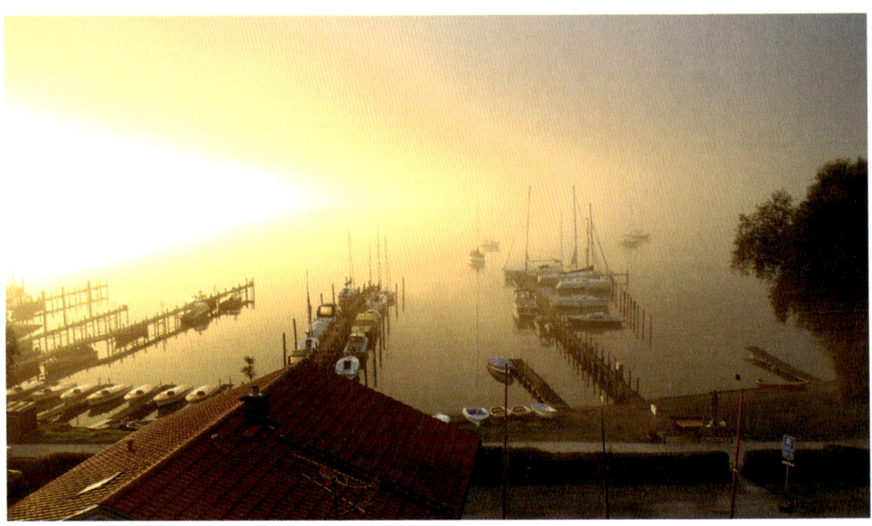

Frühnebelfelder sind besonders in den Binnenrevieren eine typische Begleiterscheinung ruhiger Hochdrucklagen gegen Ende der Wassersportsaison. In der Regel lichten sich solche Landnebel im Laufe des Vormittags, und die Sonne kämpft sich durch die letzten Nebelschwaden - wie hier am oberbayerischen Chiemsee.

gerade mal, um Pullover und Schwimmweste hochzuholen und sich die Richtung von Landmarken und etwaigen Schiffe noch einmal einzuprägen.

Nebelträchtige Wetterlagen

Die Nebel, die man in den heimischen Revieren antrifft, entstehen hauptsächlich infolge von Abkühlung feuchter Luftmassen durch den Untergrund (Boden, Wasser). Dabei unterscheidet man im wesentlichen zwei Arten von Nebel: *Landnebel* und Seenebel (s.a. S. 28-30). In den Küstenrevieren muss man mit beiden Arten rechnen.

Landnebel entstehen in langen, klaren und windschwachen Nächten durch die Auskühlung der bodennahen Luftschichten. Der Untergrund vermag unter solchen Bedingungen besonders viel Wärme an den Weltraum auszustrahlen und kann sich entsprechend stark abkühlen. Im Fachjargon heißt der Landnebel deshalb auch Strahlungsnebel. Als klassische Landnebellöcher gelten feuchte Mulden, Weiden, Wiesen, Talniederungen und Seebecken. Ihre Hauptsaison ist die Zeit von September bis zum Spätwinter.

In Mitteleuropa trifft man auf Landnebel besonders im Kernbereich oder am Westrand von Hochdruckgebieten. Die Nebelneigung ist hoch, wenn zuvor maritime, also an Wasserdampf reiche Luftmassen eingeflossen sind. Dieser Nebeltyp zeichnet sich durch einen zuverlässigen Tagesrhythmus aus. Er bildet sich in der Regel während der zweiten Nachthälfte und hält sich bis in die Morgenstunden, im Spätsommer und Frühherbst mitunter bis zum Mittag. Dieser Rhythmus sorgt dafür, dass der Wassersportler im Binnenland selten auf dem Wasser vom Nebel überrascht wird. Denn wenn er für gewöhnlich sein Schiff oder Brett besteigt, also morgens oder vormittags, herrscht bei nebelträchtigen Wetterlagen ohnehin die größte Nebelneigung. So ist nur Geduld gefordert, und man wartet ab, bis der Nebel der Sonne weicht.

Eine Ausnahme gibt es: den Walchensee in den oberbayerischen Alpen. Die Einbettung dieses insbesondere unter Surfern beliebten Sees in eine besondere topografische Situation sorgt mit seiner Höhenlage dafür, dass der Talaufwind (S. 97) mitunter Nebel vom Alpenrand hinauf zum See transportiert, was durchaus auch mittags oder nachmittags geschehen kann. Die kühle Nebelluft trifft dann oben auf erwärmte Luft, und im Grenzbereich zwischen beiden Luftmassen frischt der Wind stark auf, begleitet von Nebeltreiben. Manche Surfer lassen sich von der Sichteinschränkung nicht abschrecken – im Gegenteil: Das „Nebelsurfen" erfreut sich unter den Einheimischen großer Beliebtheit.

Küstennebel können sich bilden, wenn die Luft bei einer Schwachwindlage sehr feucht ist. Dann reicht auch die, verglichen mit dem Binnenland, verhältnismäßig geringe nächtliche Abkühlung aus, dass sich in der zweiten Nachthälfte oder morgens Nebel bildet. Solch originäre Küstennebel bilden sich aber verhältnismäßig selten.

Wenn der Wassersportler auf Küstengewässern in Nebel gerät, kann das zum einen dadurch geschehen, dass mit der thermischen Landbrise (S. 94) Landnebelfelder hinaus auf See driften. Diese Gefahr droht vom frühen Morgen bis zum Vormittag, vor allem in großen Buchten und vor Flussmündungen. Diese Nebelbänke behindern allerdings meist nur vorübergehend die Schifffahrt und lösen sich in der Regel bis zum späten Vormittag wieder auf, wenn der Nebelnachschub von Land her nachlässt. Die Großwetterlage ist im Prinzip dieselbe wie bei den Nebeln im Binnenland.

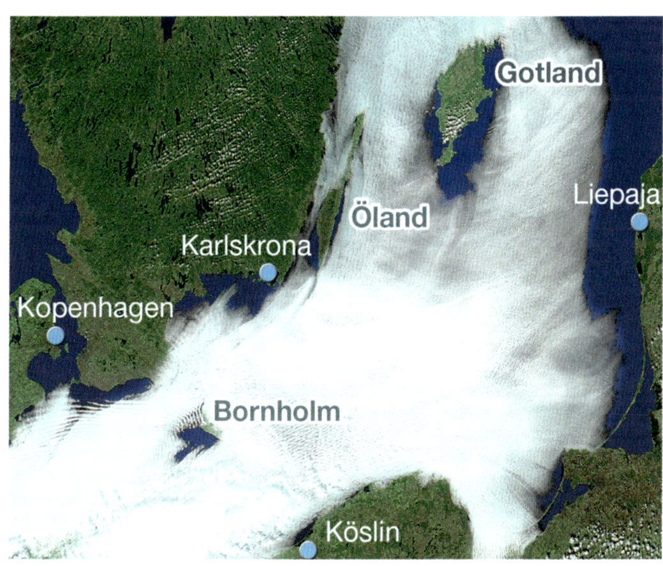

Die Satellitenaufnahme zeigt ein ausgedehntes Seenebelfeld über der Ostsee.

Im anderen Fall erreicht der Küstennebel das Revier mit auflandigen Winden. Dann handelt es sich um *Seenebel*. Dieser Nebeltyp ist wesentlich hartnäckiger als der Landnebel. Entstehungsort sind die kühleren Gewässer fernab der Küste. Wenn Meeresluft subtropischen Ursprungs, die einen besonders hohen Gehalt an Wasserdampf besitzt, durch eine Luftströmung über kühleres Wasser geführt und an ihm abgekühlt wird, erreicht sie bald ihre maximale Aufnahmefähigkeit für Wasserdampf und kondensiert in Wassernähe zu Nebel und Hochnebel. Deswegen nennt man diesen Nebeltyp auch *Kaltwassernebel*. In der Segelsaison sind besonders im Frühjahr die Gewässer noch recht kalt, der starke Abkühlungseffekt führt in dieser Zeit zum jährlichen Höhepunkt der Seenebelgefahr.

Die Großwetterlage, die *Seenebel auf Nord- und Ostsee* begünstigt, zeigt eine Hochdruckzone, die sich vom Seegebiet südwestlich der Biskaya bis nach Norddeutschland erstreckt. Diese steuert mit südwestlichen Winden maritime Luftmassen aus dem Raum der Azoren in Richtung West- und Mitteleuropa. Die sehr feuchte Luft erreicht die (besonders zu Beginn der Wassersportsaison deutlich kühleren) Gewässer der Nordsee, kondensiert über ihnen und stößt mitunter auch bis in die südliche und westliche Ostsee vor. Ausgedehnte und sich unter Umständen über Tage hinweg haltende Nebel- und Hochnebelfelder auf See sind die Folge. Wenn sich dann im Binnenland die Luft durch längeren Sonnenschein aufheizt und die thermische Seebrise sich von der Küste seewärts ausweitet, kann sie zum Spediteur des Seenebels werden und ihn in die Küstenreviere hinein transportieren. Im Unterschied zum herausdriftenden Landnebel muss mit diesem Nebeltyp

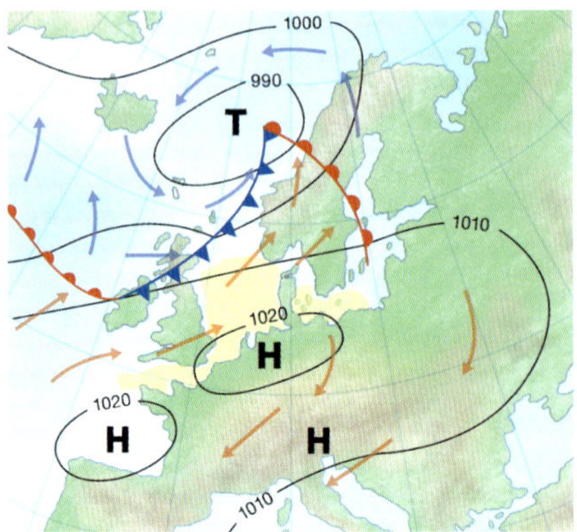

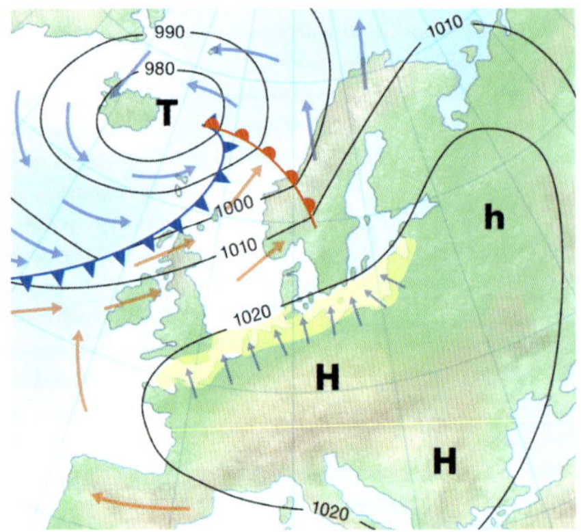

Seenebel treten besonders auf dem Ärmelkanel und der Nordsee, mitunter auch in der westlichen Ostsee im Frühjahr und Frühsommer auf, wenn eine südwestliche Strömung am Rande einer Hochdruckzone feucht-milde Meeresluft subtropischen Ursprungs über die Gewässer führt - mit der auflandigen Seebrise erreichen sie im Tagesverlauf auch die Küstengewässer (oben).
Nebel im Binnenland (Landnebel) entstehen unter Hochdruckeinfluss in klaren Nächten besonders gegen Ende des Sommers, sie können mit der morgendlichen Landbrise auf die Küstengewässer hinausdriften (unten).

vor allem ab den Mittagsstunden gerechnet werden. Generell ist die Nebelgefahr auf den Revieren der Ostsee geringer als an der Nordsee oder in den Binnengewässern.

Noch seltener tritt *Nebel im Mittelmeerraum* auf. An Flachküsten mit Flussmündungen kann es hier am ehesten einmal dazu kommen, dass Nebelschwaden dem Wassersportler die Sicht nehmen. Wie in heimischen Revieren lösen sich mit der Morgenbrise an die Küste geführte Landnebelfelder meist am Vormittag auf.
Hartnäckiger sind die Seenebel (Kaltwassernebel). Von ihnen sind besonders die Straße von Gibraltar und Teile des angrenzenden Alboranmeers betroffen, und zwar ausgerechnet während der Sommermonate. Hier strömt kühles Atlantikwasser ein, an dem die wärmere Mittelmeerluft zu starkem Dunst oder zu Nebel kondensiert.
Im Löwengolf entstehen manchmal Seenebel im Frühjahr, wenn zuvor ein starker Mistral wehte. Bei dieser Wetterlage gelangt kaltes Auftriebswasser an die Oberfläche des Golfs, die das ohnehin kühle Gewässer noch stärker abkühlt.
In Nebelfelder kann der Wassersportler auch im nördlichen Golf von Venedig geraten, dies am ehesten in der Vorsaison (Seenebel) und in der Nachsaison (Landnebel).

Ab Seite 148 wird noch einmal auf den Nebel eingegangen. Dabei stehen die rechtzeitige Erkennung des Nebels und Tipps zur Nebelnavigation im Vordergrund.

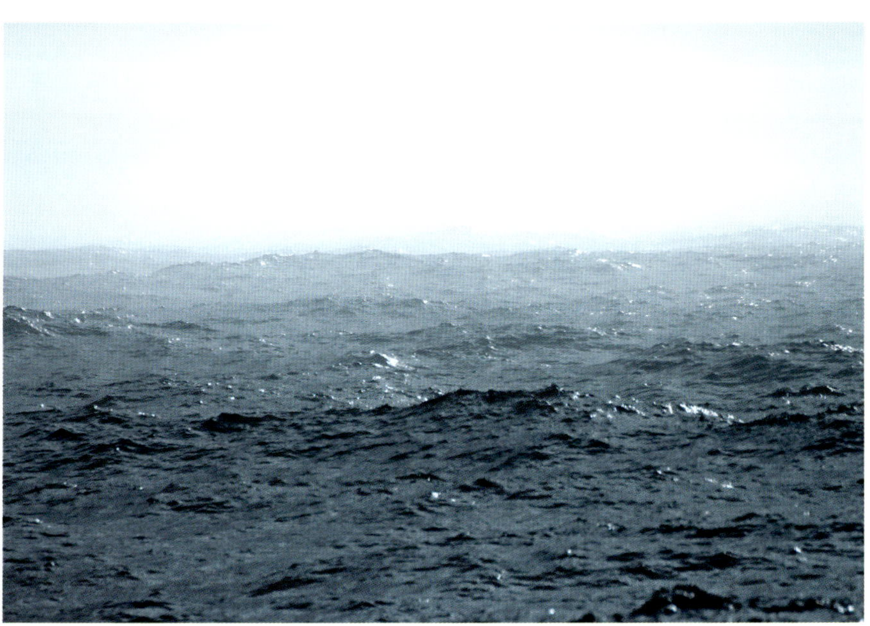

Im Unterschied zum Landnebel, der eher schleichend ins Küstenrevier zieht, vollziehen sich Seenebeleinbrüche oft bei lebhaften Winden.

4. Wetter vorhersehen

4.1 Wetter beobachten und richtig reagieren

Im Verlauf eines Tagestörns auf See sind kurzfristige Entscheidungen zu treffen, für die die Computerwetterprognosen, die man via Radio oder Internet bekommt, keine große Hilfe sind. Da hilft vor allem eine aufmerksame Beobachtung von Wind und Wetter, der Blick auf den Barografen und natürlich auf die See. Fachwissen und der Erfahrungsschatz von Wassersportlern haben zu einer Fülle wertvoller Wetterregeln geführt. Sie sind bei der eigenen Prognose der Wetterentwicklung im Revier behilflich.

Ein Tief nähert sich

Eine nachhaltige Wetterverschlechterung ist zu erwarten, wenn sich ein Tiefdruckgebiet mit seinen Fronten nähert. Dabei erlebt der Wassersportler eine charakteristische Abfolge bestimmter Wolkenformen, die von anhaltendem Druckfall und auffrischenden Winden aus südlichen Richtungen begleitet wird. Es handelt sich um den sogenannten *Warmfrontaufzug* (ab S. 59).

- Über den Himmel ziehen dünne, hohe Wolkenfäden. Sie gleichen Strähnen oder Haarlocken. Die Cirrus-Wolken gelten als erstes Zeichen einer nachhaltigen Wetterverschlechterung, wenn sie sich allmählich zu Cirrostratus verdichten: eine dünne Schicht aus hohen Schleierwolken. Die teils gebogenen Wolkenfäden gelten bei den Seeleuten seit jeher als Wetterzeichen: „Der Himmel wie ein Stutenschweif, da wird die Zeit zum Reffen

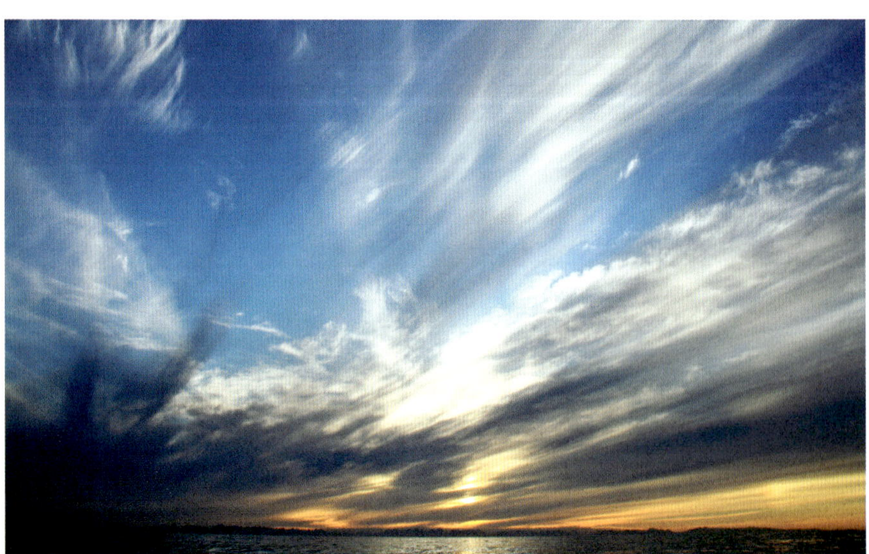

Der Schönwettereindruck kann trügen. Dünne, hohe und langgezogene Cirrus-Wolken, die aus westlichen Richtungen heranziehen, sind oft das erste Zeichen für eine nachhaltige Wetterverschlechterung.

reif." Den britischen Seemann erinnert die zerzauste, streifige Struktur an das Werk einer streitsüchtigen Henne: „If clouds look as if scratched by a hen, get ready to reef your topsails then."

- In dieser Phase dreht der Wind in der unteren Atmosphäre auf südliche Richtungen, während die Cirren aus West bis Nordwest heranziehen. Darauf bezieht sich die bekannte Querwindregel: „Man stelle sich mit dem Rücken zum Wind - kommen dann die hohen Wolken von links, wird sich das Wetter verschlechtern."

- Beginnt der Wolkenaufzug in den Morgenstunden, werden die sich aus Westen nähernden hohen Wolkenfelder von der (im Osten stehenden, von Wolken noch nicht verhüllten) Morgensonne beschienen. Das ergibt ein ungewöhnlich imposantes Morgenrot, der gesamte Westhimmel scheint in Flammen zu stehen. Für Wetterkundige ein erstes Zeichen, dass sich ein Tiefdruckgebiet nähert. Deshalb der bekannte Spruch: „Morgenrot mit Regen droht.", im Angelsächsischen heißt es: „Red sky in the morning, is a sailor's warning."

- In dieser Schicht geschieht Seltsames mit den Wasserdampffahnen der Flugzeuge. Sie sind nicht schmal und kurz wie sonst, sondern quellen in diesem Nährboden sehr feuchter Luft auf und wandeln sich zu breiten, weite Teile des Himmels überspannenden Kondensstreifen.
- Der starke bis stürmische Höhenwind, wie er für ein sich näherndes Tief typisch ist, verpasst den Eiskristallen dieser hohen Wolkenschicht einen sehr einheitlichen Aufbau. Das

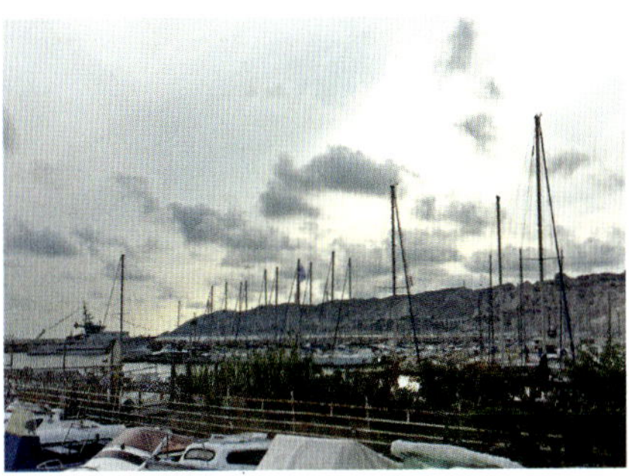

Wenige Stunden vor dem Dauerregen verschwindet die Sonne mehr und mehr hinter einer grauen konturlosen Wolkenmasse, dem Altostratus.

führt zu einem charakteristischen optischen Phänomen, den Halo-Erscheinungen (S. 38, 43). Die bekanntesten unter ihnen sind weißliche, mitunter regenbogenfarbige Ringe um die Sonne, sowie farbige Lichtpunkte auf gleicher Höhe rechts und links von der Sonnenscheibe, die sogenannten Nebensonnen. „Wenn die Sonne hat einen Ring, so folgt Regen allerding", lautet eine alte Wetterweisheit.
- Der Cirrostratus verdichtet sich weiter und wächst nach unten an, sodass die Sonne nur noch wie durch ein Milchglas hindurch erscheint (Altostratus translucidus). Sie hat einen Hof, sagt man. „Wenn die Sonne scheint sehr bleich, ist die Luft an Regen reich", heißt es im Volksmund.
- Später verschwindet die Sonne ganz hinter dieser inzwischen grauen, konturlosen Wolkenschicht (Altostratus opacus).

- Der Altostratus wächst weiter nach unten, und so entsteht eine kompakte, dunkelgraue Wolkenmasse, die nahezu die gesamte Troposphäre ausfüllt (Nimbostratus). Es regnet nun anhaltend mit leichter bis mäßiger Intensität.

Das Tief zieht ab, durchgreifende Wetterbesserung ist in Sicht

Nach der Passage des letzten der beiden Tiefausläufer, der Kaltfront, herrscht wechselhaftes Rückseitenwetter mit Sonne, Wolken und teils gewittrigen Schauern bei lebhaften Winden aus W bis NW und ansteigendem Luftdruck. Folgende Beobachtungen lassen hoffen, dass dieser letzte Akt im Tiefdruckdrama bald vorbei ist und ein neues Hoch vor den Toren steht.

- Unter den vielen Quellwolken am Himmel werden die hoch aufgetürmten, massigen Cumulonimben immer weniger, und so lässt die Schauerfrequenz nach. Auch sind die Schauer und die sie begleitenden Böen nicht mehr so heftig.

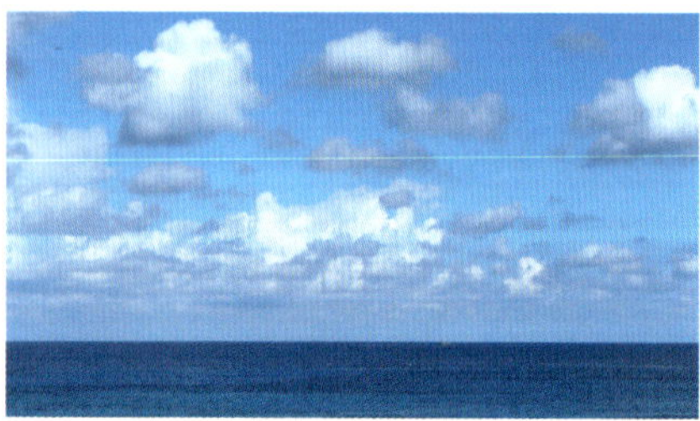

Im weiteren Verlauf des Rückseitenwetters werden die Cumuli immer flacher und produzieren kaum noch Schauer; die sonnigen Abschnitte nehmen zu und der Wind wird schwächer: Das nächste Hoch ist im Anmarsch.

- Schließlich ziehen die letzten Schauerwolken nach Osten ab. Im Westen gibt es nur noch wenige Cumuli.
- In den Abendstunden kann so die untergehende Sonne, kaum behindert durch Wolken, die letzten Cumulonimbus-Türme am Osthorizont in ihr rotes Licht tauchen. Besonders die Eiswolkenpartien der Schauerwolken vermögen den Himmel durch Lichtbrechung und Vielfachreflexion mit einem intensiven Orange oder Rot zu überziehen. So erklärt sich der populäre Spruch, der oft zutrifft: „Abendrot-Schönwetterbot" Auch die Engländer kennen diese Wetterregel: „Red sky at night, is the sailor's delight."

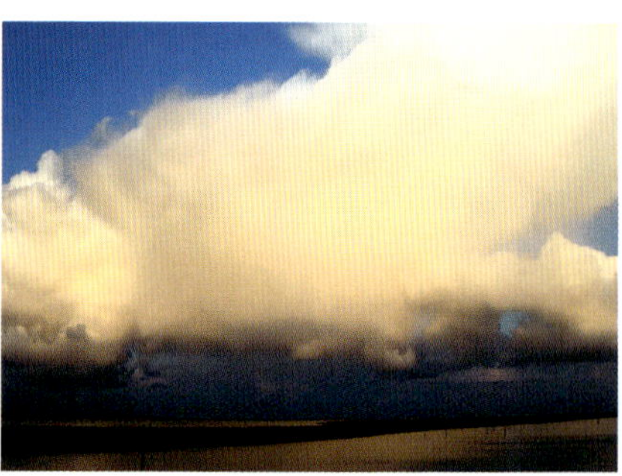

Eine Wetterbesserung erfolgt in unseren Breiten oft aus Westen. So kann die untergehende Sonne unbehindert von Wolken die letzten Schauer am Osthorizont in ihr rotes Licht tauchen: Abendrot-Schönwetterbot!

- Unter dem Einfluss steigenden Luftdrucks flachen die Cumuli immer mehr ab, wandeln sich vom Cumulus congestus zum Cumulus humilis. Es ist überwiegend sonnig, der Wind weht schwach aus NW. Ein Hochdruckgebiet hält Einzug.
- Hält sich der Luftdruck für mehr als 36 Stunden auf hohem Niveau mit kleinen periodischen tageszeitlichen Schwankungen, ist das ein verlässliches Zeichen für eine durchgreifende Wetterbesserung. Mitunter zeigen sich einige flache Cumuli am Himmel, die sich kaum bewegen. Und es können gelegentlich dünne, hohe Wolkenfelder durchziehen, die sich nicht verdichten. Die Tage sind

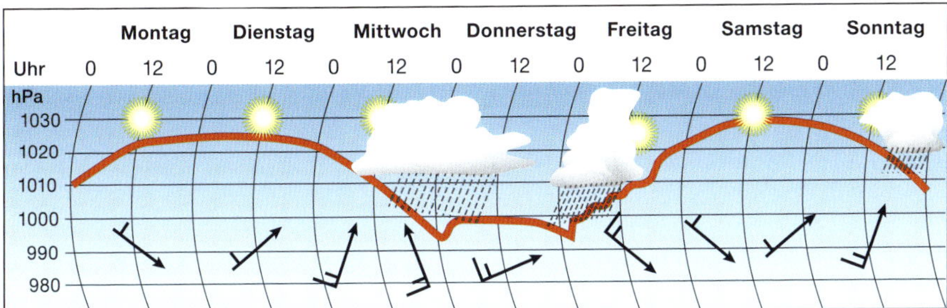

Das Barogramm eines registrierenden Barografen zeigt den charkateristischen Druckverlauf des Westwetters mit der klassischen Abfolge von Hochdruckwetter, Warmfront, Warmsektor, Kaltfront und Rückseitenwetter, gefolgt von einem Zwischenhoch.

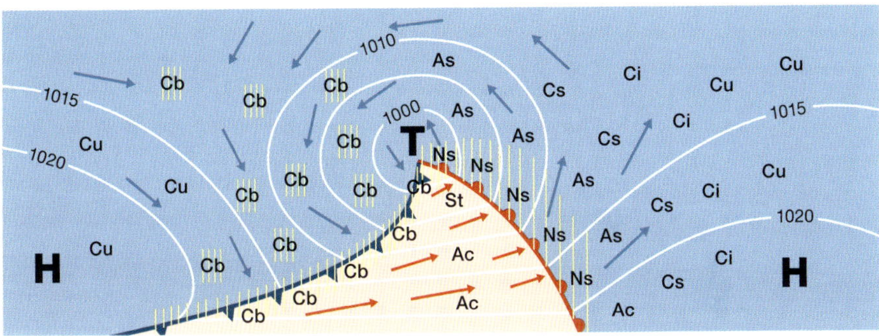

Die charakteristische Verteilung der Wolkentypen im Bereich von Hoch und Tief. In der Regel bewegen sich die wandernden Hochs und Tiefs von West nach Ost. So zeigt die Abfolge der Wolkenformen, ob einen schlechtes (Schraffur: Regenfälle) oder schönes Wetter erwartet.

sonnig und die Nächte klar, an den Küsten weht tagsüber der Seewind und nachts die Landbrise. Im Hafen und weiter im Binnenland bildet sich in den Morgenstunden Tau. „Starker Tau hält den Himmel blau", behauptet eine Wetterregel – zu Recht!

Hochdruckwetter mit thermischen Winden

Zeichen einer stabilen Hochdrucklage:

- Eine stabile Hochdruckwetterlage in der Nähe des Hochdruckkerns zeichnet sich durch überwiegend sonniges Wetter, klare Nächte und eine nur geringe, großräumige Luftströmung aus. Sie ist auch die Voraussetzung für Land- und Seewinde. Im Tagesverlauf entstehen besonders über Land einige harmlose Quellwolken (Cumulus humilis, Cumulus mediocris), die sich zum Abend wieder auflösen.
- Im thermischen Land-Seewind-System (S. 93) folgt auf die Seebrise die Abendflaute. Wer als Ankerlieger an der Küste auf die nun zu erwartende Landbrise wartet, um mit ihr noch ein wenig Strecke machen zu können oder um sie für einen Nachttörn unter der Küste zu nutzen, sollte auf Gerüche achten: Eine unmittelbar bevorstehende Landbrise kündigt sich

durch besondere Gerüche an, die die ablandige Brise heranführt. Mit einem Mal duftet es nach Kräutern, Kiefern und anderen Pflanzen oder ihren Blüten. Auch Raffinerien oder landwirtschaftliche Betriebe im Binnenland schicken ihre „Duftnoten" seewärts, und weisen mit ihren eigenen Gerüchen auf den Landwind hin.

- In Zeiten der Landbrise herrscht unter der Küste meist eine sehr stabile Luftschichtung (S. 14), die nicht nur die Ausbreitung von Gerüchen, sondern auch von Geräuschen begünstigt. So sind Geräusche von Land her, wie etwa das Rauschen von Bächen und Flüssen oder der Lärm von Straßenverkehr, bei einsetzenden ablandigen Winden aufgrund der additiven Wirkung von Windrichtung und Schichtung plötzlich viel deutlicher zu vernehmen. Steht ein Wechsel zur Morgenflaute und Seebrise unmittelbar bevor, verstummen die Landgeräusche schlagartig.
- Auf über 1020 hPa steigender und dann für längere Zeit gleichbleibender Luftdruck weist auf den Beginn einer stabilen Hochdrucklage hin, wenn sich auf diesem hohen Niveau ein täglicher periodischer Gang des Luftdrucks entwickelt. Besonders hoch auflösende Barografen zeigen diesen deutlich: Der höchste Druck ist meist vormittags von 10 bis 11 Uhr und der niedrigste nachmittags von 16 bis 17 Uhr. Die Amplitude beträgt in den heimischen Revieren meist nicht mehr als 1 hPa, in den Tropen kann sie bis zu 5 hPa betragen. Solange diese „Gezeiten" der Atmosphäre, wie diese periodische Luftdruckschwankung auch genannt wird, anhalten, hat auch die Hochdruckwetterlage mit ihrem thermischen Windsystem Bestand.

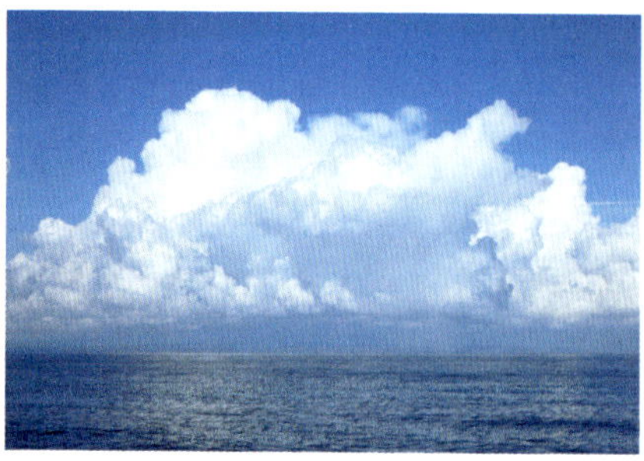

Am Ende einer Hochdruckwetterlage steigen nicht nur die Temperaturen, sondern auch die Neigung zu Wärmegewittern über Land. Sie sind oft ein Zeichen für eine mittelfristige Wetterverschlechterung.

Der Anfang vom Ende einer stabilen Hochdrucklage:

- Zeigen sich im Laufe der Hochdruckperiode über Land immer mehr Quellwolken, die in große Höhen wachsen (Cumulus congestus) und von denen sich einige zu lokalen Schauer- und Gewitterwolken weiterentwickeln (Cumulonimbus), signalisiert diese Entwicklung das baldige Ende der Hochdruckwetterlage und damit auch der thermischen Winde – besonders wenn sich die Gewitter bis in die Nacht hinein halten. Diese Regel gilt vor allem für die heimischen Reviere. Im Mittelmeerraum sind dagegen Wärmegewitter über Land nicht unbedingt ein Zeichen für eine nachhaltige Wetterverschlechterung.
- Wehen die Land- und Seewinde unzuverlässiger oder endet dieses periodische Windregime und wird durch südliche Winde ersetzt, ist das Ende der Hochdrucklage in Sicht. Möglicherweise nähert sich ein Tief.
- Bei bevorstehendem Schlechtwetter fällt der Luftdruck kontinuierlich, und die tagesperiodischen Druckschwan-

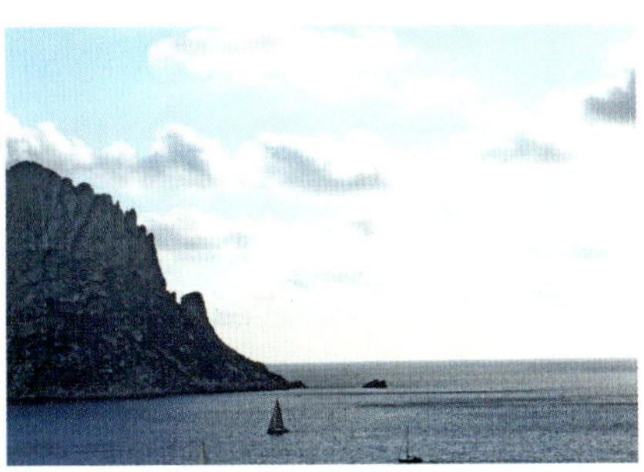

In Lee von Steilküsten und Kaps muss sich der Segler auf plötzliche Böen und Winddreher einstellen. Das durch Böen aufgeraute Wasser erscheint dunkler.

kungen, ein Markenzeichen der Hochdruckwetterlage, werden kaum noch erkennbar oder verschwinden ganz.

Böen, Starkwind und Sturm, Schauer und Gewitter

Der Wind ist neben dem Seegang das wichtigste Naturelement für den Wassersportler. Windsprünge sowie starke Böen bis hin zur Sturmstärke drohen oft in der Nähe von Schauern und Gewittern, weshalb diese ebenfalls ein wichtiger Windindikator sind.

Um sich wirksam vor dem Wind schützen oder auch um ihn für die Navigation nutzen zu können, muss der Schiffsführer die zu erwartenden Windbedingungen kennen. Die Natur liefert zahlreiche Hinweise, die bei der richtigen Einschätzung helfen.

Böen sind ein Gefahrenelement auf See, das mit Vorwarnzeit geizt. Deshalb muss der Skipper gut vorbereitet sein, besonders in engen Fahrwassern und in der Nähe von Hindernissen wie anderen Schiffen, Tonnen oder Untiefen. Am wichtigsten ist, das Boot auch in der stärksten Böe unter Kontrolle zu behalten. Ein Kontrollverlust kann über große Krängung zur Folge haben, die das Ruderblatt aushebelt. Das Schiff reagiert nicht mehr und schießt in den Wind, kann sogar durchwenden, bis das Vorsegel back steht. Skipperkommandos können im Killen der Segel untergehen.

Hinweise der Wasseroberfläche auf Böen, Starkwind und Sturm:

Die Wasseroberfläche in Luv aufmerksam prüfen:

- Durch Böen aufgerautes Wasser ist dunkler
- Böen ab 5 Bft. und mehr produzieren weiße Schaumkronen
- Böen ab 7 Bft. formen die Schaumkronen zu langen Streifen parallel zur Windrichtung
- Bei einer Windsee ab 8 Bft. beginnt die Kimmlinie hinter den Wellen zu verschwinden
- Böen ab 9 Bft. lassen den Schaum zur fliegenden Gischt abheben
- Die Beobachtung der Laufzeit und Laufrichtung der Böenfelder auf dem Wasser in Luv erlaubt eine Abschätzung der Ankunftszeit und Stärke der zu erwartenden Böen.
- Unter Steilküsten und Kaps nicht nur nach Luv, sondern auch nach Lee auf mögliche Böen achten. Hier drohen Leewirbel mit Böen aus unerwarteten Richtungen.
- Aufkommende Dünung bei ruhiger Windsee weist auf lebhaftere Winde in dem Bereich hin, aus dem die Wellen kommen – möglicherweise steht ein Auffrischen des Windes bevor
- Zunehmend durcheinanderlaufende Wellenzüge (Kreuzsee) fernab der Küste sind ein Hinweis auf einen baldigen Sprung in der Windrichtung und evtl. auch der Windstärke

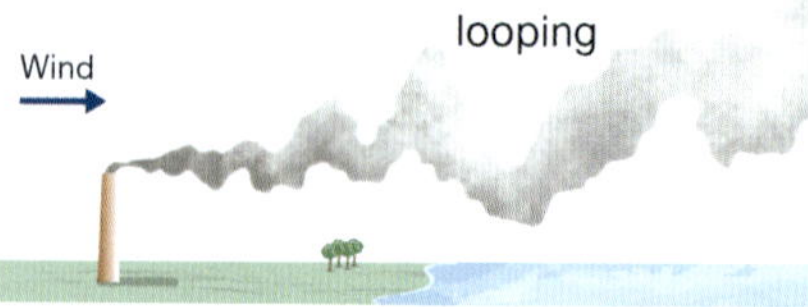

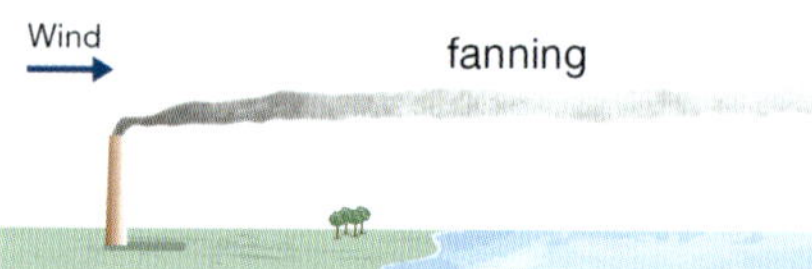

Wasserdampffahnen am Ufer geben Hinweise auf die Böenbereitschaft der Atmosphäre: Starke vertikale Auslenkungen der Fahne („Looping") weisen auf eine labile Schichung und damit auf die Gefahr von Böen hin. Eine gestreckte Fahnenform („Fanning") gibt Entwarnung, der Wind weht sehr gleichmäßig.

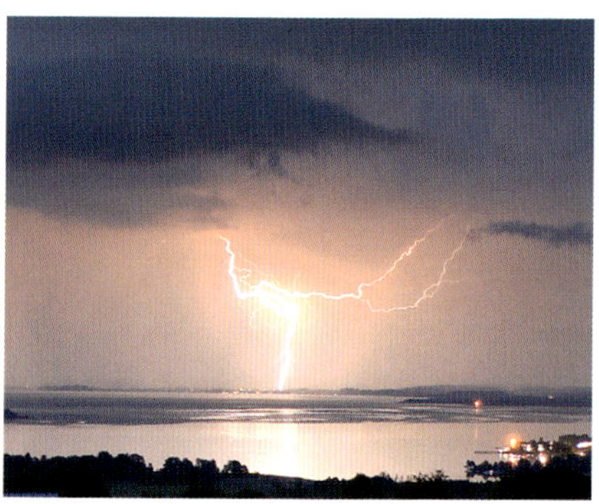

Eine dramatische Stimmung am Chiemsee: Blitze zucken über den Himmel, am Ufer leuchten die roten Sturmwarnlichter.

Hinweise auf den Wind am Ufer oder der Küste:

- Form der Abluftfahnen (Rauch, Wasserdampf) über Schornsteinen. Ein starkes Auf und Ab in der Fahne ist ein Hinweis auf labile Schichtung und damit auf Böengefahr
- Bewegung der Zweige oder ganzer Bäume
- Bewegung von Flaggen an Fahnenmasten
- Bewegung der Rotorblätter von Windenergieanlagen
- Vom Wind aufgewirbelter Staub
- Aktivierte Sturmwarnleuchten am Ufer großer Binnenseen (orangefarbene oder rote Blitze ab 6 Bft.)

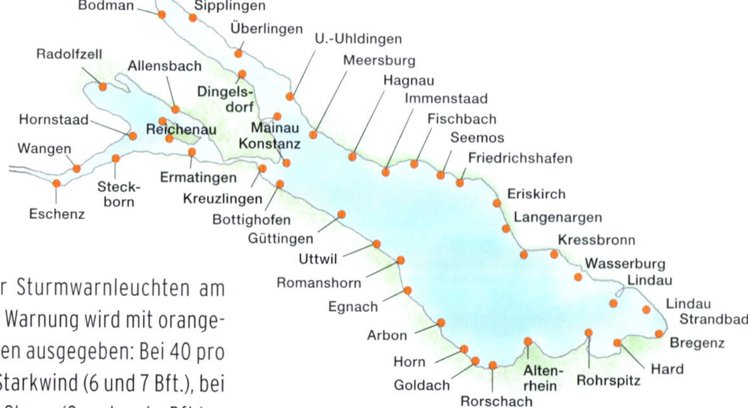

Standorte der Sturmwarnleuchten am Bodensee. Die Warnung wird mit orangefarbenen Blitzen ausgegeben: Bei 40 pro Minute droht Starkwind (6 und 7 Bft.), bei 90 pro Minute Sturm (8 und mehr Bft.).

Hinweise auf Windgefahren durch andere Wassersportler:

- Beseglung von Yachten in Luv oder solchen, die entgegenkommen (auf See oder in der Schleuse): verkleinerte Segelfläche (Reff, geborgene Segel) als möglicher Hinweis auf auffrischende Winde
- Yachten in Luv mit einer Segelstellung, die nicht zum aktuellen Wind an Bord des Beobachters passt: Wind dreht, unter Umständen infolge starker Böen
- Seefunk: Wind- und Wetterinformationen durch andere Wassersportler im Revier, wetterbedingte Notrufe auf Kanal 16

Hinweise auf Starkwind und Sturm durch die Luftdruckaufzeichnung eines Barografen:

- Ein kontinuierlicher Luftdruckfall von 4 hPa und mehr innerhalb von 6 Stunden signalisiert Starkwind- und Sturmgefahr: Ein kräftiges Tief nähert sich. Auch Druckanstiege in gleicher Größenordnung werden oft von starken Winden begleitet.
- Im Warmsektor eines Tiefs - erkennbar daran, dass der Regen aufgehört hat und der Wind auf Südwest gedreht ist - stagniert normalerweise der zuvor gefallene Luftdruck auf tiefem Niveau. Sollte er jedoch weiter anhaltend fallen, ist das ein Hinweis darauf, dass sich das Tief weiter vertieft und zum Sturmtief werden könnte.
- Ein Luftdruck von unter 985 hPa ist in den heimischen Revieren während der Wassersportsaison selten und deshalb, wenn nicht bereits eingetreten, oft ein Warnzeichen schon bald stürmisch auffrischender Winde.
- Ein ganz spezieller Luftdruckverlauf warnt vor Starkwind und Sturm im Bereich eines Tiefdrucktrogs (S. 62, 109). Im Vorfeld dieser Gefahrenwetterlage ist der Druck nach der (ungewöhnlich schwachen) Passage einer Kaltfront vorübergehend hochgeschnellt, um dann allmählich wieder zu fallen. Anstatt des üblichen Rückseitenwetters mit Schauern und Böen dreht der Wind auf südliche Richtungen und ist zunächst schwach bei recht freundlichem Wetter, frischt später allmählich auf bei sich verstärkendem Druckfall, der den tiefen Wert der Kaltfrontpassage unter Umständen unterbietet.
- Nun läuten beim erfahrenen Schiffsführer die Alarmglocken: Ein Tiefdrucktrog nähert sich. Sein Stark-

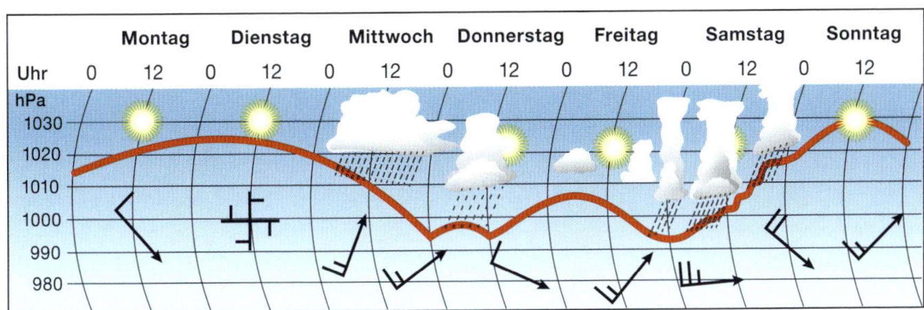

Das Barogramm eines registrierenden Barografen zeigt den typischen Druckverlauf beim Durchzug eines Trog-Tiefs.

wind- und Sturmfeld erreicht das Revier, wenn der Luftdruck auf tiefem Niveau stagniert und aus Westen eine Linie aus Cumulonimbus-Wolken heranzieht. Heftige Schauer und Gewitter, begleitet von starken bis stürmischen Böen aus WSW bis NW, ziehen nun durch das Revier, und der Luftdruck beginnt rasch anzusteigen. Der Trog ist eine Art verspätetes Rückseitenwetter mit besonders starker Schauertätigkeit und heftigen Böen.

- Ein sprunghafter Luftdruckanstieg von 2 hPa und mehr tritt oft unmittelbar vor der Ankunft der Böenfront (Böenwalze) eines starken Schauers oder eines Gewitters auf. Dabei gilt: Je größer der Anstieg, desto stärker die Böen.
- Ein sehr unruhiger Luftdruckanstieg weist auf klassisches Rückseitenwetter mit teils gewittrigen Schauern und einem sehr böigen Wind hin.

Hinweise auf Schauer- und Gewitterböen über die Sichtweite:

- Herrscht Gewitterstimmung in sehr diesiger Atmosphäre in schwülwarmer Luft, signalisiert eine plötzliche, markante Sichtbesserung in Luv (z. B. Küste oder andere Schiffe mit einem Mal deutlich zu erkennen) eine akute Starkwind- und Sturmgefahr durch eine nahende Gewitterfront.
- Sind bei einer Wetterlage mit örtlichen Schauern und Gewittern mit einem Mal Teile der Küste oder des Ufers beziehungsweise andere Schiffe nur noch schemenhaft oder gar nicht mehr zu erkennen, während die Sicht in anderen Richtungen unverändert ist, kann das ein Hinweis auf einen Regenvorhang sein, der sich herabsenkt und die Sichtmarken verhüllt. Er gehört zu einem Schauer und Gewitter und ist damit ein Warnzeichen vor starken Böen. Dabei treten die stärksten Böen eines Schauers und Gewitters in der Regel in der Nähe des stärksten Niederschlags auf.

Hinweise auf Schauer- und Gewitterböen am Himmel:

- Tauchen bei Schönwetter Felder aus zerrissenen oder türmchenartig ge-

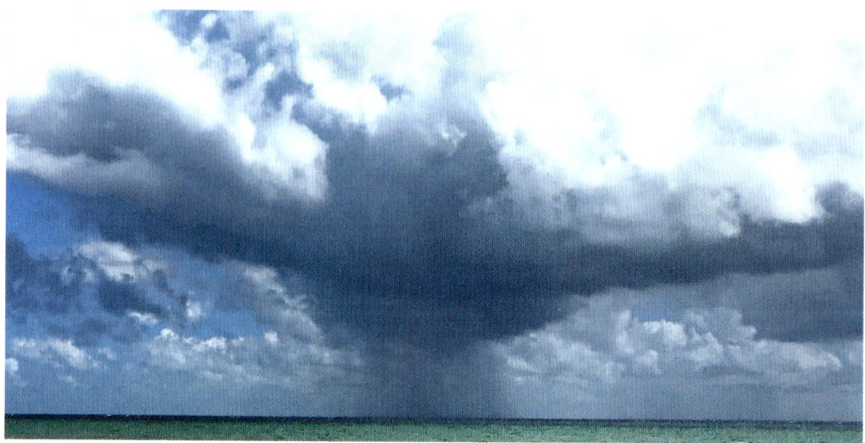

Wo sich ein Regenvorhang herabsenkt, drohen Schauerböen!

formten Schäfchenwolken auf (Altocumulus floccus bzw. Altocumulus castellanus), drohen in den nächsten 6-18 Stunden Gewitter mit Starkwind- oder Sturmpotenzial.

- Im Tagesverlauf in die Höhe schießende Quellwolken (Cumulus congestus) sind eine Warnung vor zunehmender Böigkeit des Windes.
- Wachsen die Quellwolken schräg in die Höhe, ist das ein Hinweis auf eine erhebliche Windzunahme in höheren Luftschichten (starke Windscherung). Die starken bis stürmischen Höhenwinde können später am Tag in Gestalt heftiger Böen ihren Weg hinunter ins Revier finden, besonders in der Nähe von Schauern und Gewittern.
- In den heimischen Revieren ziehen die heftigsten Gewitter stets aus SW oder W heran.
- Wandeln sich Cumuli in Cumulonimben um, muss mit Schauer- und Gewitterböen mit 6 Bft. und mehr gerechnet werden. Durch extrem starke Höhenwinde kann der Amboss dieser Wolke als lange Fahne dem Schauer oder Gewitter weit vorauseilen. Da mit den Abwinden im Niederschlagsbereich die Höhenwinde fallwindartig vorübergehend bis zum Revier herabstoßen können, sind solch lange Ambossfahnen immer ein Warnzeichen für außerordentlich heftige Schauer- und Gewitterböen.
- Lässt sich die Fortbewegung der mittelhohen und hohen Wolkenfelder im Warmsektor eines Tiefs mit bloßem Auge erkennen, herrscht in der höheren Atmosphäre schwerer Sturm oder sogar Orkan (Jetstream). Dann muss bei der Annäherung der zu erwartenden Kaltfront und bei ihrer Passage mit besonders starken Schauer- und Gewitterböen gerechnet werden!

Achtung, Gewittergefahr in den nächsten 12-24 Stunden! Zerrissene oder türmchenartige Schäfchenwolken (Altocumulus floccus/castellanus) gelten als sichere Vorboten gewittriger Tiefausläufer.

- Kaltfronten erkennt man an mehr oder wenig locker zu einer Linie miteinander verbundenen Cumulonimben. Sie bringen in heimischen Revieren während der Wassersportsaison kräftige Schauer, mitunter auch Gewitter, begleitet von Böen der Stärke 6-8, mitunter 9-11 Bft. Dabei gilt: Gleich aus welcher Richtung der Wind vor der Front wehte - die heftigsten Böen kommen stets aus SW, W oder NW. Auch mit Winddrehern von 10-20 Grad nach rechts während der Böe muss gerechnet werden, für das Rückseitenwetter sind sie geradezu ein Markenzeichen. In besonders starken Böen sind auch Ausschießer bis zu 40 Grad möglich.
- Je schneller die Schauer- und Gewitterwolken am Himmel ziehen, desto kürzer dauern die zugehörigen Starkwind- und Sturmepisoden an - desto heftiger sind aber auch die Böen.
- Auch wenn sich der Wassersportler in (scheinbar sicherer) Entfernung von Schauer- und Gewitterwolken wähnt (z. B. Wärmegewitter im Binnenland),

muss er sich doch auf heftige Böen einstellen. Bei einer Schwachwindwetterlage zieht die Böenfront aus der Richtung heran, in der die Cumulonimben zu sehen sind; ansonsten sind Böen aus westlichen Richtungen zu erwarten.

- Starkwind und Sturm in weniger als 15–20 Minuten drohen, wenn eine dunkle, wie mit dem Lineal gezogene oder leicht gebogene und tief liegende Wolkenbank am Horizont auftaucht und rasch näherkommt (Cumulonimbus arcus, s. Foto). Das geschieht oft in Verbindung mit heranziehenden Starkschauern und Gewittern.
- Oft erscheint der Himmel hinter dieser heranziehenden dunklen Wolkenbank wieder heller, allerdings diffus, ohne erkennbare Wolkenumrisse und mitunter mit einer leicht streifigen Struktur. Unerfahrene atmen auf – doch in Wirklichkeit handelt es sich um einen Starkschauer oder ein Gewitter mit Platzregen-, Hagel- und Sturmböengefahr!
- Manchmal nähert sich ein Gewitter aus dem westlichen Himmelsquadranten, während ein Wind aus östlichen Richtungen weht. In dieser Situation darf nicht davon ausgegangen werden, dass dieser Wind das Gewitter aufhalten kann – besonders wenn zu erkennen ist, dass höhere Wolkenfelder ebenfalls gegen den Wind ziehen. Es gilt sogar die Regel: Je lebhafter in dieser Situation der bodennahe Ostwind weht, desto stürmischer fallen später die Gewitterböen ein (aus Südwest bis Nordwest).
- Blitze oder Wetterleuchten sind stets eine Warnung vor Starkwind oder Sturm – erst recht, wenn sie am südwestlichen, westlichen oder nordwestlichen Himmel auftauchen.

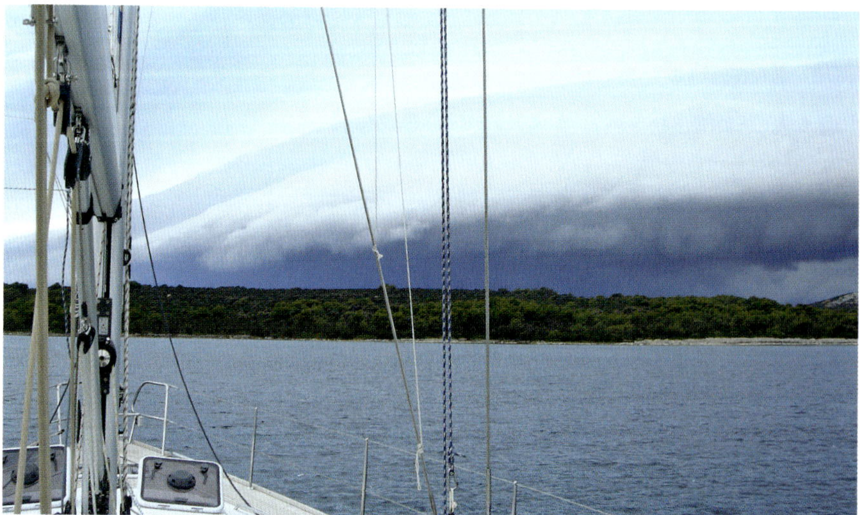

Eine Böenwalze taucht am Himmel auf. Mit Starkwind und Sturm muss innerhalb der nächsten 20 Minuten gerechnet werden!

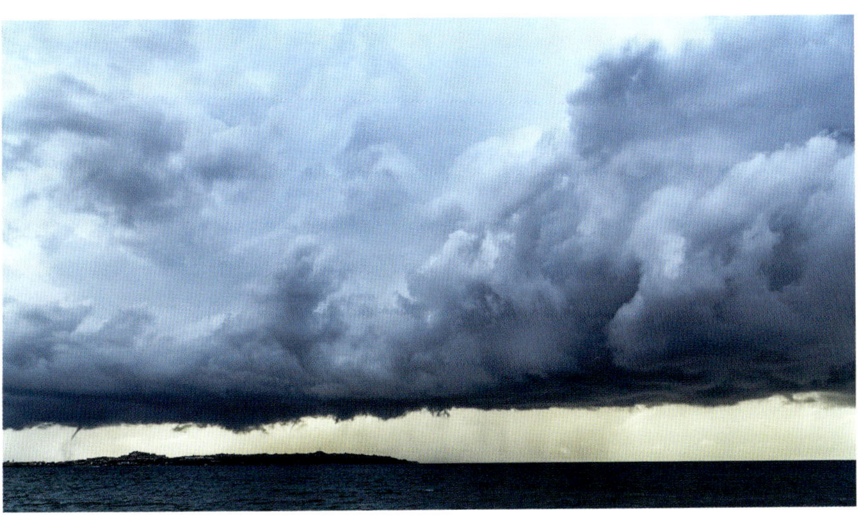

Für den Laien bessert sich das Wetter in der Ferne wieder. Der wettererfahrere Wassersportler erkennt dagegen die Gefahr: Der dunklen Wolkenbank (Böenwalze) folgt ein Regen- und Hagelvorhang mit seiner typisch diffusen, leicht streifigen Struktur. Dann drohen Starkwind- und Sturmböen.

Hinweise auf Schauer- und Gewitterböen durch das Radar:

- Besonders bei Nachttörns nützlich, wenn Beobachtung von Himmel und See nicht möglich ist: Das eingeschaltete Radar warnt vor Schauer- und Gewitterböen. Der Regenvorhang, der in der Regel von starken Böen begleitet wird, zeichnet sich im Radarbild deutlich ab. Richtung und Entfernung der Böenfront lassen sich dadurch auf den Bruchteil einer Seemeile genau bestimmen.

Hinweise auf Gewitter durch den Radioempfang:

- Den ersten sicheren Hinweis auf bevorstehende Gewitter, schon lange bevor sie im Revier eintreffen, liefert das Radio: Sind Störgeräusche in Form eines unregelmäßigen Knisterns und Knackens auf Mittel- und Langwelle hörbar, die in Frequenz und Lautstärke zunehmen, nähern sich Gewitter. Diese Störgeräusche werden „Sferics" genannt.

Eigenheiten der süddeutschen Binnenseen:

Auf den Binnenseen im Süden Deutschlands können gewittrige Kaltfronten, Wärmegewitter sowie Föhn zu erhöhtem Starkwind- und Sturmrisiko führen – besonders in der Nähe der Alpen.

- Auf den Seen im Süden Baden-Württembergs und Bayerns heizt sich die Luft im Vorfeld einer heranziehenden *Kaltfront* oft stärker auf als in anderen heimischen Revieren. Das liegt zum einen daran, dass in dieser verhältnismäßig südlichen geografischen Breite der Warmsektor eines Tiefs von besonders warmen Luftmassen erfüllt ist und der Warmsektor hier verhältnismäßig wolkenarm ist, sodass längerer Sonnenschein die Temperaturen zusätzlich in die Höhe treibt. Zum anderen sorgt

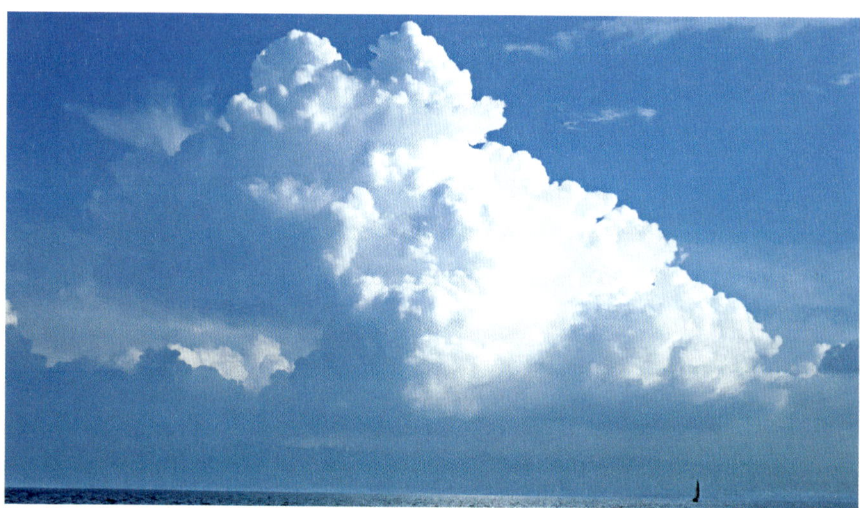

Ein heftiges Wärmegewitter entsteht über den Alpen. Die meisten dieser Exemplare ziehen in der zweiten Tageshälfte von einer südwestlichen Höhenströmung geführt auf die Seen am Alpenrand und im Alpenvorland hinaus und sorgen hier für Starkwind- und Sturmgefahr.

die Warmsektor-Südwestströmung in Alpennähe für föhniges Wetter (S. 67, 89), was der alpennahen Zone ein Maximum an Sonnenschein und Wärme beschert. Dabei gilt: Je kälter die mit der Kaltfront herangeführte Luftmassen ist und je wärmer die Warmsektor-Luft ist, desto heftiger fallen die Kaltfrontgewitter aus. Besonders hoch ist das Sturmböenrisiko, wenn die präfrontalen Temperaturen bei 30 °C und darüber liegen und es in der postfrontalen Luft nicht wärmer als 20 °C ist. Diese Bedingungen sind am ehesten jeweils am Nachmittag und Abend erfüllt. Eine nachmittägliche Frontpassage, bei der Polarluft und Subtropikluft aufeinanderprallen, ist die gefährlichste Situation, in die ein süddeutscher Wassersportler geraten kann. Böen von 7–10 Bft. sind dann keine Seltenheit, sie fallen in der Regel aus W bis NW ein.

- *Wärmegewitter* entstehen in der Zeit von Mai bis August vor allem in den Alpen oder am Alpenrand und ziehen nachmittags und abends, nicht selten unter Verstärkung, in Richtung der Wassersportreviere im Vorland. Beim Bodensee wird der Osten häufiger von den alpinen Wärmegewittern heimgesucht als der Westen, bei den bayerischen Seen sind die südlichen Bereiche der „Münchner Seen“ (Ammersee, Starnberger See) und des Chiemsees besonders gewittergefährdet. Das größte Starkwind- und Sturmrisiko bei Gewittern herrscht in den Nachmittags- und Abendstunden, die Böen kommen meist aus SW, W oder NW und erreichen für gewöhnlich 6–8 Bft. Türmen sich bis zum Mittag mächtige Quellwolken über dem Gebirge auf, sollte der Wassersportler ihre weitere Entwicklung aufmerksam verfolgen.

- Der *Föhn* (S. 89) weht aus den Alpen heraus im Vorfeld einer Kaltfront. Er bevorzugt die Frühjahrs- und Herbstmonate, kann aber auch im Sommer auftreten. Besonders groß ist das Risiko, bei Föhn von Sturmböen getroffen zu werden, auf den Seen unmittelbar am Alpenrand, wie etwa dem Kochelsee. Nach Norden hin weht er schwächer; als starkwindgefährdet bei Föhn gelten zum Beispiel die südlichen Abschnitte der Münchner Seen und des Chiemsees. Das größte Starkwind- und Sturmrisiko bei Föhn herrscht in den Früh- und Vormittagsstunden, die Böen fallen aus südlichen Richtungen ein.
- Zu den Markenzeichen einer Föhnwetterlage gehört ein sehr unruhiger Luftdruckfall (Barografenkurve prüfen), ungewöhnlich sonniges Wetter trotz tiefen Luftdrucks sowie eine kristallklare Sicht. Die Alpen erscheinen wie zum Greifen nah.
- Völlig wolkenfrei ist die Atmosphäre bei Föhn aber nicht. Typisch für diese Wetterlage sind dünne mittelhohe und hohe Wolkenfelder. Besonders auffällig und für wettererfahrene Wassersportler ein untrügliches Föhnzeichen sind einzelne linsenförmige Wolken (Altocumulus lenticularis), im Volksmund „Föhnfische“ genannt.
- Als Fallwind ist der Föhn extrem böig, der Südwind kann innerhalb von Minuten von 3 auf 8 Bft. auffrischen. Außer linsenförmigen Wolken und einem treppenartigen Luftdruckfall liefert die Natur keine näheren Hinweise auf bevorstehende Föhnböen. Erfahrungsgemäß geht starken Böen unmittelbar vorher eine spürbare Erwärmung voraus. So bleibt dem Wassersportler nur, die vom Föhn besonders betroffenen Gewässerabschnitte zu meiden, und ansonsten aufmerksam das Ufer und das Wasser in Luv zu beobachten, um den bevorstehenden Einfall stürmischer Böen an Bäumen, Staubfahnen, Schaumkronen oder fliegender Gischt rechtzeitig erkennen zu können.

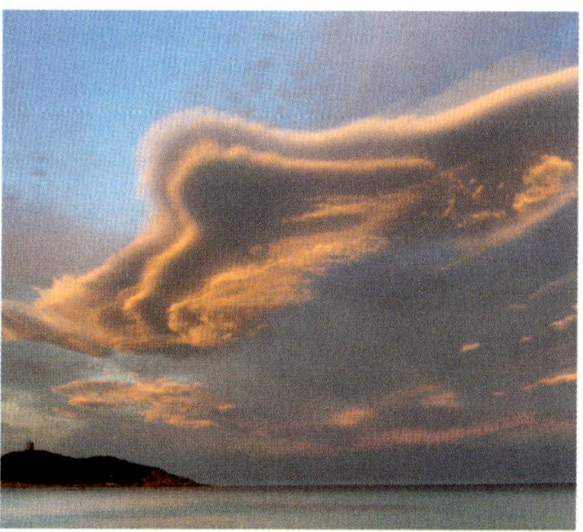

Auf die Gefahr von Fallwinden (Föhn, Bora) weisen linsenartige Wolken hin, deren Ränder scharf begrenzt sind (Altocumulus lenticularis).

Richtig reagieren in böenträchtigen Wettersituationen:

- Stets die Großschot griffbereit haben, um im Ernstfall sofort fieren zu können
- Beim Kursabstecken daran denken, dass ein Ziel, das sich bei normalem Wind über Steuerbordbug hoch am Wind ansteuern ließe, bei Böenwetter nicht mit einem Schlag erreicht werden kann, da in den Windspitzen der Wind nach rechts ausschießt
- Lieber mit zu kleinem als zu großem Tuch segeln
- Rechtzeitig reffen. Besonders auf raumen Kursen wäre das Reffen unter Böen später sehr schwierig

Richtiges Verhalten bei der Sichtung von Wasserhosen:
Die rechtzeitige Erkennung von Wasserhosen ist entscheidend. Nur so bleibt dem Schiffsführer noch genügend Zeit, um richtig zu reagieren.

- Ruhe bewahren, Fahrt herausnehmen. Über Funk eine Warnung an die Schifffahrt absetzen
- Ist der Wirbelsturm mehr als drei Seemeilen entfernt: Bewegungsrichtung und Geschwindigkeit anhand des Gischtfußes abschätzen und den Kurs so ändern, dass sich der Abstand zur Wasserhose vergrößert
- Ist der Wirbelsturm näher als drei Seemeilen entfernt: Ggf. Segel bergen oder fixieren, und Ölzeug und Schwimmwesten anziehen. Mit maximalem Schub von der Wasserhose wegmotoren. Als Surfer: auf dem kürzesten Wege zum Strand zurück
- Auch im Fluchtmodus ständig Himmel und See auf weitere Tornados überprüfen. Denn bei einer trombenträchtigen Wetterlage können schnell mehrere Exemplare entstehen. Dabei nicht vergessen: Der Gischtfuß markiert die eigentliche Gefahrenstelle auf dem Wasser! So manche Wasserhose hat eine sehr gewundene Form und kann Seemeilen von ihrer Austrittsstelle im Wolkenniveau entfernt auf das Wasser treffen (s. Foto S. 147).
- Generell gilt: Nachttörns sollten bei einer wasserhosenträchtigen Wetterlage auf keinen Fall unternommen werden. Nicht nur weil der Wirbelsturm im Dunkeln unentdeckt bleibt, sondern auch weil die meisten Wasserhosen auf See in den Nacht- und Morgenstunden entstehen.

Wann kann Entwarnung gegeben werden?
Auch wenn sich eine Wasserhose nach spätestens 20 Minuten aufgelöst hat: Solange sich am Himmelsbild und den Windverhältnissen nichts geändert hat, muss mit weiteren Wirbelstürmen gerechnet werden.

- Erst wenn die Wolkentürme kleiner werden oder andere Wolkenformen dominieren oder es zu länger anhaltenden Regenfällen kommt, sinkt das Wasserhosenrisiko.
- Wenn auffrischende Winde, die aus einer vorherrschenden Richtung wehen, die schwachen, teils umlaufenden Winde zu verdrängen beginnen, ist die Wasserhosengefahr meist gebannt.

Nebel im Revier

Auch wenn der Nebel in den heimischen Breiten meist eine Begleiterscheinung einer Schönwetterlage ist und selten länger als drei bis vier Stunden andauert, nimmt er dem Wassersportler die Orientierung und ist deshalb eine gefährliche Wettersituation.

Hinweise auf einen bevorstehenden Nebeleinbruch:

- Zunehmend diesiges Wetter innerhalb kurzer Zeit (wobei Rauch oder Regen als Ursache ausgeschlossen werden können).
- Taubildung an Deck, die bereits vor Mitternacht einsetzt, kann die weitere Abkühlung bis zum frühen Morgen zu einer zunehmenden Nebelgefahr führen (Landnebel).
- Beginnt der Tag in den Küstengewässern mit wenig Wind, viel Sonnenschein und einer spürbaren Erwärmung, und setzt im weiteren Verlauf

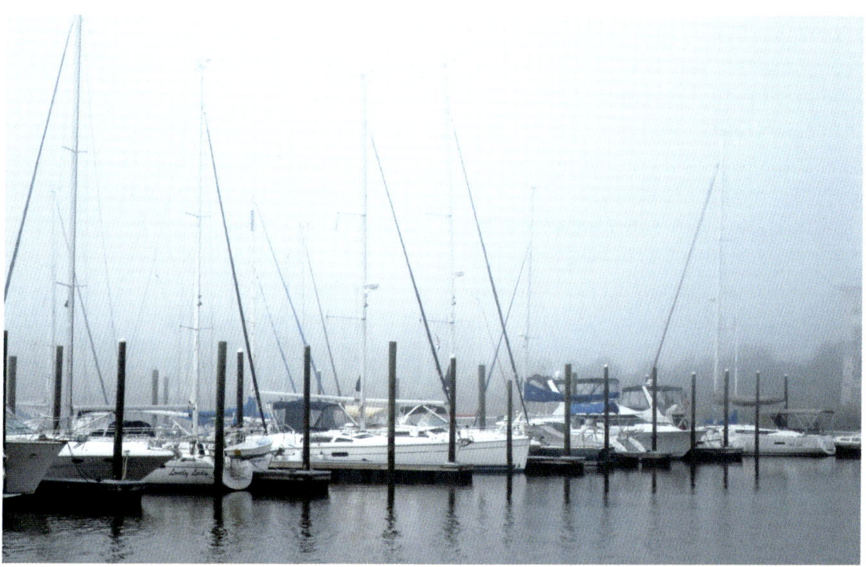

Bei ruhigen Hochdruckwetterlagen kann sich morgens von Land her dichter Nebel in den Häfen und bis auf die Küstengewässer ausbreiten. Das ist aber kein Grund, den geplanten Törn ins Wasser fallen zu lassen. Solche Landnebel weichen meist noch im Laufe des Vormittags dem Sonnenschein.

eine Brise von See her ein, die für Abkühlung und zunehmend diesiges Wetter sorgt, muss sich der Wassersportler auf einen Seennebel-Einbruch gefasst machen. Er beginnt für gewöhnlich mit Hochnebel, der sich mehr und mehr absenkt. Diese Regel gilt besonders für die Nordseeküste in der Zeit von Mai bis Mitte Juli.

Hinweise auf ein Ende der Nebelwetterlage:

- Ein auflebender Wind pflegt den Landnebel zu vertreiben.
- Ablandige Winde lösen den Seenebel oft auf.
- Wird die Nebeldecke flacher (Sonnenscheibe oder Wolkenkonturen beginnen am Himmel sichtbar zu werden), lichtet sich der Nebel bald.

Verhaltensregeln

Bei zunehmend diesigem Wetter während einer nebelträchtigen Großwetterlage sollte die Schiffsführung unabhängig vom Nebeltyp generelle Vorkehrungen treffen:

- Nebelhorn, Schwimmwesten und Pullover griffbereit halten
- Radarreflektor, Radar, GPS und Nebelhorn auf Einsatzfähigkeit überprüfen
- Positionsbestimmungen häufiger vornehmen als im Normalfall
- Prüfen, wo bereits Nebel ist – durch Abhören von Wettermeldungen im Radio oder eine aufmerksame Beobachtung der Sichtbarkeit von Ufer, Küste und anderen Schiffen in der Ferne

Wer in die Waschküche hineingeraten ist, sollte folgende Regeln beherzigen:

- Runter von vielfrequentierten Schifffahrtswegen!

- Fahrtgeschwindigkeit drosseln
- Radarbild kontinuierlich beobachten
- Vorschiffs ein Crewmitglied postieren, das auf fremde Geräusche und Strukturen im Nebel achtet und ggf. dem Rudergänger sofort entsprechende Anordnungen für ein Ausweichmanöver gibt
- Motor ausgeschaltet lassen (Standby-Betrieb). So können andere Schiffe wenigstens akustisch rechtzeitig wahrgenommen werden
- Segeln mit dem Groß bevorzugen (Manövrierfähigkeit dadurch sichergestellt)
- Immer wieder in das Nebelhorn blasen
- Im Hafen oder in der Ankerbucht abwarten, hier lösen sich die meisten Nebel bis zum späten Vormittag auf
- Ist der Nebel von Land oder von See herangezogen? Den Kurs neu abstecken – entweder, um einen größeren Sicherheitsabstand zum Land und von Buchten zu bekommen (bei Landnebel), oder, um näher an die Küste heran zu kommen und dort ggf. in Buchten und Flussmündungen hinein zu fahren (bei Seenebel)

4.2 Wettervorhersagen in Medien

Unabhängig von dem Potenzial an Wetterzeichen, das sich durch die unmittelbare Beobachtung an Bord und im Hafen erschließen lässt, steht mit den heutigen medialen Möglichkeiten eine Fülle weiterer Hinweise zur voraussichtlichen Wetterentwicklung im Revier zur Verfügung. Im Unterschied zu früher herrscht diesbezüglich kein Mangel mehr an Prognoseinformationen zu Wind, Wetter und Seegang. Im Gegenteil, angesichts der verwirrenden Fülle des Angebots bräuchte der Wassersportler heutzutage eine kuratierte Zusammenstellung der für ihn besonders nützlichen Angebote. Im Anhang dieses Buchs findet sich deshalb eine detaillierte Empfehlungsliste einschlägiger Internet-Adressen, Apps und anderer Software.

Dieses Kapitel gibt einen Überblick zum gesamten Spektrum an medialen Informationsquellen. Diese umfassen nicht nur den aktuellen Zustand von See und Atmosphäre einschließlich der Aussichten für die nächsten 12–36 Stunden (Wetter), sondern auch das, was im deutschen Sprachraum Witterung genannt wird, also der Verlauf der Wetters über einen größeren Zeitraum bis hin zu Wochen. Für die Planung eines ganzen Törns ist ein solcher, sowohl zeitlich als auch räumlich weit gespannter Vorausblick wichtig. Er erlaubt eine an Wind, Wetter und Seegang angepasste Routenwahl. Sie wird auch als Wetter- oder Witterungsnavigation bezeichnet.

Internet, Apps und andere Software

Vom WLAN-Netz im Yachthafen über den bis in die Küstenreviere hinein reichenden Mobilfunk bis zum Satellitenfunk der Blauwassersegler: Wassersportlern steht heutzutage in nahezu allen Revieren ein ungehinderter Zugang zu meteorologisch-ozeanografischen Prognosen zur Verfügung. Die Kosten für Technik und Datenübertragung werden Jahr für Jahr günstiger. Aus diesem Grund und dank der Fülle an Informationen, die verbreitet werden, sind Internet, Apps und PC-Software heutzutage das Mittel der Wahl, wenn es um aktuelle Prognosen mithilfe von Medien geht.

Internet. Mit dem Internet, seiner Bedienung und dem Informationspoten-

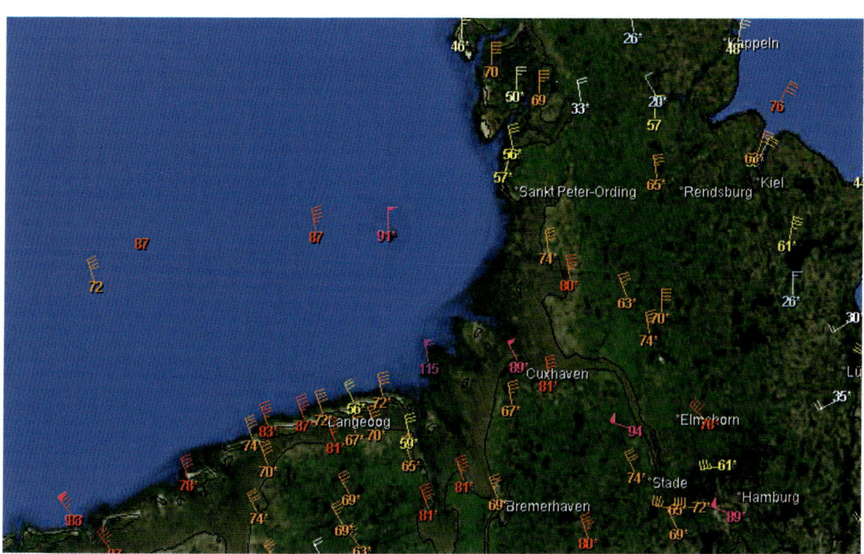

Meteorologische Internetportale zeigen das Wetter zu einem bestimmten Zeitpunkt anhand von Symbolen und Zahlen, wie hier die aktuellen Spitzenböen in km/h und ihre Richtung im norddeutschen Küstengebiet am 5. Oktober 2017.

zial ist man durch den heimischen PC bestens vertraut. Via WLAN, Mobil- oder Satellitenfunk bekommt der Wassersportler auch im Hafen und an Bord Zugang zu den Informationen. Diese reichen von Echtzeit-Wetterdaten über kurzfristige Wetterprognosen bis hin zu 14-tägigen Trendaussichten.

Sowohl der Windsurfer, der für ein paar Stunden auf dem nahgelegenen See aufs Brett steigen will, als auch der Jollensegler auf der Elbe oder im Greifswalder Bodden, der sich den Nachmittag für einen kurzen Törn frei genommen hat, möchte oft nur einen Blick auf die *aktuellen Wetterbedingungen* im Revier werfen. Die entsprechenden Informationen sind auf den großen Wetterportalen im Internet zur Genüge und gratis zu bekommen.

In tabellarischer Form oder in Karten durch Zahlen und Symbole visualisiert finden sich hier von Wetterstationen im Binnenland, am Ufer und der Küste, auf Inseln und von Plattformen auf See aktuelle Daten zu Windrichtung und -stärke, Temperatur und Luftfeuchtigkeit, Bewölkungsgrad und -art, Luftdruck- und Luftdrucktendenz sowie ggf. auch zur Wassertemperatur und zum sogenannten signifikanten Wetter (Nebel, Regen, Schauer, Gewitter etc.). Diese Daten stehen für gewöhnlich 15–20 Minuten nach Beobachtung bzw. Messung dem Nutzer zur Verfügung und können so als quasi Echtzeit-Information angesehen werden. Alle 30, maximal 60 Minuten werden die Daten aktualisiert.

Neben den Beobachtungen und Messungen an den Wetterstationen kann der Wassersportler auch auf andere für ihn wichtige aktuelle Wetterinformationen zugreifen. Das sind einmal die Niederschlagsradarbilder. Sie geben einen flächendeckenden Überblick über die Verteilung von Regenfällen in der näheren und weiteren Umgebung des Reviers. Mit einiger Erfahrung kann man auf dieser Grundlage zwischen gleichmäßigem Landregen und lokalen Schauern und Gewittern unterscheiden. Bei Aktivierung des Animationstools, das die letzten, meist im 15-Minuten-Abstand vorliegenden Radarbilder zu einem Film zusammenfügt, lassen sich Fortbewegung, Intensitätsänderungen und Trends zu Verkleinerungen oder Ausweitungen der Regengebiete erkennen.

Um die Gewittergefahr abschätzen zu können, greift man auf spezielle Links zurück, die die in Karten eingetragene aktuelle Blitzetätigkeit veranschaulicht. Auch diese, bei einigen Anbietern im Sekunden- bis Minutentakt vorliegenden Daten lassen sich animieren, sodass Gewitterneubildungen sowie die Verlagerung und Intensitätsänderungen von Gewittern verfolgt werden können.

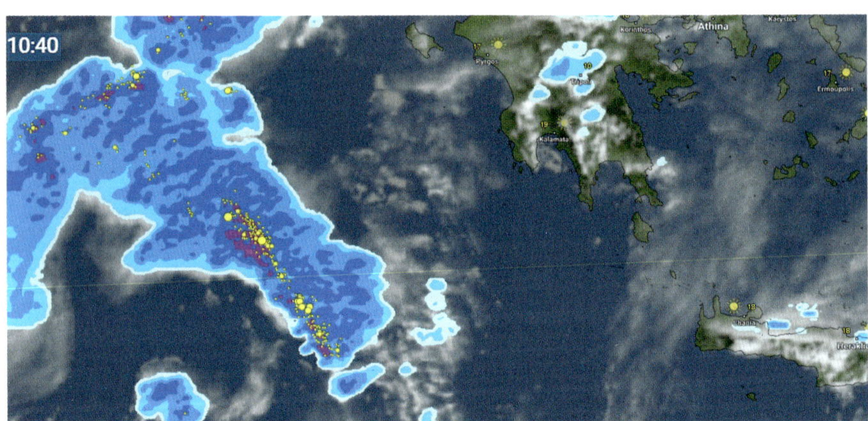

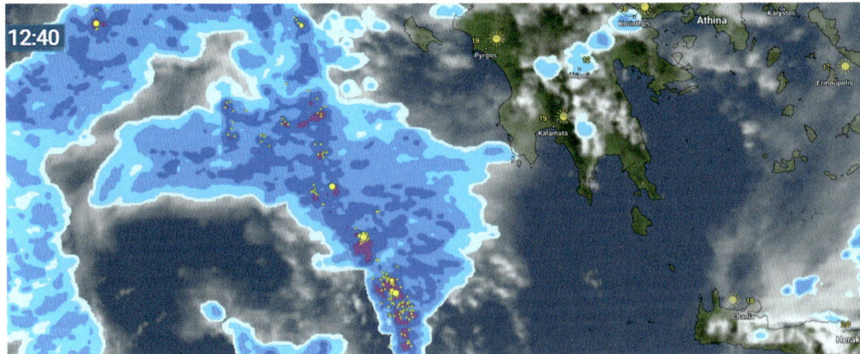

Die Überlagerung der Bewölkungsaufnahme des Wettersatelliten (grau-weiß) mit dem Niederschlagsradarbild (blau bis violett) und den Blitzeregistrierungen (gelbe Punkte) lässt eine Gewitterfront über dem Ionischen Meer erkennen. Der Vergleich von Bildern verschiedener Zeitpunkte gibt Aufschluss über Bewegung und Intensitätsveränderung des Unwetters.

Einen flächendeckenden Überblick über die Bewölkungsverhältnisse und damit auch über die Sonnenscheinbedingungen erhält der Wassersportler über die aktuellen Bilder der Wettersatelliten. Hier muss vor allem Meteosat, der europäische geostationäre Satellit genannt werden, dessen Bilder je nach Angebot in einer 5- bis 15-minütigen Aktualisierung (Repititionsrate) vorliegen und deren Animation, vor allem was den sichtbaren Kanal betrifft, auch dem Laien hervorragende Einblicke in die Bewölkungsverteilung und ihre Bewegung bietet. Die Bilder sind kleinmaßstäbig. Doch durch Heranzoomen lassen sich regionale Details erkennen, die relevant sind. Das kann die sich von der Nordsee her durchsetzende Sonne sein, die man sehnlichst auf der Hamburger Außenalster erwartet, die aber erst die Elbmündung in der Deutschen Bucht erreicht hat. Oder es interessiert das Wärmegewitter über den Alpen, von dem sich die Segler, Surfer und Motorbootfahrer auf dem Chiemsee erhoffen, dass es stationär bleibt und nicht auf das Revier zusteuert.

Einen Eindruck von der Großwetterlage, also von der Verteilung von Hochs und Tiefs mit ihren Ausläufern vermitteln Wetterkarten (S. 9). Es gibt sie als Bodenwetterkarten und Höhenwetterkarten sowohl für den aktuellen Tag (Analysekarten) als auch als Prognosewetterkarten für die nächsten Tage.
Schließlich muss ein neues Echtzeit-Wettertool erwähnt werden, das zunehmend Verbreitung findet und qualitativ immer besser wird: Wetter-Webcams. Sie stehen in heimischen Revieren an den Ufern der

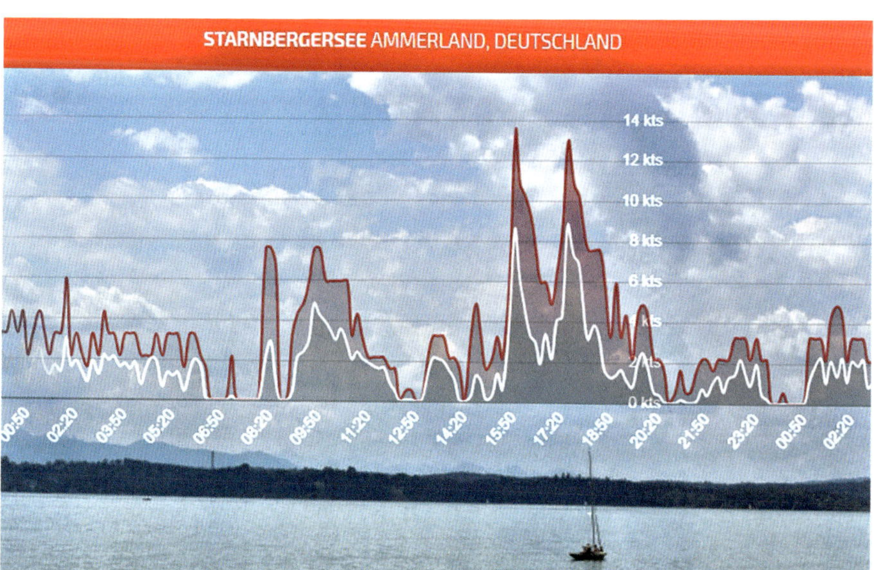

Webcams sind allen anderen Informationsquellen überlegen, wenn es um einen Gesamteindruck vom aktuellen Wetter geht. Auf dieser Webseite wird dem Wassersportler am oberbayerischen Starnberger See neben dem Foto von Himmel und Wasser auch die Windmessung geboten.

Binnenseen und auch entlang von Flüssen sowie an den Küsten von Nord- und Ostsee. Die Kameras übertragen in Echtzeit das Himmelsbild, oft zum westlichen Himmelsquadranten orientiert, also in die Richtung, aus der in unseren Breiten für gewöhnlich das Wetter kommt. Typische Aktualisierungsraten liegen in der Regel zwischen 10 und 30 Minuten. Mit deren Hilfe erkennt man, ob ein Schauer oder Gewitter auf das Revier zusteuert, kann dem Regenvorhang und dem Böenteppich auf dem Wasser entnehmen, wie heftig das Regenereignis ist, und die Bildfolge lässt erahnen, ob es einen voll treffen oder nur streifen wird.

Für viele kurzfristige und kurzzeitige Wassersportunternehmungen reichen diese Informationsquellen in Echtzeit aus. Ihr Informationsgehalt lässt sich absichern durch den aktuellen Radiowetterbericht, und für die richtige Reaktion auf das Wetter an Bord oder auf dem Surfbrett hilft es, die Wetterregeln des vorangehenden Kapitels im Gedächtnis zu behalten.

Neben diesem hochaktuellen Wetterüberblick bietet das Internet dem Wassersportler natürlich auch *Prognosen*. Diese sind für alle denkbaren Wetterelemente in Zeitschritten von normalerweise 1, 3 oder 6 Stunden abrufbar und erstrecken sich über Zeiträume von wenigen Tagen bis zu mehr als einer Woche in der Zukunft. Auf manchen Seiten finden sich auch Prognosen zum Seegang. Der Wind wird in Richtung und mittlerer Stärke prognostiziert, manche Anbieter liefern auch die maximale Böenstärke. Die Form der Wind- und Wetterprognosen kann tabellarisch oder diagrammartig mit Verlaufskurven, Zahlen und Symbolen sein oder in Gestalt einzelner Prognosekarten zu Wind, Bewölkung, Temperatur etc.

Neuerdings gibt es Anbieter, die alle Prognoseelemente einzeln oder überlagert in flächenhafter Darstellung für jede Region auf der Erde in frei wählbaren Zoomstufen in animierter Form darstellen. Zum Beispiel lässt sich das (durch Pfeile oder Strömungslinien symbolisierte) Windfeld vom (durch in flächenhafter Farbgebung codierten) Temperaturfeld überlagern. Hinsichtlich aller Kartendarstellungen mit flächenhafter Codierung sei kritisch angemerkt, dass

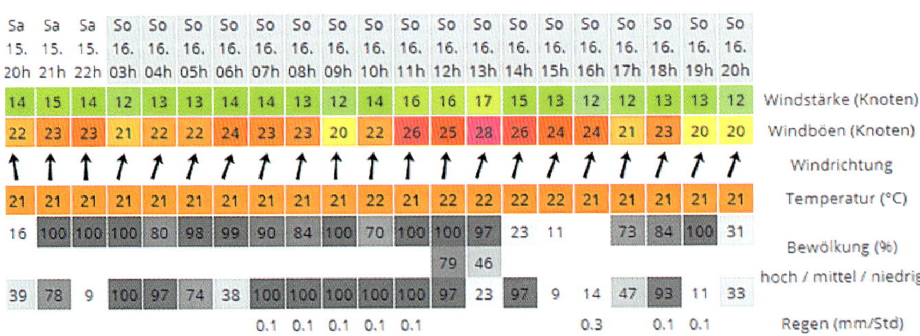

	Sa 15. 20h	Sa 15. 21h	Sa 15. 22h	So 16. 03h	So 16. 04h	So 16. 05h	So 16. 06h	So 16. 07h	So 16. 08h	So 16. 09h	So 16. 10h	So 16. 11h	So 16. 12h	So 16. 13h	So 16. 14h	So 16. 15h	So 16. 16h	So 16. 17h	So 16. 18h	So 16. 19h	So 16. 20h
Windstärke (Knoten)	14	15	14	12	13	13	14	14	13	12	14	16	16	17	15	13	12	12	13	13	12
Windböen (Knoten)	22	23	23	21	22	22	24	23	23	20	22	26	25	28	26	24	24	21	23	20	20
Windrichtung	↑	↑	↑	↗	↗	↗	↗	↗	↑	↑	↑	↑	↑	↗	↗	↗	↗	↗	↗	↗	↗
Temperatur (°C)	21	21	21	21	21	21	21	21	21	21	22	21	22	22	22	22	21	21	21	21	21
Bewölkung (%) hoch	16	100	100	100	80	98	99	90	84	100	70	100	100	97	23	11		73	84	100	31
Bewölkung (%) mittel													79	46							
Bewölkung (%) niedrig	39	78	9	100	97	74	38	100	100	100	100	100	97	23	97	9	14	47	93	11	33
Regen (mm/Std)								0.1	0.1	0.1	0.1	0.1					0.3		0.1	0.1	

Bei Surfern beliebt und bei Regattaseglern ein Muss: Hochwertige Computermodelle erlauben Prognosen von Wind und Wetter in hoher Auflösung.

sie eine flächendeckende Genauigkeit suggerieren, die sie in Wirklichkeit nicht haben. Sie beruhen auf grafischer Interpolation. Die der Darstellung zugrunde liegenden Daten liegen diskret und in derselben Auflösung vor wie bei den tabellarischen oder diagrammartigen Darstellungen. Die Maschenweite und damit die Qualität des die Daten liefernden Computermodells entscheidet über die Qualität der Prognosen.

Viele der Prognosen im Internet sind kostenlos, die Finanzierung der privaten Anbieter wird durch Werbeeinblendungen gesichert. Auf einigen Wetterseiten finden sich kostenpflichtige Angebote mit raumzeitlich detaillierteren Prognosen und unter Verwendung hochwertiger, hochauflösender Computerprognosen. Für viele Flachküstenreviere und erst recht für die hohe See genügen in der Regel die kostenfreien Angebote.

An stark gegliederten, topografisch komplexen Küstenabschnitten und auf vielen Binnenrevieren fernab der Küste macht sich der Vorteil der kostenpflichtigen Prognosen bemerkbar, die mit ihrer engen Maschenweite des Vorhersagegitters über besser aufgelöste Geo- und damit auch Prognosedaten verfügen. Auch im professionellen Regattasport wird gern auf hochwertige Computermodelle zurückgegriffen. Viele Windsurfer schwören auf solche Modelldaten, da diese ihnen Spot-genaue Prognosen zu Wind, Wetter und Wellen garantieren. In solchen Fällen ist der Wassersportler gut beraten, alle verfügbaren, auch die kostenpflichtigen Prognosen für sein Revier vergleichend zu testen, um das beste Angebot herauszufinden.

So gut die Qualität der Prognosen, auch der kostenfreien, heutzutage auch ist: Der Wassersportler muss sich darüber im Klaren sein, dass lokale und kurzfristige Entwicklungen wie die Bildung eines Unwetters oder aufziehender Nebel auch von den besten Modellen in der Regel nicht erfasst werden. So ist die Internetprognose (wie auch andere Prognosen, z. B. der Radiowetterbericht) nur ein Teil des Fundaments, auf dem die wetterangepasste Planung und Durchführung eines Törns beruht. Zu Beginn und im Verlauf des Törns muss deshalb auch auf die bereits besprochenen Informationen zu den aktuellen Wetterbedingungen zurückgegriffen werden. Ebenso unerlässlich ist die eigene kontinuierliche Wetterbeobachtung am Spot und im Revier.

Apps und andere Software. Eine zu den Internetprognosen alternative Informationsquelle ist zum einen Spezialsoftware, die für Smartphones und Tablets entwickelt wurde: die sogenannten Apps (engl. application software). Zum anderen findet man auf dem Markt auch maritim-meteorologische Software für PC und Notebook.

Die *Apps* kosten, gemessen an ihrem Nutzwert, verhältnismäßig wenig oder sind sogar kostenlos. Sie stellen zwar nicht das Füllhorn dar, wie es das Internet in seiner Gesamtheit ist. Der Vorzug der Apps gegenüber dem Internet und der PC-Software besteht aber in der rascheren Zugriffsmöglichkeit auf die gewünschten Daten und den geringeren Kosten beim Datendownload. Zudem steht die Wetterinfo mit dem Smartphone auf einem Gerät zur Verfügung, das man ohnehin ständig mit sich führt, und sie ist damit überall verfügbar, wo eine Mobilfunkverbindung besteht. Dafür

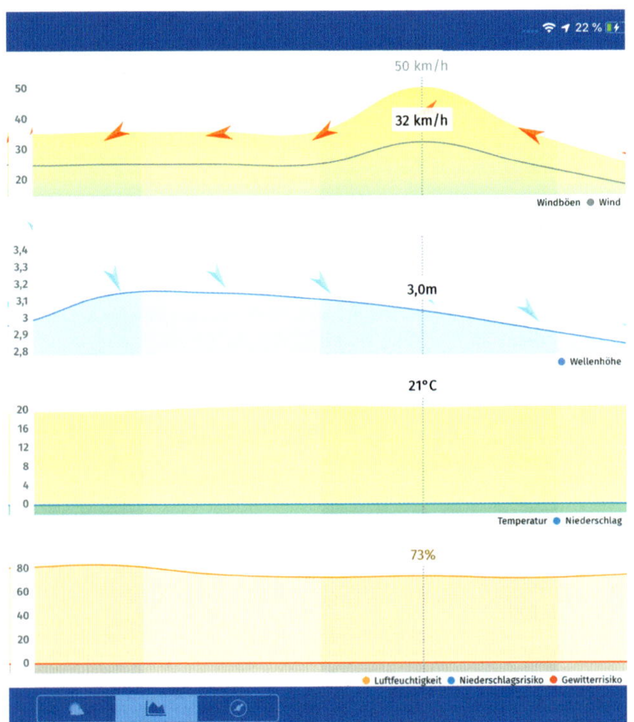

Apps ermöglichen dem Wassersportler im Mobilfunksendebereich einen raschen Zugriff auf Wind- und Wetterprognosen.

sind die Möglichkeiten detaillierter Kartendarstellungen aufgrund der geringen Displaygröße naturgemäß beschränkt. Beliebt sind die Apps vor allem, weil sie für den Wassersportler maßgeschneiderte Prognosen von Wind und Wetter, gegebenenfalls auch von Seegang und Meeresströmungen bieten, und zwar im 3- oder 6-Stunden-Takt für bis zu 8 Tage und in verschiedenen Auflösungsstufen für den ganzen Erdball. Bei den besseren Apps beträgt die Maschenweite zwischen den Datenpunkten weniger als 20–25 km. Manche kostenpflichtige Apps bieten Prognosen im Stundentakt und beruhen auf Computermodellen mit einer räumlichen Auflösung von 3 km. Besonders die Windsurfer an den Küsten und auf Binnenseen können von diesen profitieren. Einige informieren auch detailliert über Seegangseigenschaften wie Höhe und Richtung von Windsee und Dünung sowie über die Tide. Der Nutzer kann zwischen tabellarischer, diagrammartiger und Kartendarstellung wählen. Neben den Apps existieren eigens für den Wassersportler entwickelte *Programme* (Software). Sie bringen in Verbindung mit einem Internetzugang, der für den aktuellen Datenfluss sorgt, die benötigten Wetterinformationen auf den Monitor des heimischen PCs oder Notebooks. Der Vorteil gegenüber den Apps ist die große Darstellungsfläche des Bildschirms und zahlreiche interaktive, für die Törnplanung wichtige Funktionen wie etwa die Darstellung von Wetter und Seegang entlang ge-

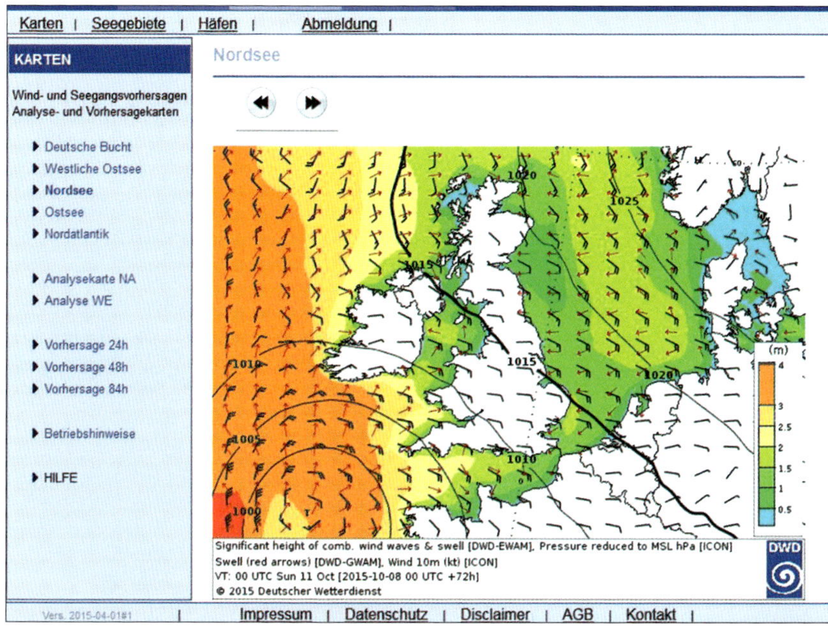

Maritim-meteorologische Wettersoftware auf dem Notebook ist besonders für den Fahrtensegler ein wertvolles Hilfsmittel bei der Törnplanung.

wählter Routen oder wetterangepasste Routenempfehlungen des Programms.

Funkdienste

Verfügt der Wassersportler über die entsprechenden Empfangsgeräte und kennt die Ausgabezeiten, kann er einige Wetterinformationen auch über Funkdienste einholen. Dazu existieren Sendepläne, die u. a. im Internet einzusehen sind. Neben der Vielzahl nationaler amtlicher bzw. öffentlich-rechtlicher Informationsquellen gibt es auch große internationale Anbieter und Organisationen mit regelmäßigen, zu festen Zeiten ausgestrahlten Wetterinformationen.

Der *Rundfunk*, zum Beispiel der Norddeutsche Rundfunk oder Deutschlandfunk, sendet regelmäßige Seewetterberichte in deutscher Sprache für die Gewässer von Nord- und Ostsee. Manche Radiostationen im Mittelmeer strahlen für bestimmte Gewässer auch deutschsprachige Seewetterberichte aus.

Der Betreiber der deutschen *UKW-Küstenfunkstelle DP07-Seefunk* sendet für die verschiedenen Gewässer von Nord- und Ostsee Starkwind- und Sturmwarnungen, Wetterlage sowie Vorhersage und Aussichten.

Nach einem festen Sendeplan strahlt der *Wetterfunksender des Deutschen Wetterdienstes (Funkfernschreiben, RTTY)* in deutscher und englischer Sprache Wettermeldungen, Seewetterprognosen und Sturmwarnungen für den atlantisch-europäischen Raum aus. Mithilfe von Wetterdecodern lassen sich die Funksignale in Klartextmeldungen umwandeln und ausdrucken.

Der internationale Funkdienst *NAVTEX* sendet in englischer Sprache zu festen Sendezeiten u. a. Seewetterberichte sowie Wind- und Sturmwarnungen. Die Ausstrahlung erfolgt über die Mittelwellenfrequenzen.

Über *Faksimilefunk (Bildfunk)* lassen sich die nach einem festen Sendeplan verbreiteten Wetter-, Seegangs-, Wassertemperatur- und Eiskarten („Wetterfax") mithilfe eines Wetterkartenschreibers ausdrucken. Solche Schreiber sind entweder Kompaktgeräte mit eingebautem Empfänger oder eine Kombi-Lösung bestehend aus Einseitenbandempfänger, Demodulator und Notebook, die mit einer speziellen Wetterfax-Software arbeiten.

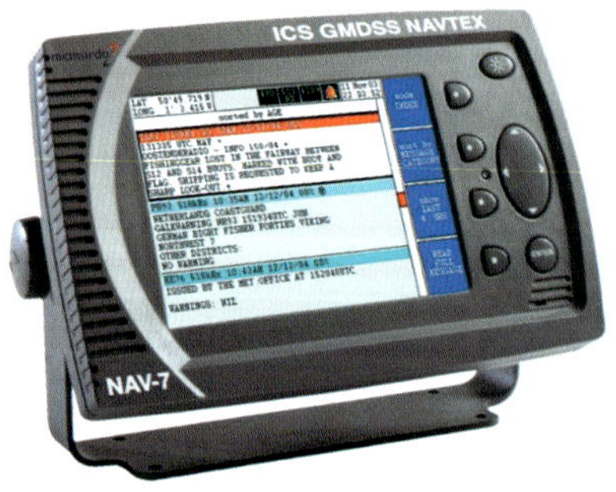

Über das künftige Seewetter informiert kurz und bündig das NAVTEX-Schreiben.

Die für die Schifffahrt relevanten Bodenwetterkarten zeigen in international einheitlicher Symbolik die aktuelle großräumige Luftdruckverteilung in Meereshöhe mit Fronten und Stationsmeldungen (Analysekarten) oder für bestimmte Termine vorausberechnete Luftdruckkarten (Prognosekarten). In dem Eintragungsschema der Stationsmeldung gruppieren sich die Beobachtungen um den Stationskreis, der die genaue Lage der Station markiert. Informationen zum Wetterschlüssel mit einem ausführlichen Code- und Symbolverzeichnis sind über den DWD Hamburg oder über einschlägige Seiten im Internet erhältlich.

Dienste auf Abruf

Aktuelle Wetterdaten sowie Wetter- und Seegangsprognosen für Nord- und Ostsee, Atlantik sowie das Mittelmeer für die Berufs- und Sportschifffahrt lassen sich via Telefon, Fax, als SMS-Dienst oder via Internet in Gestalt von E-Mail-Beratung oder im Rahmen von Software für PC und Notebook abrufen. Anbieter sind private Wetterdienstleister und staatliche Organisationen. Etablierte Seewetterseiten im Internet sowie maritime Zeitschriften bieten inzwischen ebenfalls Dienste an, z. B. Wettermeldungen via SMS.

Einen Überblick mit weiterführenden Internetadressen findet sich im Anhang dieses Buches.

Im Folgenden sei beispielhaft das Angebot des amtlichen Wetterdienstes hervorgehoben.

Seewetterinfos für die Sportschifffahrt durch den Deutschen Wetterdienst (DWD)

- Individuelle Törnbegleitung (Seegebiet, Streckenwetter, Regattaberatung) via Mail, Fax oder Telefon. Darstellung von Wind, Wetter, ggf. Seegang und Strömungen in tabellarischer Form, Grafiken oder Karten.
- Software: Seewetterinformationssysteme SEEWIS, MetFEEDER und KUESTE. SEEWIS, eigens für die Sportschifffahrt entwickelt, bietet für

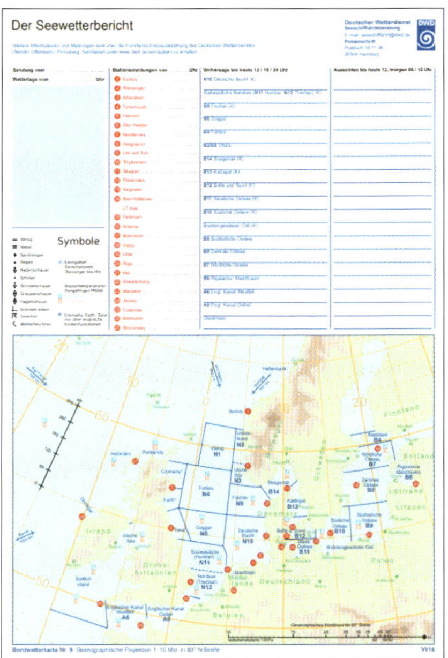

Einen ersten Überblick über die Wetterlage erhält, wer den empfangenen Seewetterbericht in den für diesen Zweck entworfenen Bordwetterkartenvordruck des DWD einträgt.

alle europäischen Reviere Abruf und Darstellung zahlreicher Wetterinfos wie Wetterkarten, Satellitenbilder und -filme, Prognosediagramme von Wetterelementen für ausgewählte Orte/Gewässer, Textvorhersagen, Wind- und Sturmwarnungen. Die Prognosen werden mehrmals täglich aktualisiert. Internetanschluss ist erforderlich.

- E-Mail-Versand von Wetter- und Seegangsprognosedaten für geografische Gitterpunkte weltweit im Speicherplatz sparenden GRIB-Format. Aktualisierung ein- bis zweimal täglich. Die Daten lassen sich an Bord in elektronische Navigationssysteme einlesen und zu Prognosekarten plotten.

Der Informationsgehalt amtlicher Seewetterberichte

Seewetterberichte werden für bestimmte Gewässerbereiche (Vorhersagegebiete) nach einem festgelegten Schema ausgegeben. Sie beginnen mit Starkwind- oder Sturmwarnungen, wenn gebietsweise Windstärken von 6 Bft.oder mehr in den nächsten 6 bis 8 Stunden zu erwarten sind oder fortbestehen. Es folgt die Beschreibung der Großwetterlage mit den für die Seegebiete maßgeblichen Druckgebilden in ihren Intensitäts- und Ortsveränderungen. Dabei werden auch Tiefdruckfronten und ihre Tröge beschrieben. Es schließen sich Vorhersagen und Trendaussichten für die einzelnen Seegebiete an. Die Prognosen umfassen Windrichtung und -stärke mit Böen sowie die Sichtweite. Das Ende des Berichts nehmen die aktuellen Meldungen der Wetterstationen ein.

Der DWD stellt entsprechende Bordwetterkarten mit Anleitung zum Eintragen der in Seewetterberichten mitgeteilten Wetterinformationen zur Verfügung.

4.3 Klimadaten nutzen

Die Begriffe Wetter und Witterung beschreiben den aktuellen Zustand der Atmosphäre und die Wetterentwicklung der folgenden Tage. Die für eine wetterangepasste Navigation nötigen Informationen durch Beobachtungen im Revier und Nutzung von Medien stehen im Mittelpunkt der vorangegangenen Kapitel. Für die langfristige Planung eines Törns oder Windsurfing-Urlaubs oder auch für die Wahl eines geeigneten Liegeplatzes für sein Schiff benötigt der Wassersportler allerdings eine ganz andere Art von Information: langjährige Durchschnittswerte.

Mittelt man die täglichen Daten, die durch Beobachtung und Messung an den Wetterstationen, ozeanografischen Messbojen und durch Satelliten erhoben wurden, über einen jahrzehntelangen Zeitraum hinweg, erhält man die sogenannten Klimadaten. Sie repräsentieren den durchschnittlichen Zustand des Ozeans und der Atmosphäre. Vor dem Hintergrund dieser Normwerte kann man sich ein Bild vom Normalzustand machen. Diese Information hilft, eine geeignete Segelroute oder einen Surfspot zu wählen und die richtige Jahreszeit dafür auszusuchen (Klimanavigation).

Klimadaten findet man vor allem in Büchern und ozeanografisch-meteorologischen Atlanten, im Internet sowie bei einigen Software- und App-Produkten zur Törnplanung. Zu den digitalen Informationsquellen findet sich im Anhang eine umfangreiche Übersicht. Dieses Kapitel befasst sich mit den Büchern und Atlanten, die der langfristig planende Wassersportler kennen sollte. Auch sie gibt es inzwischen teilweise in digitaler Form. An erster Stelle müssen die klimatologischen Monatskarten genannt werden. Man kennt sie unter dem englischen Begriff *Routeing Charts*, oder international gebräuchlicher als *Pilot Charts*. Für jeden Monat des Jahres und für jeden Ozean finden sich hier alle Informationen, die der Wassersportler für seine Planung braucht. Sie enthalten u. a. folgende wichtige Informationen, erhoben auf der Grundlage von mehr als 100 Jahre geführten, kontinuierlichen Mes-

PILOT CHART OF THE SOUTH ATLANTIC OCEAN

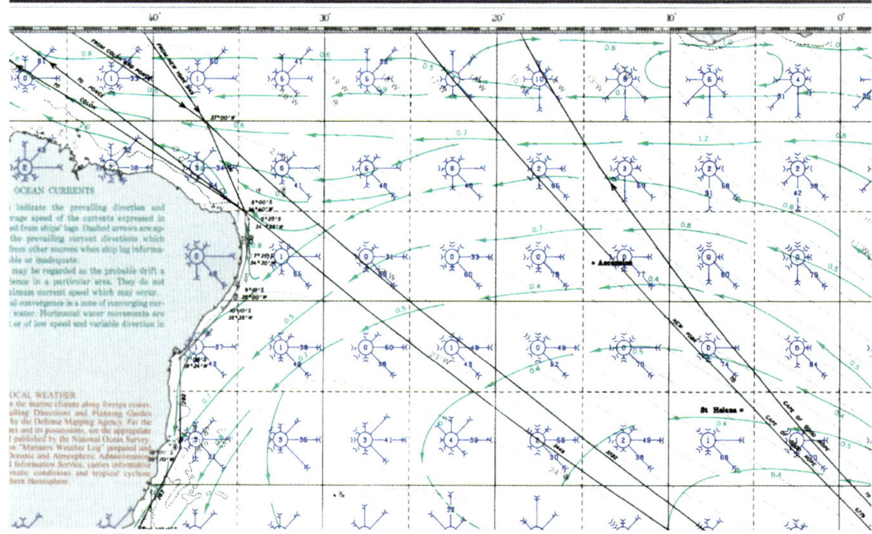

Die Pilot Charts mit zahlreichen klimatologischen und ozeanografischen Informationen für jeden Ozean der Erde sind eine unentbehrliche Grundlage für die Planung eines Langstreckentörns.

sungen und Beobachtungen an Küsten, von Bojen und auf Schiffen, dargestellt jeweils für 5°-Sektoren der Ozeane:

- Windrosen: mittlere prozentuale Häufigkeit von Windstärkeintervallen, für jede der acht Hauptwindrichtungen
- Vorherrschende Meeresströmungen (Richtung, Geschwindigkeit)
- Häufigkeit von Wellenhöhen von 12 Fuß (3,7 Meter) oder höher
- Meereisgrenzen (Minimum, Mittel, Maximum)
- Sichtweite, Luftdruck, Häufigkeit von Tropenstürmen, Wasseroberflächentemperaturen

Die wesentlichen Informationen der Pilot Charts, angereichert durch weitere Daten wie etwa zu den durchschnittlichen Bewölkungsverhältnissen, der Luftfeuchtigkeit und den Niederschlagsverhältnissen auf See, den Gezeitenströmungen sowie Klimadaten ausgewählter Küstenwetterstationen findet man in den *Seehandbüchern* und *Sailing Directions (Planning Guide)* der Ozeane und ihrer Teilbereiche.

Darüber hinaus wurden von Wetterexperten und Blauwasserseglern für ausgewählte Ozeanbereiche und Segelrouten detaillierte ozeanografisch-klimatologische Beschreibungen und Kartenwerke publiziert, etwa von David Jones den „Concise Guide to Caribbean Weather" oder von Jimmy und Ivan Cornell den „Cornell's Ocean Atlas".

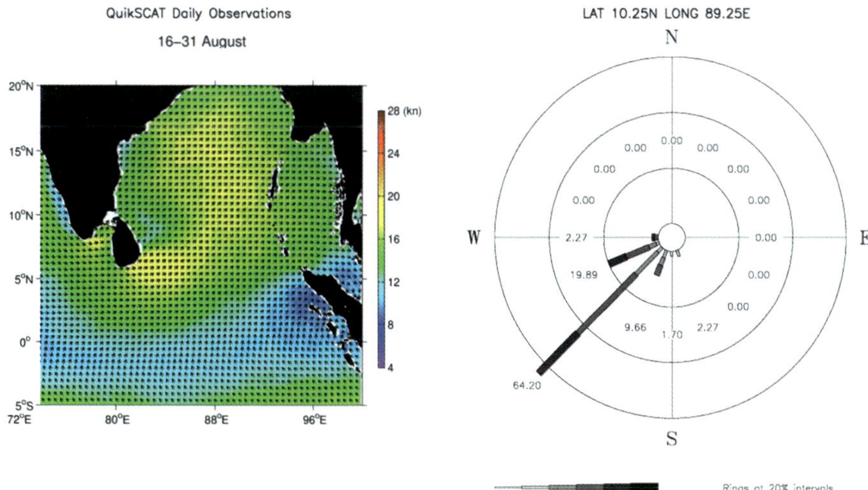

Kontinuierliche, langjährige und flächendeckende Messungen durch einen Spezialsatelliten liegen diesem globalen Windatlas zugrunde, der im Web veröffentlicht wurde. Im Bild die durchschnittlichen Windbedingungen im Golf von Bengalen in der zweiten Augusthälfte (links), rechts für eine ausgewählte Ortskoordinate die zugehörige Klimawindrose.

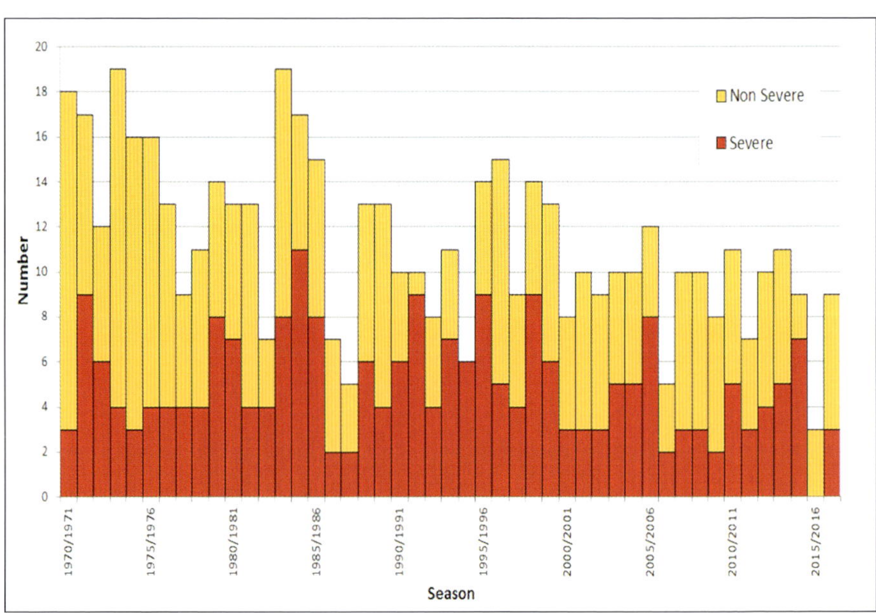

Umfangreiches Informationsmaterial zu Verteilung und Trend tropischer Wirbelstürme auf den südhemisphärischen Ozeanen hält der australische nationale Wetterdienst im Web bereit. Hier ist der Trend der Häufigkeiten schwacher (gelb) und starker (rot) Tropenstürme auf der Zeitachse seit 1970 aufgetragen.

Auch online finden sich zahlreiche wertvolle Informationen für die Klimanavigation (Adressen ab S. 181). Die National Geospatial-Intelligence Agency NGA bietet die *Pilot Charts* der Ozeane sowie *Hafen-, Küsten- und Seehandbücher* für zahlreiche Seegebiete weltweit mit Informationen zu regionalen Winden, Strömungsverhältnissen und aktuellen Wetterinformationsquellen auf ihrer Webseite kostenlos zum Download.

Die Oregon State University stellt im Web die Ergebnisse ihrer langjährigen Satellitenmessungen der durchschnittlichen Windgeschwindigkeit in hoher räumlicher Auflösung für alle Ozeane in ihrem *globalen Windatlas* zur Verfügung („cogow", Climatology of Global Ocean Winds).

Auf eine europäisch-russische Forschungsinitiative geht der *Weltatlas der Ozeanwellen* („Global Atlas of Ocean Waves") zurück, publiziert auf einer russischen Internetseite. Den Weltkarten kann man für jeden Monat die Durchschnittswerte der Windsee, Dünung, signifikanten Wellenhöhe und andere Parameter entnehmen.

Eine umfangreiche, *weltweite Klimatologie der tropischen Wirbelstürme* in Gestalt zahlreicher Karten und Diagramme von 1850 bis in die heutige Zeit hinein hat das National Hurricane Center, eine Abteilung der US-amerikanischen Behörde für Ozean und Atmosphäre NOAA im Netz publiziert. Diese „Tropical Cyclone Climatology" zeigt sämtliche Tropenstürme mit ihren Zugbahnen und Intensitäten seit Mitte des 19. Jahrhunderts sowie zahlreiche klimatologische Informationen zur regionalen und jahreszeitlichen Häufigkeit und Stärke der Hurrikans.

Häufigkeits- und Trendklimatologien der Tropenstürme der Südhalbkugel von der afrikanischen Küste im Westen bis zur Südsee im Osten stellt der australische nationale Wetterdienst auf seiner Webseite zur Verfügung („Tropical Cyclone Climatology Maps").

Auch *Routenplanungssoftware* für PC und Notebook kann für die langfristige, klimaangepasste Törnplanung eine große Hilfe sein. Beispielhaft hervorgehoben für Angebote dieser Art sei der „Visual Passage Planer". Für jede vom Anwender gewählte Ozeanroute stellt die Software Informationen zur den Durchschnittswerten von Wind, Wetter und Meeresströmung anschaulich dar. Zudem erhält der Skipper Vorschläge für alternative, optimal an die meteorologisch-ozeanografischen Bedingungen angepasste Segelrouten.

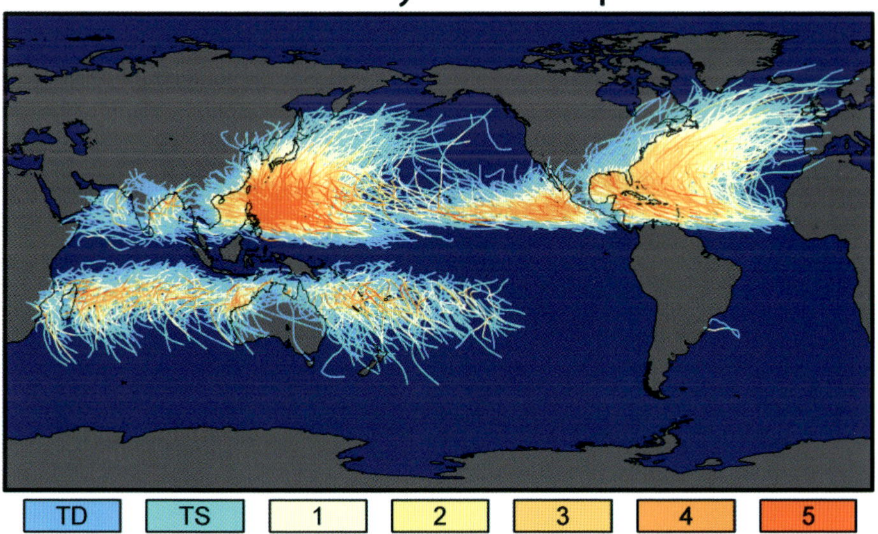

Die amerikanische NASA (National Aeronautics and Space Administration) hat alle jemals aufgetretenen tropischen Wirbelstürme mit ihrer Intensität und ihren Zugbahnen registriert und in diese Weltkarte eingetragen, die sich im Internet findet. Zu den weltweit stärksten Wirbelstürmen (rote Linien) zählen die Taifune im westlichen Nordpazifik.

5. Der Seegang

5.1 Begriffe

Der Wassersportler ist Wind und Wetter ebenso ausgesetzt wie er mit seinem Schiff oder Surfbrett in den *Seegang* eingebettet ist. Der Begriff Seegang beschreibt das Erscheinungsbild eines Wasserkörpers – für gewöhnlich eines größeren Gewässers wie einem großen See, einem Randmeer und einem Ozean – an seiner Oberfläche. Dieses besteht im Falle einer bewegten See aus *Wellen*. Die gewellte Form einer Wasseroberfläche ergibt sich aus einem physikalischen Prinzip: Wo leichte und schwere Medien unmittelbar aneinandergrenzen und diese sich mit unterschiedlichen Geschwindigkeiten bewegen, entstehen Wellen. Hier ist die Luft das leichtere Medium. Wo Wind weht, überträgt er einen Teil seiner Energie auf das Wasser. Eine aufkommende leichte Luftbewegung reibt sich an dem trägeren Medium Wasser und bildet auf ihm zunächst winzige Unebenheiten. Diese sogenannten *Kapillarwellen* sind so winzig, dass sie von der Oberflächenspannung des Wassers wieder geglättet werden können. Frischt der Wind weiter auf und werden die Wellen länger als 1,72 cm, entstehen die „richtigen" Wellen, physikalisch handelt es sich um sogenannte *Schwerewellen*. Dies sind die sichtbaren Wellen. Sie lassen sich nicht mehr von der Oberflächenspannung im Zaum halten und leben länger. Eine sehr schwache Luftbewegung führt zu *Kräuselwellen*, bei lebhafterem Wind bilden die Wellen *Kämme* aus.
In Lee des Wellenkammes entsteht ein Unterdruck, der das Zurückholen des Wassers übernimmt. Mit zunehmendem Wind wächst die Wellenhöhe und damit das Relief der Wasseroberfläche, was wiederum die Sogkräfte und damit die Wellen wachsen lässt. Durch diesen Feedback-Mechanismus des Aufschaukelns gewinnen die Wellen rasch an Höhe. Dabei gilt: Der dem Wind zugewandte Wellenhang ist stets länger und flacher als der Hang in Lee des Wellenkamms.
Das unmittelbar durch den Wind erzeugte Seegangsbild wird *Windsee* genannt. In der Regel wächst die Wellenhöhe mit der Windgeschwindigkeit, und die Wellen pflanzen sich in der Richtung fort, in die der Wind weht (*Wellenrichtung*).
Bei höheren Windgeschwindigkeiten wird der besonders exponierte Teil des Wellenkamms vom Wind zerrissen: das weiße Luft-Wasser-Gemisch wird *Schaumkopf*, *Schaumkrone* oder *Schaumkamm* genannt.

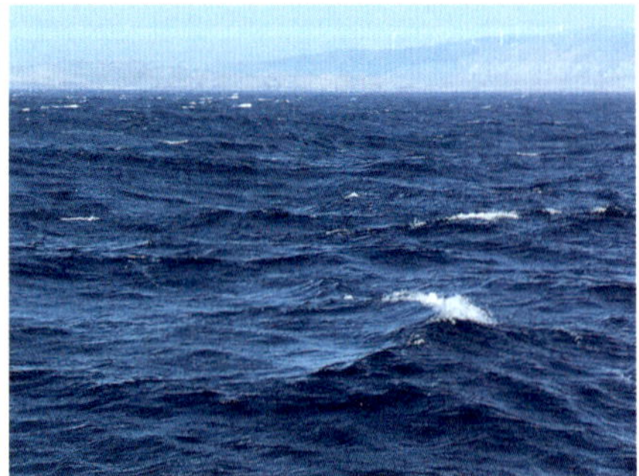

Weiße Schaumkronen sind ein Kennzeichen lebhafter Luftbewegung.

Noch stärkerer Wind zerstäubt den Schaumkopf zu Gischt und lässt den Wellenkamm überkippen: Die Welle bricht (*Brecher*, *Sturzseen*). Bei beson-

ders hohen Windgeschwindigkeiten wird die Gischt zu *fliegender Gischt*.
Dass die Wellen bei extremem Wind nicht „in den Himmel" wachsen, liegt an der Druckkraft des Sturms: Ab etwa Windstärke 10 werden ganze Teile der oberen Welle zu fliegendem Wasser verblasen, und die Angriffsfläche für den Wind kann so nicht weiter anwachsen.

Über den Wassertransport durch den Seegang bestehen oft falsche Vorstellungen. Nicht das Wasser bewegt sich in Wellenrichtung, sondern eine Bewegungsform pflanzt sich über das Wasser hinweg fort, indem jedes Wasserteilchen seine Bewegung auf das benachbarte Teilchen überträgt und dieses die gleiche Bewegung etwas später beginnt als das erste. Dabei vollführen die einzelnen Wasserteilchen kreisartige Bewegungen, die sogenannten *Orbitalbewegungen*. Sie führen bei jeder Welle zu einer kleinräumigen Zirkulation der Wasserteilchen mit der Folge einer gegenläufigen Oberflächenströmung zwischen vorderem und hinterem Wellenhang. Ein Schwimmer spürt dies, und auch der Wassersportler auf einem Boot oder Brett, besonders beim Ablaufen vor Wind und Welle: Die Fahrt zum Wellenkamm geht flott, denn das Wasser schiebt mit, auf dem Wellenhang jenseits des Kamms hingegen bremst das Wasser. Hier ist beim Schwerwettersegeln die Gefahr eines Querschlagens des Schiffes groß, da der Wasserschub unten und der Windschub oben in den Segeln oder Aufbauten gegenläufig wirkt, was zu extremer Krängung führen kann.

Zur Beschreibung von Wellen werden bestimmte Fachbegriffe verwendet. Von besonderem Interesse in der Seefahrt ist die *Wellenhöhe*. Sie ist als Höhenunterschied zwischen Wellental und Wellenberg definiert. Wellen können Höhen von 30–35 Metern erreichen. Die Erfahrung zeigt, dass ein normaler Seegang nicht aus gleich großen Wellen aufgebaut ist, sondern stets aus einem Spektrum unterschiedlicher Wellenhöhen zusammengesetzt ist. Aus praktischen Gründen hat man sich international geeinigt, für die Beschreibung der Wellenhöhe nicht eine Abschätzung der mittleren Wellenhöhe, sondern des oberen Drittels aller im Wellenspektrum vorkommenden Wellenhöhen vorzunehmen. Dies ist die *signifikante Wellenhöhe*. Ihr wird in den Vorhersagen und in der Beschreibung des aktuellen Seegangs der Vorzug gegeben. Denn diese höheren Wellen prägen maßgeblich das Aussehen der See, sie bestimmen das Seegangsbild.
Die Wellenlänge beschreibt den Abstand zwischen zwei Wellen. Gemäß Definition ist das die Horizontaldistanz von einem Wellenkamm zum nächsten. Wellen können sehr unterschiedliche Längen haben. Das Verhältnis von Wellenhöhe zu Wellenlänge wird Steilheit der Welle genannt.
Wellenlänge und Wellensteilheit in Verbindung mit der Länge des Bootes entscheiden wesentlich darüber, wie „ruppig" die Bewegung durch das Wasser empfunden wird. Die langgezogenen Wellenzüge des freien Ozeans sind angenehmer zu befahren als die kurzen, steilen Wellen kleinerer und flacherer Gewässer wie der Ostsee und erst recht der Binnenseen.
Bei einer vollständigen Beschreibung des Seegangs darf die *Wellenperiode* nicht fehlen. Sie gibt die Zeit in Sekunden an,

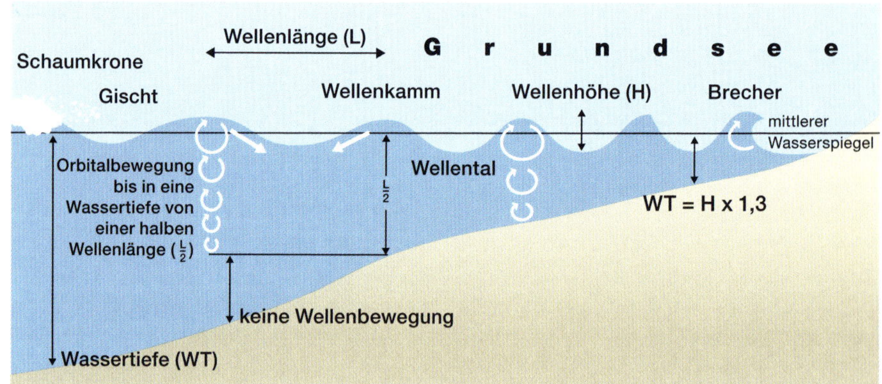

Definitionen zum Seegang.

die vom Durchgang eines Wellenkamms bis zum nächsten vergeht. Mit ihr lässt sich auf die Wellenlänge rückschließen: Je kleiner die Zeit, also je kürzer die Wellenperiode, desto kürzer ist in der Regel die Welle.

Analog zur Beaufortskala des Windes gibt es in der Ozeanografie die 10-stufige Seegangsskala, die sich an Wellenhöhe und Aussehen des Wassers orientiert. Ihr ist ein eigenes Kapitel gewidmet (S. 173).

Der Wind ist nur ein Faktor unter vielen, die über das Aussehen der Wasseroberfläche und des Seegangs entscheiden. Insgesamt wirken sechs Einflussgrößen:

- Laufstrecke des Windes über das Wasser (Fetch)
- Dauer des Windes aus derselben Richtung
- Stärke und Böigkeit des Windes
- Meeresströmungen
- Überlagerung verschiedener Wellenzüge
- Tiefe und Gestaltung des Seeuntergrunds

Infolge der Trägheit des Wassers muss der Wind mehrere Stunden wehen, um die bei dieser Windstärke maximal mögliche Wellenhöhe aufzubauen. Je stärker der Wind, desto länger dauert dies. Irgendwann wird ein Gleichgewichtszustand zwischen Windstärke und Wellenhöhe erreicht. Man spricht von einer ausgereiften See.

Die Fortpflanzungsgeschwindigkeit von Wellen steigt mit der Wellenlänge. So verlagert sich beispielsweise eine Welle der Länge 100 m mit durchschnittlich 45 km/h, eine 200 m lange Welle mit 63 km/h. Wellen können eine Länge von 1000 m und mehr erreichen. Solche besonders langen, sehr schnell wandernden Wellen künden auf diese Weise von fernen Stürmen, bevor diese das eigene Seegebiet erreicht haben.

Auf großen Gewässern wie der Ostsee und Nordsee, und ganz besonders auf Ozeanen, machen sich die regional unterschiedlichen Windverhältnisse dadurch bemerkbar, dass der von anderen Winden in benachbarten Teilen des Gewässers erzeugte Seegang in das eigene Revier hineinläuft. Ebenso kann aufgrund der Trägheit der Wasserbewegung eine alte Windsee noch fortbestehen, obwohl der Wind bereits aufgehört hat. Solche nicht vom aktuellen Wind im Revier erzeugten Wellenzüge werden *Dünung* (engl. swell) genannt. Ihre Wellen unterscheiden sich von der Windsee dadurch, dass sie wesentlich länger und ihre Kämme stark abgerundet sind. Auf ihrem Weg über den Ozean verlieren die Dünungswellen mit jeder Verdoppelung der Reisestrecke ein Drittel ihrer Höhe.

Wellenzüge der Dünung werden besonders augenfällig, wenn wenig Wind weht.

Die Dünung führt im Zusammenwirken mit der Windsee vor Ort zu komplexen Wellenzügen. Das bedeutet auch, dass vom aktuellen Seegangsbild nicht unbedingt auf die aktuellen Windverhältnisse geschlossen werden kann. Wohl aber von der Windsee, deren Erscheinungsbild rein vom Wind im Revier bestimmt wird – weshalb sich die Beschreibung der Windstärken der Beaufortskala auch maßgeblich auf das vom Wind bestimmte Aussehen der Wasseroberfläche stützt (S. 21).

Eine *Kreuzsee* entsteht, wenn sich frische Windsee und alte Dünung aus unterschiedlichen Richtungen überlagern. Diese Situation wird bei hoch gehender See nicht nur von den Wassersportlern, sondern auch von der Berufsschifffahrt wegen der dabei oft unberechenbar auftretenden, hohen Einzelwellen gefürchtet, die im Extremfall mehr als das Doppelte der signifikanten Wellenhöhe erreichen können (*Kaventsmänner*, *Monsterwellen*, *Freakwaves*). Eine durcheinanderlaufende See droht dem Wassersportler auch unter Steilküsten durch Wellenreflexion.

Eine *Grundsee* bildet sich dann, wenn eine Welle, gleich ob Windsee oder Dünung, auf Flachwasser kommt (Küste, Untiefe). Wenn die Wassertiefe unter die halbe Wellenlänge sinkt, beginnen die Wellen kürzer zu werden und sie steilen sich auf, weil der untere Ast der Orbitalbewegung Bodenkontakt bekommt und durch die Reibung langsamer wird. Einzelne Wellenzüge der Grundseen können mehr als das Doppelte der ursprünglichen Wellenhöhe erreichen.

Schließlich wird die „Fußbremse" so dominant, dass der Wellenkamm nach vorn fällt: Die Wellenzüge brechen auf breiter Front als *Brandung*. Dies geschieht spätestens, wenn die Wassertiefe weniger als das 1,3-Fache der Wellenhöhe beträgt. Vereinzelte Brecher bilden sich auch schon bei einer Tiefe von etwa einer Wellenlänge. Bei der Brandung erfolgt ein Wassertransport in Richtung Ufer. Die dabei frei werdende Energie ist enorm. Der Wellendruck beträgt bei 3 m hohen Wellen bis zu 8 Tonnen/m^2. Der Stoß einer Brandungswelle kann bis zu 70 Tonnen/m^2 erreichen. Die meisten bei Sturm an der Küste gestrandeten Schiffe halten der Wucht der Brandungswellen nicht stand, sondern zerschellen.

Die Wellenstruktur ändert sich in charakteristischer Weise beim Auflaufen auf die Küste (Refraktion). Die Wellen-

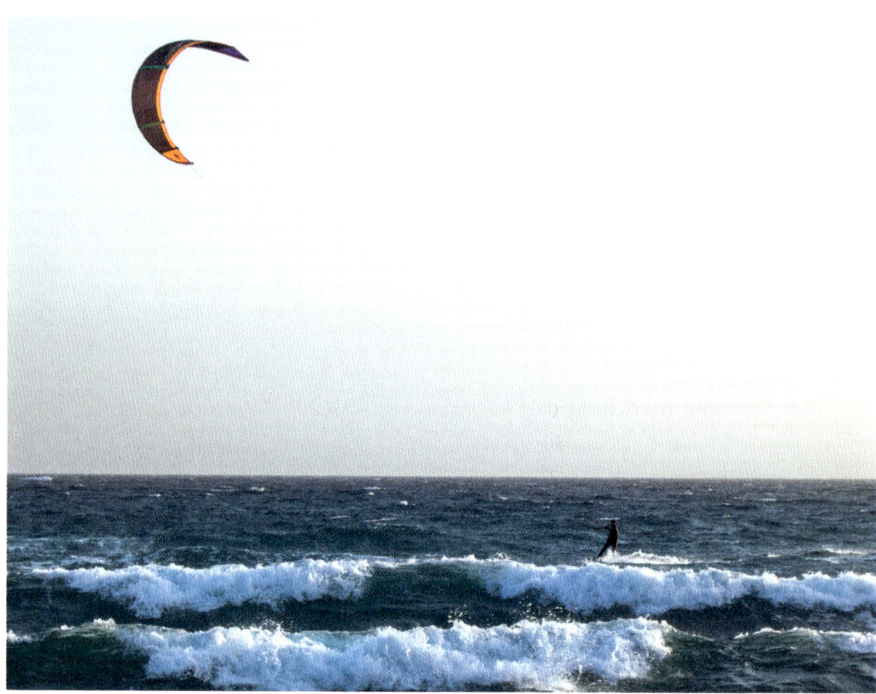

Auf die Küste treffende Wellenzüge brechen auf breiter Front zur Brandung, wenn die Wassertiefe weniger als das 1,3-Fache der Wellenhöhe beträgt.

züge schmiegen sich in dem flacher werdenden Wasser zunehmend an die Tiefenlinien an. Läuft die Wellenfront schräg auf die Küste zu, werden die Wellen unmittelbar am Ufer in eine uferparallele Richtung gebogen. Hier setzt als resultierende Wasserbewegung zwischen Auflauf und Rücklauf eine küstenparallele Strömung (*Brandungslängsströmung*).

Läuft die Wellenfront frontal auf eine gegliederte Küste zu, konzentriert sich die Wellenenergie auf die Landvorsprünge: An den Kaps bricht sich die Welle zuerst und stärker, in den Buchten dagegen später und schwächer. An steilen Felsküsten bricht sich die Welle erst kurz vor dem Felsen, dann allerdings mit großer Gewalt. Das Brandungsmuster ist chaotisch, da durch Reflexionen an den Felswänden Interferenzen zwischen den Wellen entstehen.

Die Laufrichtung der Wellen ändert sich auch in der Nähe von Inseln, besonders wenn sie eine rundliche Form haben. Die Refraktion biegt die Wellenzüge auf beiden Seiten zur Insel hin, sodass die Wellenfronten in Lee des Hindernisses aufeinander zulaufen und dort für eine unangenehm ruppige See mit kurzen, steilen Wellen aus verschiedenen Richtungen sorgen, die auch in die Buchten hineinlaufen. In Lee solcher Inseln ist es schwierig, einen ruhigen Ankerplatz zu finden.

5.2 Wetter und Seegang

Die Atmosphäre modelliert die Wasseroberfläche. Es ist der *Wind* mit seiner abwärts gerichteten Kraftkomponente, der Scherkraft. Beträgt die Windgeschwindigkeit weniger als 2,5 km/h, verhindert eine intakte laminare Grenzschicht in der Luft den Impulstransport zum Wasser. Ist der Wind stärker, reißt die laminare Lufthaut auf, und der Wind trifft auf das Wasser: Wellen entstehen. Im Anfangsstadium vermag das Wasser dem Impuls mit der Kohäsionskraft seiner Moleküle erfolgreich Widerstand entgegen zu setzen: Es entstehen für uns kaum sichtbare Initialwellen, die Kapillarwellen. Nimmt der Wind zu, bilden sich Wellen, bei denen die rückholenden Kräfte nicht mehr von der Oberflächenspannung, sondern von der Schwerkraft gebildet werden: Die Windsee entsteht.
Die Welle schreitet in der Richtung voran, in die der Wind weht, wenngleich deutlich langsamer als der Wind. Die Verlagerungsgeschwindigkeit von Wellen beträgt etwa ein Drittel der Windgeschwindigkeit. Die Wellenhöhe wächst mit der Windstärke, der Einwirkdauer des Windes und dem Fetch (Einwirkweg, Windlaufstrecke). Zum Beispiel baut ein Wind der Stärke 7, der über 12 Stunden hinweg mit einem Fetch von 150 Seemeilen wirkt, am Ende dieser Laufstrecke eine durchschnittliche Wellenhöhe von 4 Meter auf. In der Nordsee ist die freie Wegstrecke des Windes bei nordwestlicher Luftströmung am längsten, der bei dieser Wetterlage große Fetch sorgt in der Deutschen Bucht für die höchsten Wellen. Große Sturmfluten treten hier stets bei Nordwestlagen auf (S. 65).
Auf freier See ergibt sich der Seegang aus der Überlagerung von Windsee und Dünung. Auch die Dünung ist genetisch gesehen Windsee – geschaffen allerdings von Winden, die in keinem Zusammenhang zur aktuellen Luftbewegung stehen (frühere Windbedingungen oder Winde ferner Seegebiete).
Die Reibung der Wassermoleküle und der Luftwiderstand zehren an der Wellenenergie der Dünung und dämpfen den Seegang. Da vor allem die kurzen Wellenlängen von der Dämpfung betroffen sind, bleiben die langen Wellen übrig. Die Dünung ist deshalb durch sehr lange Wellen mit gerundeten Wellenkämmen gekennzeichnet. Lange Dünungswellen können in kurzer Zeit große Seegebiete durchwandern. So verlagern sich Dünungswellen, deren Wellenlänge 100 m beträgt, mit einer Geschwindigkeit von 43 Seemeilen pro Stunde. Die Richtung der Dünungswellen sowie deren Höhe und Wellenlänge lässt auf die Stärke und Entfernung ferner Stürme schließen und aus welcher Richtung sie drohen. In früheren Jahrhunderten war die Dünung der einzige Hinweis auf kommendes Schwerwetter. Auch heutzutage hat sie ihre Funktion als Frühwarnsystem vor Stürmen nicht verloren. Hohe Dünungswellen sind ein deutlicher Hinweis, sich um eine genaue aktuelle Wettervorhersage zu kümmern.
Typische Wellenhöhen bei schwerem Sturm aus Nordwest sind in der südlichen Nordsee mit der Deutschen Bucht etwa 7–8 Meter bei einer durchschnittlichen Länge von 120 Meter. In der freien Ostsee erreichen Sturmwellen bei längerem Fetch kaum mehr als 4 Meter, die Wellenlänge beträgt dabei etwa

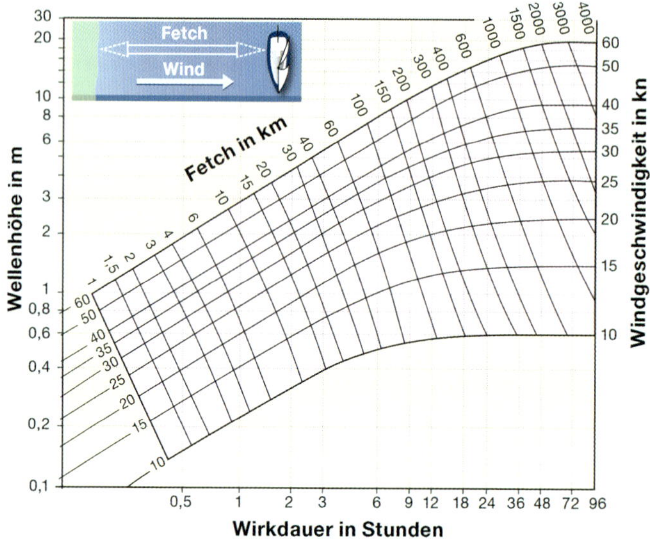

Diagramm zur Bestimmung der Höhe der Windsee in Abhängigkeit von Windgeschwindigkeit, Einwirkstrecke des Windes auf das Wasser (Fetch) und Einwirkdauer in hinreichend tiefem Wasser.

60 Meter. Die oft ruhige See ist einer der wesentlichen Gründe dafür, dass die Ostsee für Familien- und Küstentörns als besonders geeignet gilt und in diesem Punkt den meisten atlantischen Revieren den Rang abläuft. Im Mittelmeer liegen die Wellenhöhen bei starken Winden während der Wassersportsaison bei 3,50 Meter, sie können bis zu 8 Meter bei Winterstürmen erreichen.

Es muss immer damit gerechnet werden, dass vereinzelte Wellen durch Überlagerung von Wellenzügen sehr viel höher auflaufen, in der Nordsee zum Beispiel bis zu 18 m.

Eine Kreuzsee mit durcheinanderlaufenden Wellenzügen entsteht aus einer Windsee und einer Dünung, die beide aus einem großem Winkel von > 60–70 Grad aufeinander zulaufen. Besonders in Tiefdruckgebieten besteht diese Gefahr, zum einen in der Nähe von Fronten mit ihren Windsprüngen (Warmfront, Kaltfront), zum anderen im Bereich eines Troges. Vor der Kaltfront oder dem Trog steht eine Windsee aus südlichen Richtungen, dahinter aus West bis Nordwest. Besonders bei langsam ziehenden, alten Tiefs vermag die Windsee von der Westflanke des Tiefs in die Windsee weiter im Osten hineinzulaufen. So besteht die größte Kreuzseegefahr immer im Vorfeld von Tiefausläufer oder Trog.

Stürme lassen sich auf *hoher See*, fernab von Küsten mit ihrer Flachwasser-Grundsee und Wellenreflexionen und in einer durch einen langen Fetch geschaffenen Windsee am besten abwettern. Hier ist das Schiff in lange Wellen eingebettet. Der Hochseesegler weiß diese lange, ausgerollte See, die die Fahrt nur wenig behindert, zu schätzen.

In *schmalen, langgestreckten Gewässern* wie der Ostsee oder in *kleinen Revieren* wie etwa dem IJsselmeer und erst recht auf Binnenseen wie dem Bodensee wirft starker Wind eine kurze steile Welle auf,

die für das Schiff eine ruppige „Buckelpiste" ist - mit entsprechend starker Beanspruchung von Material und Nerven.
In der Nähe stark gegliederter Küsten hängt die Wellenhöhe auch ganz wesentlich von der Windstärke und dem (windrichtungsabhängigen) *Fetch* ab. Bei der Ostsee mit ihrem sehr unterschiedlich orientierten Küstenverlauf und der in vielen Richtungen nur geringen Ausdehnung des Meeres spielt die Windrichtung eine wesentlich größere Rolle beim Aufbau der Windsee als in der offenen Nordsee. Eine Änderung der Windrichtung um 20-30 Grad kann in kürzester Zeit eine leicht bewegte See von einem Meter Wellenhöhe in eine grobe See mit zwei bis drei Meter hohen Wellen verwandeln - ohne dass sich an der Windstärke etwas geändert hat. Berüchtigt für solch unliebsame Überraschungen ist zum Beispiel das Seegebiet südöstlich der Insel Öland (Öland-Södra-Grund). Bei Winden aus West bis Nord beträgt der Fetch kaum mehr als 8-25 Seemeilen. Nach einer kleinen Winddrehung von West auf Westsüdwest aber versechsfacht sich die Wirkstrecke des Windes und mit einem Mal sind es rund 170 Seemeilen Fetch - wodurch sich innerhalb eines Tages ein ordentlicher Seegang aufbauen kann.
In *Flachwasserrevieren* wird der Seegang nicht nur vom Wind, sondern auch von der Wassertiefe mitgestaltet. Je stärker der Wind und je höher die See geht, desto eher kann die Welle den Untergrund „spüren". Läuft die See in Gebiete mit ansteigendem Grund hinein, besteht die Gefahr, dass die Wellen dort steiler werden. Das ist der Fall, wenn die Wassertiefe geringer wird als die halbe Wellenlänge (S. 166). Berüchtigt dafür ist zum Beispiel das viel frequentierte Fahrwasser zwischen der Insel Bornholm und der schwedischen Küste, das Bornholmsgatt. Bei Starkwind oder Sturm aus Nordost entsteht über dem ansteigenden Grund südlich von Sandhammaren eine gefährlich steile See.
Noch komplizierter sind die Seegangsverhältnisse in den Flachgewässern der Nordsee, wo die Gezeiten für tageszeitlich unterschiedliche Wassertiefen sorgen.

Ein Aufsteilen der Wellen entsteht auch dann, wenn der Wind gegen die *Strömung* gerichtet ist. Besonders kritisch kann es in Meeresengen mit hoher Strömungsgeschwindigkeit werden. Im Nordausgang des Farösunds an der Nordostspitze Gotlands setzt die Strömung oft mit hoher Geschwindigkeit, je

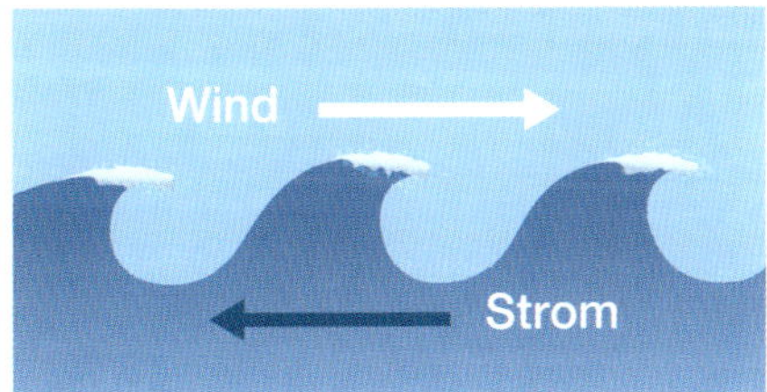

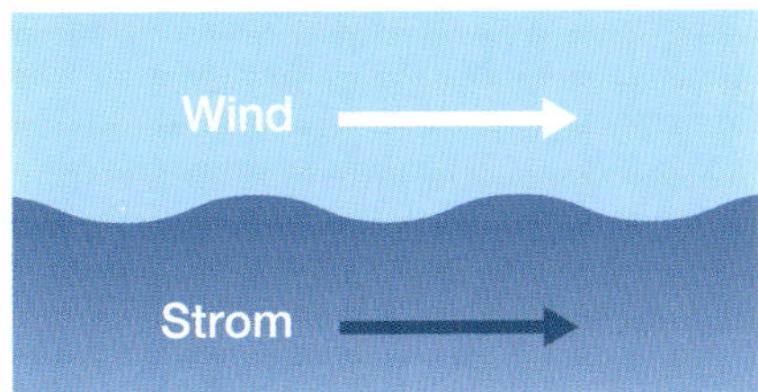

Ein ruppiger Seegang mit ungewöhnlich steilen Wellen entwickelt sich, wenn Luftströmung und Wasserströmung gegeneinander gerichtet sind. Besonders komfortabel sind die Seegangsbedingungen dagegen, wenn beide Strömungen an einem Strang ziehen.

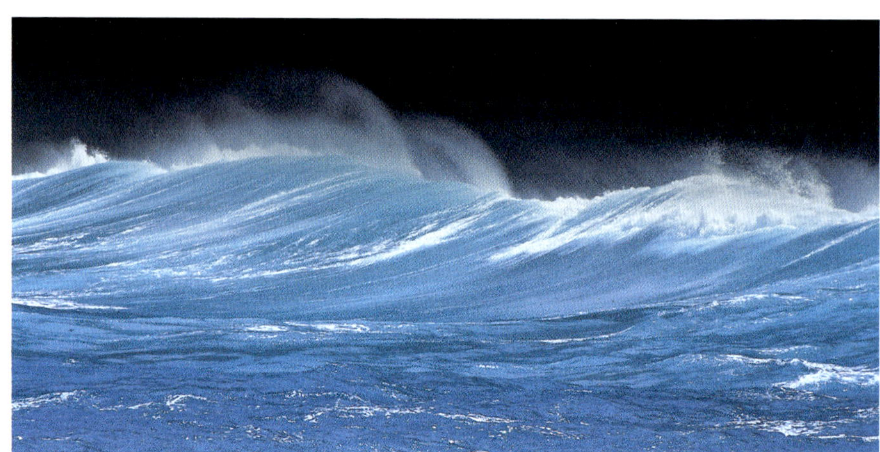

Weht der Wind gegen die Strömung, baut sich ein besonders hoher Seegang auf.

nach Wetterlage nord- oder südwärts. Bei einem Umspringen des Windes kann es dann, ohne dass sich die Windstärke ändern muss, plötzlich zu hohem Seegang kommen.

Ebenso schwierige Seegangsbedingungen können sich bei einem Wechsel der Windrichtung in manchen Gewässern ganz im Westen der Ostsee einstellen. Nach einer anhaltenden und ausgeprägten Ostwindlage herrscht hier in einigen Meerengen wie zum Beispiel dem Fehmarnbelt und auch in einigen Förden wie der Flensburger Förde (Holnis-Enge) ein 2–4 Knoten starker Ausstrom nach Westen oder Norden (Belte und Sund). Wechselt dann die Großwetterlage, und es wehen lebhafte Winde aus West bis Nord, kann die Strömung wegen ihrer großen Trägheit erst 1–2 Tage später darauf reagieren. Bis dahin weht der Wind gegen die Strömung, und es baut sich in diesen Passagen ein unangenehm steiler Seegang auf.

Auch an den Küsten der Nordsee werden die (wechselnden) Tidenströme zur Herausforderung, wenn mit einem Mal die Strömung gegen den Wind steht. Kanalisierungseffekte in den Engen der Seegatte und eine bei starken Winden sehr hoch gehende und chaotische Grundsee verschärfen das Seegangsproblem, und so ist es in diesen Gewässern schon zu vielen Seenotfällen durch Seegangsverhältnisse gekommen, auf die etliche Wassersportler nicht vorbereitet waren.

Auch vor Flussmündungen, wo das Flusswasser seewärts setzt, kann es im Zusammenwirken mit dem Wind, wenn er hier auflandig weht, zu schwierigen Seegangsverhältnissen kommen.

Demgegenüber vermag ein mit der Strömung wehender Wind den Seegang zu glätten und sorgt so für ausgesprochen komfortable Seegangsbedingungen mit einen angenehm gerundeten Seegang und langen Wellenzügen.

Zu den Faktoren Windrichtung, Windstärke und Fetch, Wassertiefe und Wasserströmung gesellt sich die *thermische Luftschichtung* als weiterer Einflussfaktor des Seegangs. Eine labile

Schichtung über See, also eine starke Temperaturabnahme in der unteren Atmosphäre, sorgt für wechselhaftes Böenwetter (S. 14). Die Böen sind wie Fallböen, treffen mit einem gewissen Winkel von oben auf die Wasseroberfläche und wühlen sie stärker auf als der (horizontal wehende) Wind bei stabiler Schichtung (zum Beispiel im Tiefdruck-Warmsektor).
Untersuchungen haben ergeben, dass dabei die Wellenhöhe weitaus mehr anwächst als die Wellenlänge. Dabei gilt: Je kälter die Luft, desto höher die Wellen. Ist die Lufttemperatur zum Beispiel 4 Grad kälter als die Temperatur der Wasseroberfläche, sind die Wellen durchschnittlich 18 % höher, als wenn kein Temperaturunterschied zwischen Luft und Wasser herrscht. Das heißt der böige, kühle Wind der labil geschichteten Atmosphäre wirft steilere Wellen auf, als das bei den gleichmäßigeren Windbedingungen anderer Wetterlagen der Fall ist.
So ist auf der Nordsee besonders das Rückseitenwetter im Spätsommer und Frühherbst, wenn die relativ warmen Gewässer als Heizquelle fungieren, berüchtigt - und das nicht nur für seine heftigen Böen, sondern auch für den ausgesprochen ruppigen Seegang!

5.3 Seegangsskala

Analog zur Beaufortskala der Windstärke existiert eine Skala zur Beschreibung des Seegangs. Sie wurde vom deutschen Kapitän Peter Petersen entwickelt und 1927 veröffentlicht. 12 Jahre später wurde die 10-stufige Skala von der Weltorganisation für Meteorologie WMO anerkannt. Sie ist bis heute international gültig.
Die Bezeichnungen orientieren sich in erster Linie an dem Gesamteindruck, den die See hinterlässt, wobei die Windsee maßgeblicher für die Modellierung der Meeresoberfläche ist als die Dünung. Die Größe der Wellen ist ein wichtiges Kriterium sowie der Grad der Schaumbildung. Bei hohen Seegangsstufen und entsprechend hohen Windgeschwindigkeiten hebt der Schaum ab und führt zu einer Beeinträchtigung der Sicht. Bei schwerem Sturm bilden die brechende See (Sturzseen) und die Orientierungslosigkeit durch fliegende Gischt die beiden Hauptgefahrenelemente für die Schifffahrt.
Die Skala endet bei Stufe 9. Sie ließe sich theoretisch für höhere Windstärken erweitern. Doch das ergibt keinen Sinn, wird doch der Zustand der See anhand der Skala auch heutzutage in der Regel durch Beobachtung festgestellt. Bei extrem hohen Windgeschwindigkeiten ist die Luft aber derart von Gischt erfüllt, dass jegliche Sicht und damit Beobachtungsmöglichkeit enden.
Auf Nord- und Ostsee werden am häufigsten die Seegangsstufen 3 und 4 mit typischen Wellenhöhen von 0,8 bis 1,5 Meter beobachtet.
Eine Zuordnung der Windstärkeklassen nach Beaufort zur Seegangsskala ist möglich. Diese gilt aber nur für den Fall eines sogenannten *ausgereiften Seegangs*, wenn also Dauer und Strecke der Windeinwirkung auf die See (Fetch) ausreichend lang sind, sodass sich ein Gleichgewichtszustand zwischen Wind und See eingestellt hat, der die Wellen nicht mehr weiter anwachsen lässt. Dieser Zustand setzt bei sehr hoher See

Wassertiefen von mindestens 250 Meter voraus, was in der Regel nur auf dem freien Ozean gegeben ist. Beispielsweise ergibt sich bei Windstärke 8 ein ausgereifter Seegang, wenn der Fetch mindestens 1100 Seemeilen und die Einwirkzeit dieser Windstärke mindestens 50 Stunden beträgt. Die aus diesen Bedingungen resultierende Wellenhöhe beträgt 6,5 Meter (s. a. Diagramm S. 170).

Seegangstufe	Bezeichnung	Aussehen der See	Wellenhöhe Tiefsee (m)	Wellenhöhe Flachsee (m)	Windstärke (ausgereifte See)
0	Vollkommen glatte See	Spiegelglatte See.	-	-	0
1	Ruhige, gekräuselte See	Kleine, schuppenförmig aussehende Kräuselwellen, keine Schaumköpfe.	0,0-0,2	0,05	1
2	Schwach bewegte See	Wellen noch kurz, aber ausgeprägter. Kämme sehen glasig aus und brechen sich nicht. Vereinzelt weiße Schaumköpfe.	05-0,75	0,6	2 und 3
3	Leicht bewegte See	Wellen noch klein, werden aber länger. Ziemlich verbreitet treten weiße Schaumköpfe auf. Die sich brechende See rauscht.	08-1,2	1,0	4
4	Mäßig bewegte See	Wellen länger, ausgeprägter. Überall weiße Schaumköpfe, vereinzelt schon Gischt. Brechen der See hört sich wie Murmeln an.	1,2-2,0	1,5	5
5	Grobe See	Größere Wellen, Kämme brechen sich und hinterlassen größere weiße Schaumflächen. Dumpfes, rollendes Geräusch der sich brechenden See.	2,0-3,5	2,3	6
6	Sehr grobe See	See türmt sich. Der beim Brechen entstehende weiße Schaum beginnt sich in Streifen in die Windrichtung zu legen. Das Geräusch der sich brechenden See in größerer Entfernung hörbar.	3,5-6	3,0	7
7	Hohe See	Mäßig hohe Wellenberge mit Kämmen von beträchtlicher Länge. Von den Kanten der Kämme beginnt Gischt abzuwehen. Der Schaum legt sich in ausgeprägten Streifen in die Windrichtung.	>6	4,0	8 und 9
8	Sehr hohe See	Hohe Wellenberge mit langen, überbrechenden Kämmen. See weiß durch Schaum. Schweres, stoßartiges Rollen der See. Sicht durch Gischt stark beeinträchtigt.	bis 20	4,0	10
9	Außergewöhnlich schwere See	Außergewöhnlich hohe Wellenberge. See wöllig weiß. Luft mit Schaum und Gischt angefüllt. Jede Fernsicht hört auf. Rollen der See wird zum Getöse.	bis 20	5,5-	11 und 12

Internationale Seegangsskala nach Petersen mit Zuordnung der Windstärke nach Bft.

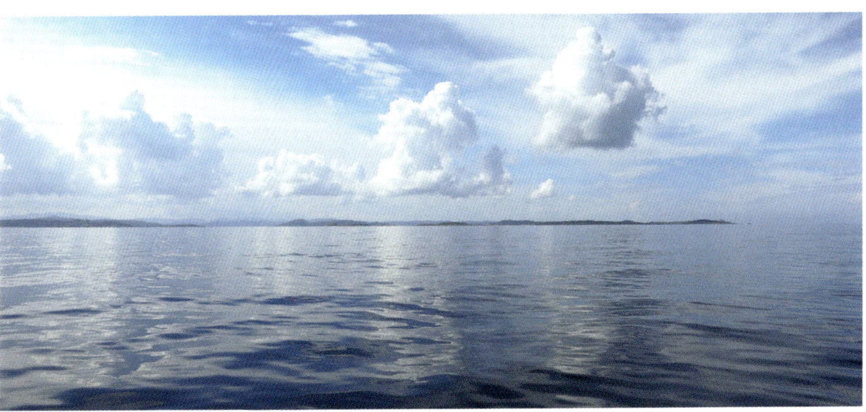

Seegangsstufe 0: Die See ist so glatt, dass sich der Himmel auf ihr spiegelt.

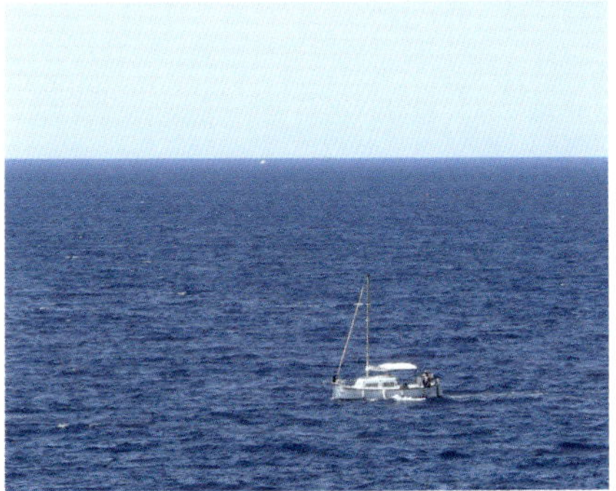

Seegangsstufe 2: Die See ist schwach bewegt, erste Schaumköpfe sind zu sehen.

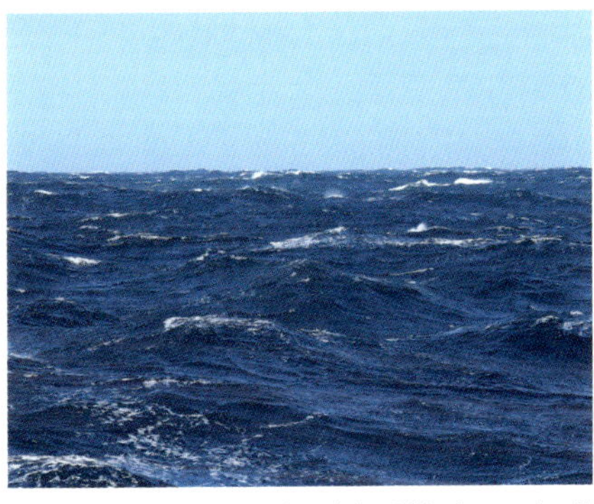

Seegangsstufe 4: Die See ist mäßig bewegt mit vielen Schaumköpfen und vereinzelter Gischt.

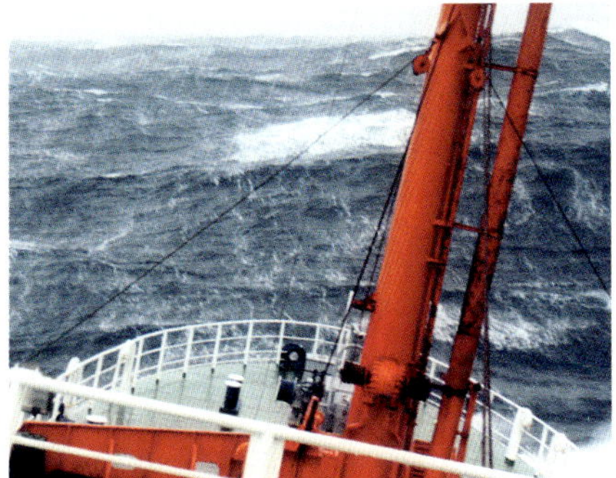

Seegangsstufe 7: Die See geht hoch. Von großen Wellenbergen mit langen Kämmen weht die Gischt ab und der Schaum legt sich in Streifen.

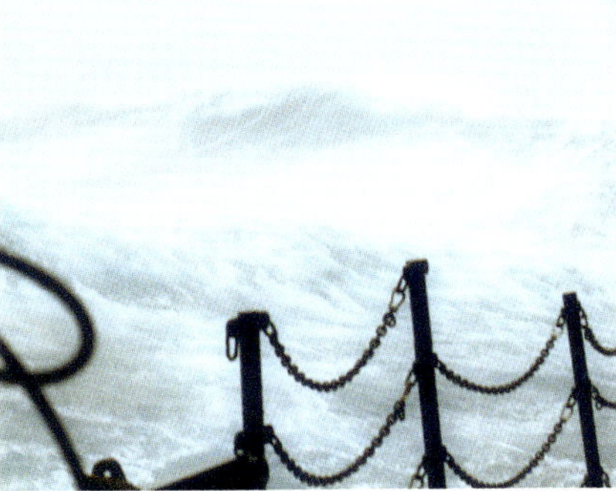

Seegangsstufe 9: Der außergewöhnlich schwere Seegang mit sehr hohen Wellenbergen ist durch Schaum und fliegende Gischt kaum noch zu erkennen.

6. Maritim-meteorologische Informationsquellen

6.1 Allgemein

Übersichten
„Funkdienst für die Klein- und Sportschifffahrt" (BSH)

- „Wetter- und Warnfunk" (BSH) (auch im Internet: https://www.bsh.de/ DE/PUBLIKATIONEN/_Anlagen/Downloads/Nautik_und_Schifffahrt/Sonstige-nautische-Publikationen/Wetter-und-Warnfunk.pdf?__blob=publicationFile&v=17
- „Sturmwarnungen und Seewetterberichte für die Sport- und Küstenschifffahrt" (auch im Internet: https://www.dwd.de/DE/fachnutzer/schifffahrt/service/dauerbrenner_012021_barrierearm.pdf?__blob=publicationFile&v=1).
- http://www.wetterklima.de --> Seewetter
- http://www.esys.org/wetter/wetter.html

Rundfunk (Videotext im Internet)
Regelmäßige Seewetterberichte in deutscher Sprache für die Ostsee senden:

- Deutschlandfunk (DLF)
- Deutschlandradio Kultur
- Norddeutscher Rundfunk (NDR)
- Radio Schleswig-Holstein und Radio FFN (Windvorhersagen)

(sendezeitunabhängig via Videotext und Online-Auftritt der Sender einsehbar)

UKW-Küstenfunkstellen

- Internetauftritt: www.dp07.com

NAVTEX

- Internetauftritt: http://weather.gmdss.org

Zum Informationsgehalt von Seewetterberichten

- https://www.dp07.com/wetter/38-was-beinhalten-seewetterberichte.html (Erläuterungen von Ralf Brauner, DWD)
- https://www.dwd.de/DE/service/lexikon/Functions/glossar.html?lv2=102248&lv3=102580 (Informationsgehalt von Wetterkarten: Wetterschlüssel mit einem ausführlichen Code- und Symbolverzeichnis)

6.2 Revierwetter im Internet

Die Fülle einschlägiger Adressen im Internet ist inzwischen nahezu unüberschaubar. Im Folgenden eine Zusammenstellung besonders nützlicher maritim-meteorologischer Informationsseiten für die einzelnen Reviere.

Nord- und Ostsee, Binnenseen in Mitteleuropa
Deutschland (DWD):

- www.dwd.de --> Fachnutzer --> Schifffahrt --> Seewetter aktuell
  kurz- und mittelfristige Prognosen von Wind, Wetter und Seegang für europäischen Atlantik, Nord- und Ostsee sowie Mittelmeer

Deutschland (BSH):

- www2.bsh.de/aktdat/Seegang/vorhersage/wiwe.htm
  Prognose des Seegangs für Deutsche Bucht und westliche Ostsee mit Belte, Sund und Kattegat

- https://www.bsh.de/DE/DATEN/Wasserstand_Nordsee/wasserstand_nordsee_node.html
  Vorhersagen des Wasserstands für deutsche Küsten an Nord- und Ostsee
- https://www.bsh.de/DE/DATEN/Vorhersagen/Baden_und_Meer/baden_und_meer_node.html
  Vorhersagen der Strömung für Nord- und Ostsee
- https://www.bsh.de/DE/DATEN/Klima-und-Meer/Meerestemperaturen/Meeresoberflaechentemperaturen/meeresoberflaechentemperaturen_node.html
  aktuelle Wassertemperaturen von Nord- und Ostsee

Dänemark:
- https://www.dmi.dk/farvandsudsigter/
  kurz- und mittelfristige, regional detaillierte Prognose von Wind, Strömung, Wasserstand und Wetter; nur dänische Gewässer mit Kattegat, westlicher und südlicher Ostsee

Schweden:
- https://www.smhi.se/en/weather/forecasts/marine-coastal-weather/q/2673730#ws=wpt-a,proxy=wpt-a
  kurz- und mittelfristige, regional detaillierte Prognose von Wind und Wetter; aktuelles Niederschlagsradar mit Blitzortung; nur schwedische Küstengebiete
- https://www.smhi.se/oceanweb
  --> „Forecasts"
  kurz- und mittelfristige, zeitliche detaillierte Prognosekarten zu Wind, Strömung, Seegang, Wasserstand und Wasseroberflächentemperatur

Norwegen:
- http://www.yr.no/en
  Prognose von Wind, Strömung, Wasserstand, Wetter in hoher raum-zeitlicher Auflösung; nur Skagerrak, Kattegat, Bottnischer Meerbusen
- https://www.yr.no/en/map/radar/1-92416/Norway/Vestland
  Aktuelles Niederschlagsradar

Finnland:
- http://en.ilmatieteenlaitos.fi/weather-forecast-for-shipping
  Prognose von Wind, Wetter, Seegang, Wasserstand für nördliche Ostsee

Mitteleuropäische Küsten- und Binnenreviere:
- https://www.wetterzentrale.de/de/topkarten.php?model=ico&time=1&lid=D2
  Prognose von Wind und Wetter in 3-Stunden-Intervallen für 5 Tage

Nord- und Ostsee, Binnengewässer in Mitteleuropa:
- https://weather.essl.org/storm/
  Prognosekarte (mit ausführlichem englischem Text) einer Gefahr von Sturm, Gewitter, Hagel und Tornados (Wasserhosen) für 24 Stunden

Europäischer Atlantik:
- https://www.weatheronline.co.uk/marine/weather
  --> Great Britain
  --> Europe --> Bay of Biscay
  --> Europe --> Portugal-West
  --> Europe --> Gibraltar-West
  Prognosekarten zu Wind (inkl. Spitzenböen, Starkwind- und Sturmzonen), Wellenhöhe, Wetter und Luftdruck in 3-Stunden-Intervallen für 7 Tage; und

Prognose-Tabellen für Küstenorte zu Wind und Wetter in 6-Stunden-Intervallen für 14 Tage

- http://www.eltiempo.es/costas/
Prognosekarten zu Wind, Wellenhöhe und Wassertemperatur für spanische Küstenreviere in 3-Stunden-Intervallen für 5 Tage
- http://www.meteofrance.com/previsions-meteo-france/animation/radar/france
Aktuelle Regenradarbilder. Für alle französischen Gewässer

Mittelmeer

Gesamtüberblick

- http://www.weatheronline.co.uk/marine/weather?LANG=en
--> Europe --> Mediterranean
Prognosekarten zu Wind (inkl. Spitzenböen, Starkwind- und Sturmzonen), Wellenhöhe, Wetter und Luftdruck in 3-Stunden-Intervallen für 7 Tage; Mittelmeer in zahlreiche Teilgebiete gegliedert; und Prognose-Tabellen für Küstenorte zu Wind und Wetter in 6-Stunden-Intervallen für 14 Tage
- http://www.poseidon.hcmr.gr/sailing_forecast.php
Prognosekarten zu Wind, Wetter und Wellen in 3-Stunden-Intervallen für 5 Tage
- https://forecast.uoa.gr/en/interactive-forecast/
Prognosediagramme zu Wind, Wetter und Wellen für jeden gewählten Ort im Mittelmeer für 7 Tage
- http://www.passageweather.com/
--> Mediterranean Region
Prognosekarten zu Wind, Wellenhöhe, Wetter und Luftdruck, in 3-6-Stunden-Intervallen für 7 Tage
- http://www.lamma.rete.toscana.it/mare/modelli/vento-e-mare
Prognosekarten zu Wellenhöhe, Wind und Wetter in 1- bzw. 3- bzw. 6- Stunden-Intervallen für 5 Tage.
- http://www.emy.gr/emy/en/navigation/naftilia_prognostikoi_xartes
Prognosekarten für Teilgebiete des östlichen Mittelmeers zu Wind, Wellen und Wassertemperatur in 3-Stunden-Intervallen für 60 Stunden
- https://www.fnmoc.navy.mil/wxmap_cgi/index.html#regional
--> West Med oder --> Central Med oder --> East Med
Prognosekarten zu Wind, Wellenhöhe und Luftdruck in 6-Stunden-Intervallen für 4 Tage. Mittelmeer in drei Teilgebiete gegliedert.
- http://www.meteoam.it/meteomar/view
Englische Prognosetexte für alle Seegebiete des Mittelmeers (außer Ägäis) zu Wind, Sichtweite, Seegang
- http://kassandra.ve.ismar.cnr.it/images/forecast/med/wav/
Prognosekarten zur Wellenhöhe in 3-Stunden-Intervallen für 4 Tage
- http://weather.gmdss.org/III.html
Englische Prognosetexte zu Wind, Wellenhöhe und Wetter für 24–36 Stunden (NAVTEX-Prognosen)
- https://weather.essl.org/storm/
Prognosekarte (mit ausführlichem englischem Text) einer Gefahr von Sturm, Gewitter, Hagel und Tornados (Wasserhosen) für 24 Stunden
- http://www.yr.no/
--> Küstenort eingeben (Suchfenster)
--> „Open hourly forecast“
Prognosediagramme zu Wind und Wetter für zahlreiche Küstenorte zu Wind und Wetter in 3-Stunden-Intervallen für 2 Tage

Straße von Gibraltar und spanische Gewässer

- http://www.aemet.es/es/eltiempo/prediccion/maritima
Prognosekarten zu Wind und Wellenhöhe in sehr hoher räumlicher Auflösung in 3-Stunden-Intervallen für 36 Stunden
- http://www.eltiempo.es/costas/
Prognosekarten zu Wind, Wellenhöhe und Wassertemperatur in 3-Stunden-Intervallen für 4 Tage
- http://www.eltiempo.es/radar/
Aktuelle Regenradarbilder. Für die Meerenge und alle spanischen Gewässer

Löwengolf bis Korsika/Sardinien

- http://www.infoclimat.fr/modeles/index_new.php?model=gfs/france¶m=vent-haute-resolution&term=0#forceTerm=0
Prognosekarten zu Wind (Mittel, Böen) und Wetter in sehr hoher räumlicher Auflösung in 3-Stunden-Intervallen für 8 Tage. Für Löwengolf und Ligurisches Meer inkl. korsische Gewässer
- http://kassandra.ve.ismar.cnr.it/images/forecast/tir/wav/index.html
Prognosekarten zur Wellenhöhe in sehr hoher räumlicher Auflösung in 3-Stunden-Intervallen für 4 Tage. Die Karten für das Ligurische und Tyrrhenische Meer reichen bis zu den Gewässern westlich Korsika und Sardinien
- http://www.lamma.rete.toscana.it/mare/modelli/vento-e-mare/
Prognosekarten zu Wind und Wellenhöhe in sehr hoher räumlicher Auflösung in 1-Stunden-Intervallen für 60 Stunden. Für die Côte d'Azur und die Gewässer rund um Korsika
- http://www.infoclimat.fr/previsions-meteo/meteogrammes/2990440/nice.html
Prognosediagramme zu Wind und Wetter für ausgewählte Häfen in 3-Stunden-Intervallen für 8 Tage (hier in der Adresse das Beispiel Nizza)
- http://www.centrometeoitaliano.it/modello-arw-sardegna/
Prognosekarten zu Wind und Wetter in hoher räumlicher Auflösung in 1-Stunden-Intervallen für 36 Stunden. Für die Küsten Sardiniens
- http://www.meteofrance.com/previsions-meteo-france/animation/radar/france
Aktuelle Regenradarbilder. Für Costa Brava und alle französischen Gewässer
- https://www.ilmeteo.it/portale/radar-italia
Aktuelle Regenradarbilder. Für Korsika und Sardinien

Ligurisches und Tyrrhenisches Meer

- http://www.ilmeteo.it/portale/node/66/
Prognosekarten zum Wind in sehr hoher räumlicher Auflösung in 3-Stunden-Intervallen für bis zu 7 Tage. Für verschiedene Teilgebiete des Ligurischen und Tyrrhenischen Meeres
- http://kassandra.ve.ismar.cnr.it/images/forecast/tir/wav/index.html
Prognosekarten zur Wellenhöhe in sehr hoher räumlicher Auflösung in 3-Stunden-Intervallen für 4 Tage. Für Ligurisches und Tyrrhenisches Meer
- http://www.lamma.rete.toscana.it/mare/modelli/vento-e-mare/
Prognosekarten zu Wind und Wellenhöhe in sehr hoher räumlicher Auflösung in 1-Stunden-Intervallen für 60 Stunden. Für das Ligurische Meer und die toskanischen Inseln

- http://www.centrometeoitaliano.it/modello-arw-nord/
- http://www.centrometeoitaliano.it/modello-arw-centro/
- http://www.centrometeoitaliano.it/modello-arw-sud/
- http://www.centrometeoitaliano.it/modello-arw-sardegna/
  Prognosekarten zum Wind in hoher räumlicher Auflösung in 1-Stunden-Intervallen für 36 Stunden. Für die ligurische Küste, das Tyrrhenische Meer und die Küsten Sardiniens
- https://www.ilmeteo.it/portale/radar-italia
  Aktuelle Regenradarbilder. Für das Ligurische und Tyrrhenische Meer sowie Korsika und Sardinien

Adria

- https://meteo.hr/prognoze_e.php?section=prognoze_model¶m=prog_nauticari
  Detaillierte Prognosen zu Wind, Wetter und Wellen für dalmatinische Seegebiete und Küstenorte für bis zu 7 Tage
- http://meteo.arso.gov.si/met/en/app/webmet/
  --> Interactive Weather --> Model forecast --> Sea
  Prognosekarten für nördliche Adria zu Wind, Wellen und Wassertemperaturen in 3-Stunden-Intervallen für 3 Tage
- https://www.ilmeteo.it/portale/radar-italia
  Aktuelle Regenradarbilder für alle Gewässer Italiens
- https://www.meteoadriatic.net/wrf-arw-hrvatska-karte/
  Prognosekarten für die Adria sowie detailliert für alle kroatischen Küstengewässer zu Wind und Wetter in 1-Stunden-Intervallen für 3 Tage
- http://www.meteoam.it/?q=meteomar/view#
  Italienische Prognosetexte für alle Teilgebiete der Adria zu Wind, Wellenhöhe und Wetter in 3-Stunden-Intervallen für 1 Tag
- https://www.arpae.it/it/temi-ambientali/mare/previsioni-mare/previsioni-oceanografiche
  Prognosekarten für die Adria zu Wasserstand, Meeresströmung und Wassertemperatur in 1-Stunden- Intervallen für 2 Tage
- http://kassandra.ve.ismar.cnr.it:8080/kassandra/adriatic-sea
  Prognosekarten für die Adria zu Wellenhöhe und Wasserstand in 3-Stunden-Intervallen für 4 Tage
- http://www.zamg.ac.at/cms/de/wetter/wetteranimation
  Prognosefilm für die nördliche und mittlere Adria zu Bewölkung und Regen (inkl. Intensität) in 1-Stunden-Intervallen für 3 Tage

Ionisches Meer

- http://kassandra.ve.ismar.cnr.it:8080/kassandra/ionian-sea
  Prognosekarten für das Ionische Meer zu Wellenhöhe und Wasserstand in 3-Stunden- Intervallen für 4 Tage
- http://www.meteo.gr/sailingmaps-en.cfm
  Prognosekarten für 4 Teilgebiete des Ionischen Meeres zu Wind und Wellen in 3-Stunden-Intervallen für 5 Tage

Ägäis

- http://www.meteo.gr/sailingmaps-en.cfm
  Prognosekarten für zahlreiche Teilgebiete der Ägäis zu Wind und Wellen in 3-Stunden-Intervallen für 5 Tage

Levantinische Gewässer

- https://mgm.gov.tr/eng/marine-marinas.aspx
  Englische Prognosetexte zu Wind, Wellenhöhe und Wetter in 6-Stunden-Intervallen für 1 Tag
  Prognosediagramme für türkische Küstenorte zu Wind, Wellenhöhe und Wetter in 3-Stunden-Intervallen für 3 Tage
- https://ims.gov.il/en/SeaModelMaps
  Prognosekarten zu Wind und Wellen in 3-Stunden-Intervallen für 3 Tage
- https://www.dom.org.cy/FORECAST/index.html
  Eintagesprognose von Wind, Wetter und Seegang für verschiedene zypriotische Küstenabschnitte

Weltweit

Klimatologische Durchschnittswerte

- https://msi.nga.mil/Publications/APC
  Pilot Charts für alle Ozeane
- https://msi.nga.mil/Publications/SDEnroute
  Hafen- und Küstenhandbücher für zahlreiche Seegebiete weltweit mit Informationen zu regionalen Winden, Strömungsverhältnissen und aktuellen Wetterinformationsquellen
- https://msi.nga.mil/Publications/SDPGuides
  Seehandbücher weltweit (inkl. polare Gewässer) mit ausführlichen Informationen zu den Wind-, Wetter-, Seegangs- und Strömungsverhältnissen im Jahresablauf
- http://cioss.ceoas.oregonstate.edu/cogow
  Durchschnittliche Windgeschwindigkeit in 14-täglicher Auflösung für alle Seegebiete weltweit
- http://iridl.ldeo.columbia.edu/SOURCES/.DASILVA/.SMD94/.climatology/.w3/figviewer.html?map.url=X+Y+fig-+colors+-fig
  Durchschnittliche Windgeschwindigkeit für jeden Monat des Jahres (alle Ozeane)
- http://www.sail.msk.ru/atlas/
  Durchschnittliche Wellenhöhe für jeden Monat des Jahres (alle Ozeane)
- http://www.nhc.noaa.gov/climo/#ori10
  Ausführliche Darlegung zu Häufigkeit, Stärke und Zugbahn (Daten, Karten) von tropischen Wirbelstürmen im Atlantik und Ostpazifik
- http://www.bom.gov.au/climate/maps/averages/tropical-cyclones/
  100-Jahre-Archiv der Zugbahnen tropischer Wirbelstürme im Südwestpazifik und Südindik
- https://coast.noaa.gov/hurricanes/
  Archiv der Zugbahnen der tropischen Wirbelstürme auf allen Ozeanen seit dem 19. Jhr.

Aktuelle Regenradar- und Satellitenbilder

- www.wetteronline.de/wetterradar
  Satellitenbilder, überlagert mit Regenradarbildern ("Wetterradar")
- kachelmannwetter.com/de
  Regenradar- und Satellitenbilder

Aktuelle Prognosen von Wind, Wetter und Seegang (global)

- http://weather.gmdss.org/
  Englische Prognosetexte zu Wind, Wellenhöhe und Wetter für 24-36 Stunden (NAVTEX-Prognosen)
- https://www.dwd.de/DE/fachnutzer/schifffahrt/seewetter/seewetter_node.html
  Seewetterberichte des DWD
- http://www.passageweather.com/
  Prognosekarten zu Wind, Wellenhöhe,

Wetter und Luftdruck, in 3-6-Stunden-Intervallen für 7 Tage
- http://www.windfinder.com/forecasts/
Prognosekarten zu Wind, Wellenhöhe, Wetter und Luftdruck in 3-6-Stunden-Intervallen für 9 Tage
Prognosediagramme für Küstenorte zu Wind, Wetter und Luftdruck in 3-Stunden- Intervallen für 9 Tage
- http://www.windguru.com/de/
Prognosediagramme für Küstenorte zu Wind, Wetter und Wellen in 2-Stunden-Intervallen für 9 Tage
- https://www.wetteronline.de/segel?gid=15552
Prognosekarten zu Wind, Wetter und Wellen in 3- bzw. 6-Stunden-Intervallen für 7 Tage
- http://www.yr.no/
--> Küstenort eingeben (Suchfenster)
--> „Open hourly forecast"
Prognosediagramme zu Wind und Wetter für zahlreiche Küstenorte zu Wind und Wetter in 1-Stunden-Intervallen für 3 Tage
- https://www.fnmoc.navy.mil/wxmap_cgi/index.html#regional
Prognosekarten zu Wind, Wellenhöhe und Luftdruck in 6- bzw. 12-Stunden-Intervallen für 15 Tage
- https://www.windy.com
Animationen zu Wind, Wetter, Wellen und Strömungen in 1-Stunden-Intervallen für 5 Tage
- https://earth.nullschool.net
Animationen zu Wind, Wetter, Wellen und Strömungen in 1-Stunden-Intervallen für 5 Tage
- https://www.ventusky.com/
Animationen zu Wind, Wetter und Wellenhöhe in 3-Stunden-Intervallen für 7 Tage

Wetterportale
- https://www.wetteronline.de
- https://www.kachelmannwetter.com/de
- https://www.wetterzentrale.de
- https://www1.wetter3.de
- https://www.wxcharts.com
- https://www.tropicaltidbits.com
- https://www.pivotalweather.com
- https://www.meteociel.fr

6.3 Software und Apps

Hier nur eine kleine Auswahl im Sinne einer Empfehlungsliste:

Software
- Meteocom 6 (http://www.bonito.net/marine/meteocom-6)
- PredictWind (https://www.predictwind.com)
- SEEWIS (Seewetterinformations-system (DWD), www.seewis.de)
- Squid (https://www.squid-sailing.com/en)
- Visual Passage Planer 2 (http://www.digwave.com)

Apps
- Geo-Wind (Android)
- PocketGrib (Android, iOS)
- PredictWind (Android, iOS)
- Seabreeze Weather (Android)
- Seewetter Pro (iOS)
- WeatherTrack GRIB (iOS)
- Windfinder Pro (Android, iOS)
- WindGURU (Android)
- Yachting Weather (Android, iOS)

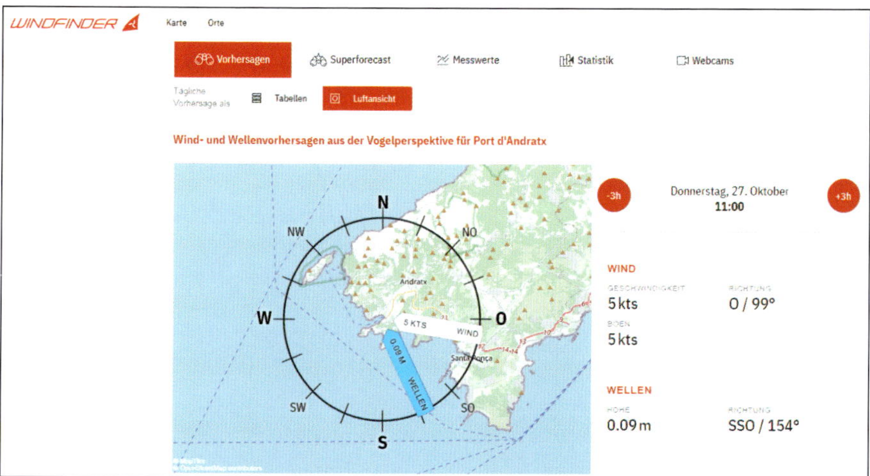

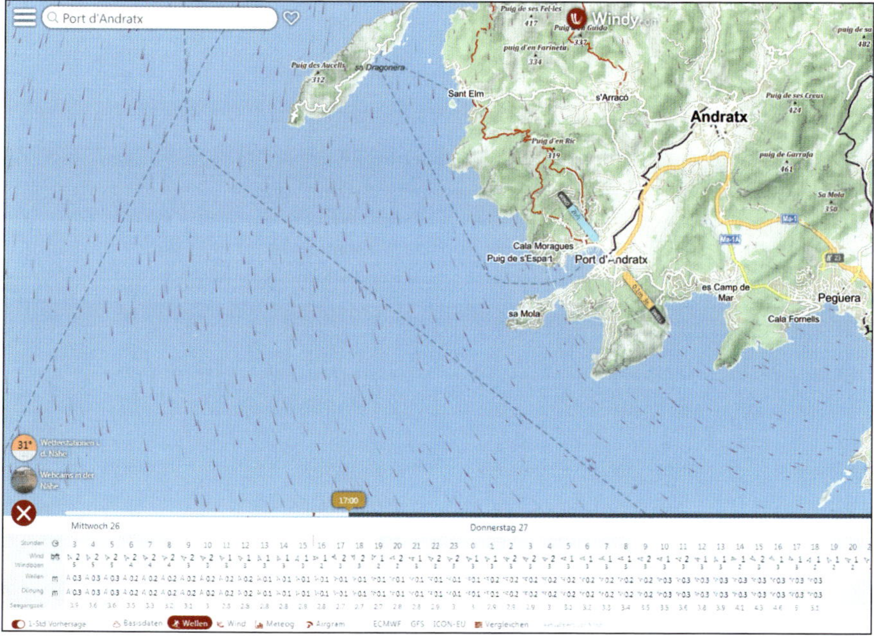

Moderne maritime Wetterportale und Wetter-Apps bieten dem Wassersportler für jedes gewünschte Gewässer ortsgenaue und detaillierte Prognosen zu Wind, Wellen und Wetter. Hier als Beispiel Prognosen von zwei Anbietern für den mallorquinischen Hafen Port d'Andratx.

Stichwortverzeichnis

Abendrot 43, 134
Albedo 12 f.
Altocumulus (Schäfchenwolke)
- Altocumulus 33ff., 44, 58, 60, 135
- Altocumulus floccus, A. castellanus 141
- Altocumulus lenticularis 88f., 145
Altostratus 34ff., 60, 133, 135
Altweibersommer 68, 103
Atmosphäre 6 ff.
Azorenhoch 50, 57, 63

Barisches Windgesetz 19
Barograf, Barometer 8f.
Barogramm 135, 139
Berg-Talwind-Zirkulation
- Alpenausgleichswind (alpines Pumpen) 98
- Berg-Talwind-Zirkulation 97 ff.
- Malojawind 98
- Ora 98
- Vento 83, 98
Blitzschlag 114f., 121, 138, 142, 146, 152
Böen, Turbulenz
- Böen, turbulente Luftströmung, Windstöße 14, 19, 58, 61f., 77f., 86ff., 107ff., 137ff., 145, 166, 172
- Böenerkennung 137ff.
- Böenwetterlagen 107ff.
- dynamische Böigkeit (dynam. Turbulenz) 108, 112
- Geschwindigkeitsböigkeit, Richtungsböigkeit 107f.
- Sonnenböigkeit 111
- thermische Böigkeit (therm. Turbulenz) 108, 112
Böenwalze 114, 116f., 140, 142f.
Bora
- Bora 77ff., 88, 112, 145
- Bora chiara 77f.
- Bora-Schneisen 79, 84
- Bora scura 78
- Wetterlage und Entstehung 77f., 91
Brises solaires 99

Cirrocumulus 33f., 37
Cirrostratus 32ff., 38, 42f., 58ff., 135
Cirrus 33f., 37f., 58ff., 132, 135
Computermodellprognose (Numerische Modellprognose) 10, 154f., 182
Corioliskraft 17f., 50, 96
Cumulonimbus (Schauer- und Gewitterwolke)
- Cumulonimbus 33ff., 39, 60, 109f., 113, 118, 134ff., 140ff., 146
- Cumulonimbus arcus 142
Cumulus
- Cumulus 32ff., 58, 93, 96, 134f.
- Cumulus congestus 34f., 40, 44, 96, 122, 136, 141, 146

Dämmerungsfarben (Abend- und Morgenrot) 42f., 133f.
Divergenz 55f., 59
Doldrums (Mallungen) 53
Donner 114f.
Dunst, diesig 14, 27f., 30, 42ff., 60, 73, 75, 77, 79ff., 116, 124, 127, 131, 140, 148f.
Düseneffekt 72, 75, 78, 82ff., 90

Eckeneffekt 84f.
Einwirkstrecke (des Windes), Windweg, Fetch 65, 73, 80, 166, 168ff., 173
Etesien 71f., 80

Fallböen, Fallwind 77f., 82, 87ff., 112, 145, 172
Fanning 138
Fata Morgana, Sterneflimmern 46ff.
Fetch (Einwirkstrecke) des Windes, Windweg 65, 73, 80, 166, 168ff., 173
Flaute (Windstille), Leewirbel, umlaufende Winde, Winddreher 21, 23, 53, 58, 68, 86f., 94ff., 110f., 125, 135ff., 141, 146, 148, 170
Fliehkraft (Zentrifugalkraft) 17f.
Föhn
- der Alpen 60, 82f., 89f.
- der Skanden (norwegische Gebirge) 66, 90

- Föhn 36, 71, 80, 88ff.
Frontalzone, Polarfront 54f., 57, 63
Führungseffekt 84, 97
Fumarea (Gischtfahnen bei Bora) 78f.
Furious Fifties ("Wütende Fünfziger") 54

Gewässer
- thermische Trägheit der 13
- Wärmespeichervermögen, spezif. Wärmekapazität der G. 12, 93
Gewitter
- Gewitter 32ff., 39ff., 60, 109f., 112 ff., 122ff.
- Gewitter erkennen 137 ff.
- Gewitterschwerpunkte (saisonal, regional) 12, 14, 67f., 74f., 106f.,
- Gewittertief, -störung 67, 100, 110, 115, 117f., 120f., 124, 152
- Hagel- und Schwergewitter (Unwetter) 35, 39, 40f., 61, 109, 114, 120, 142f.
- Kaltfrontgewitter (Gewitterfront) 80, 113, 115ff., 120f., 124, 140f., 143f., 152
- Rückseiten-Gewitter 109, 118ff., 134, 140
- Trog-Gewitter 110, 118, 120f., 140
- Wärmegewitter 12, 60, 67f., 73f., 97, 110, 118, 120f., 136, 143f.
Gischtfuß (der Wasserhose) 123ff., 147f.
Gradientkraft (Luftdruckgradientkraft) 17f.
Großwetterlage (Wetterlage)
- Hochdrucklage 15, 29, 33, 36, 57ff., 68f., 93, 96ff., 128, 130, 135ff., 149
- Nordwestlage (zyklonale N., antizyklonale N.) 65f., 92, 104f., 168
- Ostlage 69f.
- Südwestlage (zyklonale S., antizyklonale S.) 66ff.
- Westlage (zyklonale W., antizyklonale W.) 63ff., 100ff., 105, 135
Grundschicht, Grenzschicht, Reibungsschicht (der Atmosphäre) 18f., 50
Grundsee 166f., 171

Hagel und Graupel 24, 35, 39ff., 61, 109, 114, 142f.
Halo, Hof und Sonnenkranz 38, 43f., 133
Himmelsblau 42, 70, 76
Hitzetief 71f., 93f., 98
Hoch (Hochdruckgebiet, Antizyklone)
- blockierendes H. (über Skandinavien) 69f., 105
- dynamisches H., thermisches H. (Kältehoch) 16, 54ff., 77, 93f., 98
- Hoch 9f., 16ff., 26, 50ff., 56ff., 130, 134ff.
- Hochdruckkeil 57
Hochdrucklage (Hochdruckwetterlage) 15, 29, 33, 36, 57ff., 68f., 93, 96ff., 128, 130, 135ff., 149

Imbat 99
Internet-Adressen, maritim-meteorologische 150ff., 176ff.
Inversion(swetterlage) 14, 30, 32f., 35
Islandtief 16, 50, 57, 63
Isobarenkarte (Wetterkarte) 9f., 16ff., 62, 64ff., 76f., 102ff., 110, 119, 130, 135

Jetstream (Strahlstrom) 16, 54ff., 63, 101, 141

Kalmen (Rossbreiten) 53
Kältehoch 77, 93, 98
Kaltfront 45, 60ff., 64, 77, 80, 101f., 106, 108ff., 116ff., 122, 124f., 134f., 139, 141, 144f.
Kaltfrontgewitter 80, 113, 115ff., 120f., 124, 140f., 143f., 152
Kanalisierungs- (Düsen-, Trichter-) Effekt 72, 75, 78, 82ff., 90, 97, 171
Kapeffekt 84ff.
Klima
- Klima 6, 12, 49
- Klimazonen 26, 39, 49ff.
- Mittelmeerklima 53, 70 ff.
Klimadaten zu Seegebieten und Küsten 159 ff., 181f.
Klimawindrose 23
Kondensation (zu Nebel, Wolken)
- Kondensation 24 ff., 30ff., 123, 130f.
- Kondensationswärme, freiwerdende 24, 31
- Kondensstreifen 133
- Vorkondensation 27, 45
Konvergenz 31, 53, 55ff., 59, 97

Vento und Ora (Gardasee) 83, 98
Verdunstung, Verdunstungssabkühlung 15, 24, 78

Wärmegewitter 12, 60, 67f., 73f., 97, 110, 118, 120f., 136, 143f.
Wärmeleitfähigkeit 12f.
Warmfront 59ff., 132, 135, 169
Warmsektor 60f., 64, 101, 108f., 135, 139, 141, 143f., 172
Wasserdampffahnen (aus Schornsteinen) 138
Wasserhose (Windhose, Tornado) 118, 121ff., 146ff.
Wasserziehen (der Sonne) 44f.
Westlage (Westwindlage, Westwetterlage) 63ff., 100ff., 105, 135
Wetter
- der Hochdrucklage 57f., 68f., 135f.
- der Nordwestlage 65f.
- der Ostlage 69f.
- der Südwestlage 66f.
- der Westlage 63ff.
Wetterkarte (Isobarenkarte) 9f., 16ff., 62, 64ff., 76f., 102ff., 110, 119, 130, 135
Wetterleuchten 82, 115, 142
Wetterprognosen via...
- Dienste auf Abruf (Mail. SMS, Fax, Telefon) 158
- Funkdienste 156ff., 176
- Internet 150ff., 176ff.
- Software und Apps 155f., 182f.
Wetterregeln (Wolken, Wasser, Luftdruck etc.): Wetterentwicklung erkennen, auf Gefahren richtig reagieren
- Böenwettter, Starkwind und Sturm 137ff.
- durchgreifende Wetterbesserung 134f.
- Föhn 143ff.
- Nebel 148ff.
- Schauer und Gewitter 140ff.
- Stabiles Hochdruckwetter 135f.
- Wasserhosen 146ff.
- Zunehmender Tiefdruckeinfluss 132f.
Wettersatellitenbild 15, 18, 29, 38, 40f., 64, 73, 79, 106, 111, 120, 129, 152f., 182
Wind
- als Starkwind und Sturm 100ff., 137ff.
- an Küsten und auf Seen 82ff.
- der Großwetterlagen 62ff.
- Entstehung 6, 8, 16ff.
- globale Windzonen 49ff.
- im Mittelmeer 70ff.
- in Hochs und Tiefs 57ff.
- Messung und Darstellung, Windstärke 20ff.
- Windvorhersagen 150ff., 176ff.
Windchill-Effekt (Kühlwirkung des Windes) 14f.
Winddreher, umlaufende Winde, Leewirbel, Flaute (Windstille) 21, 23, 53, 58, 68, 86f., 94ff., 110f., 125, 135ff., 141, 146, 148, 170
Winde
- der Hochdrucklage 57f., 68f., 135f.
- der Nordwestlage 65f.
- der Ostlage 69f.
- der Südwestlage 66ff.
- der Westlage 63ff.
Winde an Küsten und auf Seen
- thermische Einflüsse 93ff.
- topografische Einflüsse 82ff.
Windstille (Flaute), umlaufende Winde, Leewirbel, Winddreher 21, 23, 53, 58, 68, 86f., 94ff., 110f., 125, 135ff., 141, 146, 148, 170
Windweg, Einwirkstrecke (des Windes), Fetch 65, 73, 80, 166, 168ff., 173
Wirbelstürme, tropische 24, 162
Wolken (Bewölkung)
- Aufgleitbewölkung 59
- Bewölkungsgrad in der Wetterkarte 38f.
- Konvektionsbewölkung (Haufen-, Quell- oder Blumenwolken) 32ff., 39, 40, 44, 58, 60, 93, 96, 109f., 113, 118, 122, 134ff., 140ff., 146
- Schichtwolken 14, 31ff., 44, 59f., 132ff.
- Wasserwolken, Mischwolken und Eiswolken 33
- Wolkenbildung 30ff.
- Wolkengattungen,- klassifikation 33ff.
- Wolkenstockwerke 33f.
- Wolkentypen der Hochs und Tiefs 58, 60, 135

Zentrifugalkraft (Fliehkraft) 17f.
Zwischenhoch 50, 57, 64, 101, 135

Bildnachweis

FOTOS:
Amme, Michael: Seite 76 unten rechts
Bellof, Dagmar: Seite 126
Chibidziura, Eric: Seite 140
Dechant, Rika: Seite 133
Demmler, Dr., Petra: Seiten 37 unten rechts, 43 oben, 69 oben, 134 links, 137, 175 Mitte links
Deutscher Wetterdienst (DWD): Seiten 9 unten, 103, 104, 157, 159
Diesch Dr., Ekkehard: Seite 79 unten
Esirion AG (Yachting Weather - App): Seite 156
Fischer Feingerätebau K. Fischer: Seite 27 oben links
Geis, Felix: Seiten 19 unten, 90
Hain, Dr. med., Ulrike: Seiten 35 oben rechts, 36 unten, 42, 136, 142, 149, 175 oben
Hensold, Claus: Seite 74
Höbl, Renate und Wolfgang: Seite 46
http://cioss.coas.oregonstate.edu/cogow: Seite 161
http://www.bom.gov.au: Seite 162
https://eoimages.gsfc.nasa.gov/images/imagerecords/7000/7079/tropical_cyclone_map_lrg.gif: Seite 163
https://msi.nga.mil: Seite 160
Jabbusch, Manfred: Seite 76 oben links
Krauss, Nico: Seite 101
Lambrecht meteo: Seite 27 oben rechts
Lennartz, Michael: Seite 147
Leyser, Adrian: Seite 48
Loretto, Daniel: Seiten 21 unten, 121 unten
Luv und Lee Wassersport (www.luvundlee.com): Seite 20 links
Manitta, Marco: Seiten 37 oben links, 65 oben, 93, 120 oben, 134 rechts
MeteoGroup, wetter4: Seite 151
Micalizzi, Fabrizio: Seiten 45 oben links, 75 oben, 109, 143
Müller, Bodo: Seiten 77 unten, 81, 86 unten
Osterloh, Gernot: Seite 145
Pavlinovic, Daniel: Seite 124
Pieper, Kerstin: Seiten 113, 164
Rubach, Stefan: Seite 96
Sachweh, Prof. Dr. med., Dieter: Seite 127
Sommoggy, Prof. Dr. med., Stefan von: Seite 99
Stieglmair, Walter: Seite 125 oben
TFA Dostmann: Seite 14 links
Toman, Ivan: Seiten 78, 115
University of California, Santa Barbara, Department of Geography: Seite 7
Verch, Norbert: Seite 175 unten links, unten rechts
Wasilewski, Thomas: Seiten 36 oben, 47, 66 unten, 131, 132, 167, 175 Mitte rechts
Wempe Chronometerwerke Hamburg: Seite 9 oben
Wildner, Wolfram: Seite 35 unten
WMO, 1998, Guide to wave analysis and forecasting: Seite 170
www.addicted-sports.com: Seite 153
www.esys.org: Seite 158
www.meteociel.fr: Seite 55
www.terra-hd.de: Seiten 128, 138 oben rechts
www.weathertec.de: Seite 20 rechts
www.wetteronline.de: Seite 152
www.wetterpate.de (FU Berlin/BWK): Seiten 103, 104
www.windfinder.com: Seite 183
www.windguru.cz: Seite 154
www.windy.com: Seite 183

Alle übrigen Fotos stammen vom Autor.

SATELLITENBILDER:
EUMETSAT (European Organisation for the Exploitation of Meteorological Satellites) und yr.no (Meteorologisk Institutt, Oslo, in Kooperation mit Norsk Rikskringkasting) Seiten: 40, 64 unten rechts, 73, 79 oben
NASA (National Aeronautics and Space Administration, USA): Seiten 111, 120 unten, 129
NOAA (National Oceanic and Atmospheric Administration, USA): Seiten 29, 106

Folgende Bücher von Dr. Michael Sachweh sind bislang im Delius Klasing Verlag erschienen:
Segelwetter Ostsee
Segelwetter östliches Mittelmeer
Segelwetter westliches Mittelmeer
Stormchasing

Bibliografische Information der Deutschen Nationalbibliothek
Die Deutsche Nationalbibliothek verzeichnet diese Publikation in der Deutschen Nationalbibliografie; detaillierte bibliografische Daten sind im Internet über http://dnb.dnb.de abrufbar.

3. Auflage
ISBN 978-3-667-11589-8

Lektorat: Felix Wagner
Coverfotos: Dr. med. Ulrike Hain (oben), www. criscraft.com (unten links), Adobe Stock/Stolz (unten Mitte), Adobe Stock/muratart (unten rechts)
Umschlagrückseite: Inch 3 (oben links und rechts), Dr. Michael Sachweh (unten)
Innenteilfotos: siehe Bildnachweis Seite 189
Illustrationen und Layout: Inch 3, Bielefeld
Umschlaggestaltung: Gabriele Engel
Lithografie: Mohn Media, Gütersloh
Gesamtherstellung: Print Consult GmbH, München
Printed in Bulgaria 2025

Delius Klasing Verlag, Siekerwall 21, D - 33602 Bielefeld
Tel.: 0521/559-0, Fax: 0521/559-115
E-Mail: info@delius-klasing.de
www.delius-klasing.de

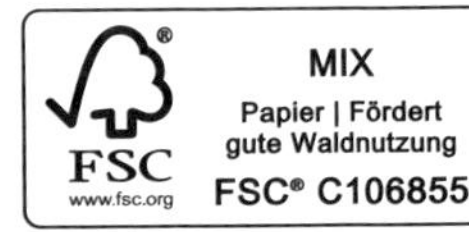

PRAXISWISSEN

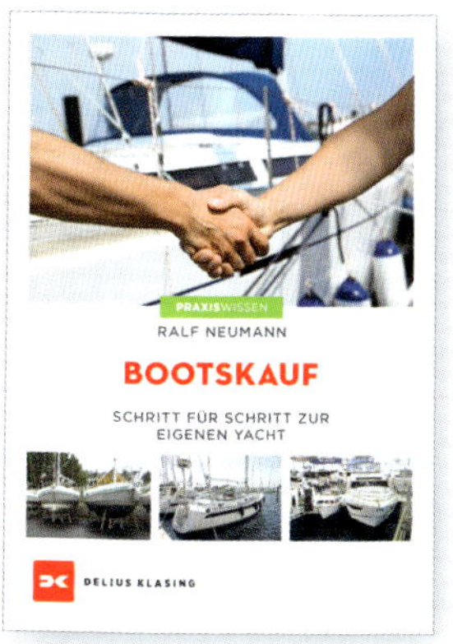

Ralf Neumann
Bootskauf
ISBN 978-3-667-10910-1

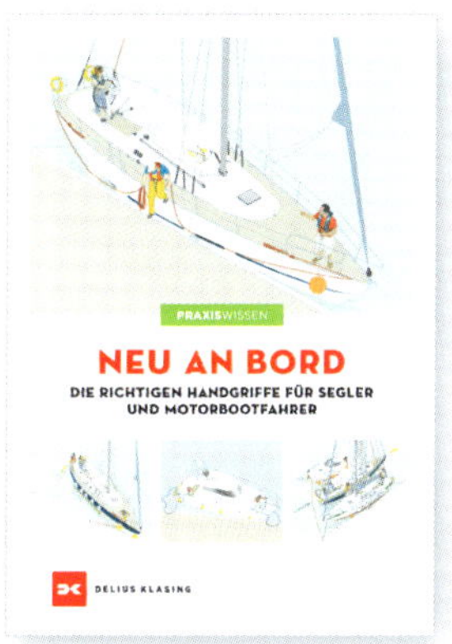

Neu an Bord?
Die richtigen Handgriffe für Segler und Motorbootfahrer
ISBN 978-3-667-10172-3

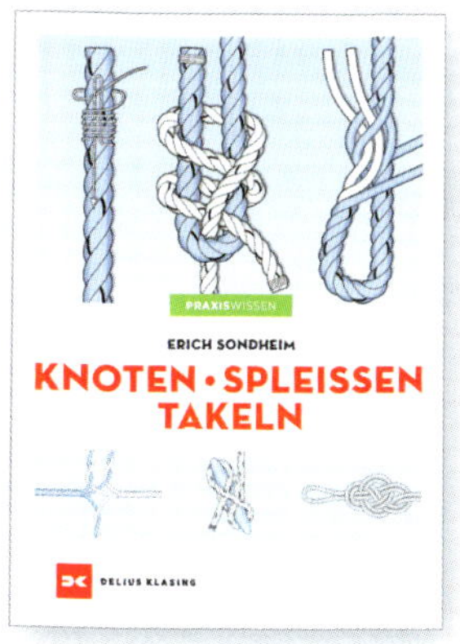

Erich Sondheim
Knoten – Spleissen – Takeln
ISBN 978-3-667-12013-7

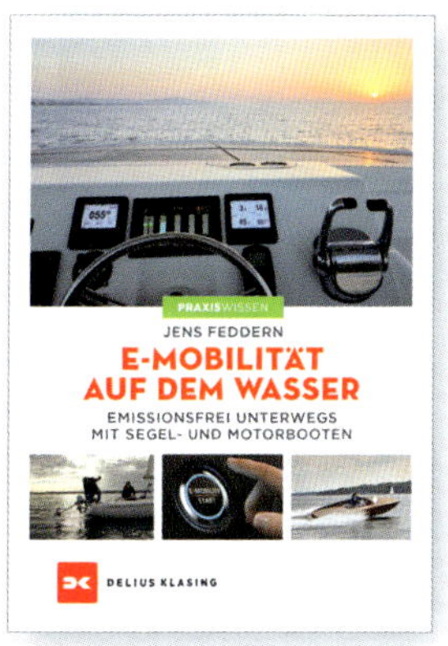

Jens Feddern
E-Mobilität auf dem Wasser
ISBN 978-3-667-12366-4

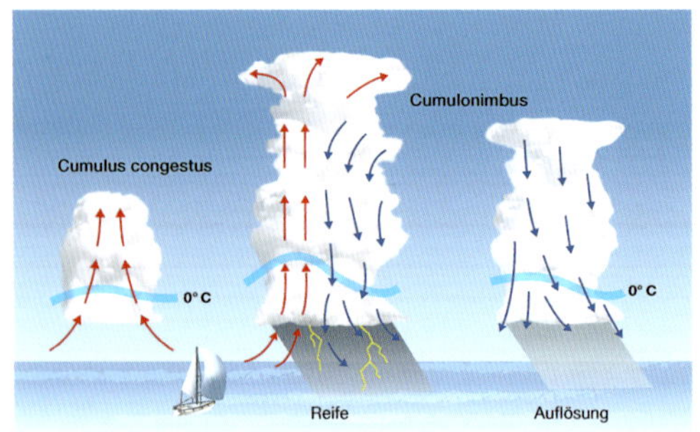

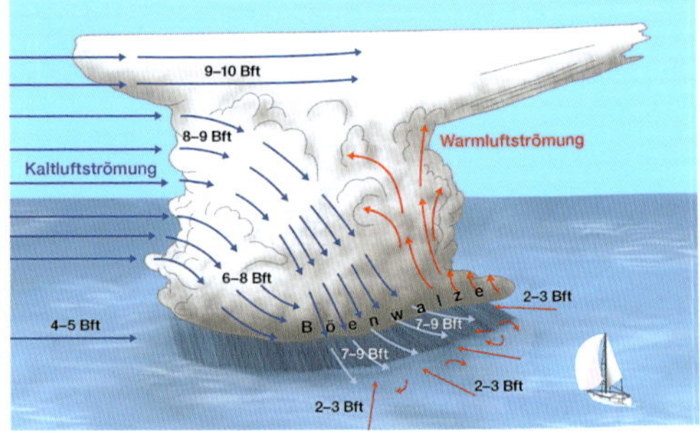

DAHER WEHT DER WIND

Ob Segler, Surfer, Kiter oder Motorbootfahrer – dieses Buch des renommierten Wassersportmeteorologen Dr. Michael Sachweh gibt Ihnen einen leicht verständlichen Einblick in die maritime Wetterkunde. Es enthält alle für die Ausbildung und Praxis relevanten Themen: von Wind und Wetter bis hin zu Seegang und Strömungen.

Dabei werden die einzelnen Elemente wie Temperatur, Wolken, Sonne und Regen ebenso beschrieben wie charakteristische Wetterlagen in Mittel- und Westeuropa sowie am Mittelmeer. Ausführlich erfahren Sie etwas über die speziellen Wind- und Wetterbedingungen an Flach- und Steilküsten und wie Sie die thermischen Winde der Land-Seewind-Zirkulation an den Küsten oder die Berg- und Talwinde auf den Seen im Alpenvorland für sich bestmöglich nutzen. Zahlreiche Tipps helfen Ihnen, die jeweilige Wetterlage optimal für die Törnplanung zu verwerten und bei Gefahrenwetterlagen wie Sturmtiefs, Böenwetter, Gewitter oder Nebel richtig zu reagieren.

Abgerundet wird dieses umfangreich illustrierte Wetterkompendium durch eine ausführliche Übersicht zu den verschiedenen Informationsquellen der einzelnen Themengebiete, die Sie mithilfe des praktischen Registers rasch auffinden können.

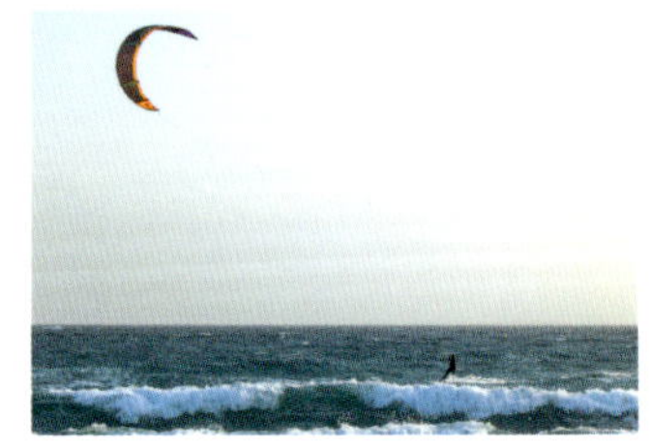

€ 24,90 [D]
ISBN 978-3-667-11589-8
9 783667 115898
Der Umwelt zuliebe ohne Folie

delius-klasing.de